“十三五”江苏省高等学校重点教材
编号：2016-1-054

客户
关系管理

Customer Relationship Management

主　编　庄小将　吴波虹
副主编　孟英伟　周　珠
参　编　张瑞娟　彭娟娟

中国轻工业出版社

图书在版编目（CIP）数据

客户关系管理/庄小将，吴波虹主编. —北京：中国轻工业出版社，2023.1

“十三五”江苏省高等学校重点教材

ISBN 978-7-5184-2572-3

Ⅰ. ① 客… Ⅱ. ① 庄… ② 吴… Ⅲ. ① 企业管理－供销管理－高等学校－教材 Ⅳ. ① F274

中国版本图书馆CIP数据核字（2019）第150373号

责任编辑：张文佳　　责任终审：劳国强
整体设计：锋尚设计　　责任校对：李　靖　　责任监印：张京华

出版发行：中国轻工业出版社（北京东长安街6号，邮编：100740）
印　　刷：河北鑫兆源印刷有限公司
经　　销：各地新华书店
版　　次：2023年1月第1版第2次印刷
开　　本：787×1092　1/16　印张：15.75
字　　数：350千字
书　　号：ISBN 978-7-5184-2572-3　定价：45.00元
邮购电话：010-65241695
发行电话：010-85119835　传真：85113293
网　　址：http://www.chlip.com.cn
Email：club@chlip.com.cn

如发现图书残缺请与我社邮购联系调换

221740J2C102ZBW

前 言

如今，得客户者得天下，这是业界不争的事实。企业之间的竞争，早已从产品之间的竞争过渡到服务之间的竞争，进而到了当前与客户之间关系的竞争。如何获得新客户、维护老客户，并让客户不断升值，是每一个企业必须面临且要攻克的难题。客户关系管理已经成为企业的一项核心工作。树立以客户为中心的服务理念，建立一个以客户为中心的客户关系管理体系，做好客户管理工作正成为企业夺取竞争优势的重要战略。

本书的一个特点是在系统阐述客户关系管理理论与方法的同时，突出了客户服务在客户管理中的重要地位和作用，用比较多的篇幅论述客户服务理念、客户服务理论、客户服务技能和素质。原因有二：首先，企业对提高客户服务水平有迫切需要。因为核心产品和有形产品上的竞争优势已经不能对客户产生决定性的影响，企业需要提高客户服务水平和客户满意度进而增强企业综合竞争力。客户服务水平的高低直接关系到企业能否留住老客户与吸引新客户，是企业达成利润目标的关键一环。其次，考虑学生以后的工作岗位对客户服务技能的现实要求，同时也考虑高等教育的特点，通过对学生客户服务理念的灌输、客户服务技能和素质的培养，希望本教材能对学生的就业起到强有力的技能支撑作用。

本书的另一个特点是考虑到了教学的方便和对学生能力培养的有效性，每一章都按照先理论后项目训练的模式进行编写，希望让学生在实际的训练中更好地掌握知识、培养能力，也希望让老师的教学更轻松、更有效。

本书在编写过程中参考了许多专家、学者的有关论著，汲取了多方面的研究成果，借此机会向他们表示最诚挚的谢意。另外，需要说明的是，在引用互联网资料时，因部分内容无法查实其最初来源，故未在文中和参考文献中对原作者进行标注，在此对这些作者表示深深的歉意。

受编者水平所限，书中难免有疏漏和不足之处，恳请读者批评指正。

编 者

目　录

项目一 客户关系管理认知

能力目标

通过完成本项目的教学，具备以下基本能力：

1. 掌握客户关系管理的作用；
2. 了解客户关系管理兴起的背景、出现及发展趋势；
3. 掌握客户关系管理的相关理论。

职业素养

在本项目的教学中，重点关注如下职业素养的培养：

1. 产生对客户关系管理课程的兴趣；
2. 认真学习的态度；
3. 具备自我学习的能力。

知识目标

通过完成本项目的教学，具备以下基本知识：

1. 客户关系管理的概念、内涵；
2. 客户管理的内容；
3. 客户相关理论。

客户关系管理认知
什么是客户关系管理
客户关系管理的内涵
客户关系管理的内容
客户关系管理的作用
客户关系管理的分类
客户关系管理的兴起与发展
客户关系管理兴起的背景
客户关系管理产生的原因
客户关系管理的发展
客户关系管理的相关理论
客户与客户关系
客户满意度理论
客户忠诚度理论
客户价值理论
关系营销

项目导入

据国际权威机构调查显示，对客户服务不好会造成94%的客户离去；因为没有解决客户的问题会造成89%的客户离去；每个不满意的客户，平均会向9个亲友叙述不愉快的经历；在不满意的客户中有67%的会投诉；较好解决客户投诉的问题，可挽回75%的客户；及时、高效地解决客户投诉的问题，将有95%的客户会继续接受你的服务。从这些统计数据中可以发现一个问题：公司花费了庞大的资金去做广告、经营品牌，却可能会被为客户提供服务的一些员工因处理不当造成大量的现有客户和潜在客户流失。

许多企业没有把客户服务放在重要位置上，它们认为企业的生存靠盈利，只有销售才能盈利，没有认识到客户服务对于一个企业的重要意义，而这个意义远远超过了销售。相比之下，国外企业的客户服务人员都要持证上岗，对客户服务人员的培训已经有二三十年的历史，而德国在20世纪70年代就开始该项工作。美国沃顿学院的校训是："衡量企业发展的标准不仅是资产的回报，还有一个重要标准，就是客户满意度的回报。"在这种差距的影响下，我国很多企业的产品在国际市场竞争中，不是处于不利地位，就是败下阵来。

我国企业最重要的莫过于树立以客户为中心的守信服务理念，把客户看成一种可给企业带来源源不断利润的重要资源，通过建立一个以客户为中心的服务体系，不断提高企业的竞争力。

项目任务分解

客户是企业生存和发展的基础。面对各种类型的客户，应该如何保持住老客户，争取到更多的新客户，是一个需要企业认真研究的任务。因此在学习客户关系管理概况时，要完成以下任务：

（1）认识什么是客户关系管理，客户关系管理的作用。

（2）客户关系管理的相关理论基础。

任务一　什么是客户关系管理

1.1.1　客户关系管理的内涵

从客户关系管理（customer relationship management，CRM）的定义及其发展历程来看，CRM具有以下3个层面的含义：

（1）CRM是一种管理理念

CRM作为一种管理理念主要来源于市场营销学，也可以说CRM是市场营销思想在信息技术时代的新发展。以客户为中心是CRM的核心所在。CRM的目的就是要实现客户价值最大化与企业价值最大化之间的平衡。企业越能为客户提供满意的价值，客户的满意度与忠诚度也就越大，客户也就越能够为企业创造更多的价值，从而实现企业利润的增长。在管理理念层面上了解CRM，这也是成功实施CRM的核心与关键。

（2）CRM是一种管理机制

CRM对客户个性化信息进行全面的分析，并将各种信息在市场销售人员、客户服务人员、生产人员及其他人员之间进行共享，指导各部门及人员的具体工作，促使各部门及全体人员始终以客户需求为中心，从产品、服务及其他各方面提升客户服务质量，而且在满足客户需求的同时，同客户建立一种亲密信任的关系，并进一步维持这种亲密信任关系。从这个过程来看，CRM又是一种旨在改善企业与客户之间关系的新型管理机制。CRM不仅涉及了市场营销、销售、服务与支持等与客户相关的领域，而且由于CRM指导了生产部门的流程再造等环节，也应用于生产流程再造等与客户间接相关的领域。这种管理机制是决定CRM是否成功实施的关键因素，其直接影响着CRM的实施效果。

（3）CRM是一种管理软件和技术

CRM的核心思想在于以客户为中心，但是这种核心思想最终是以产品或服务的形式具体体现出来的。在传统的市场营销阶段，为了能更有效地了解并满足消费者的需求，市场营销借助了市场细分这一主要的手段，相应地采取4Ps（产品、价格、渠道及促销）来实现以消费者需求为中心的思想。

信息技术的飞速发展，为企业实现以客户为中心的思想提供了强有力的技术支持。CRM集合了当今最新的信息技术，包括Internet和电子商务、多媒体技术、数据仓库和数据挖掘、专家系统和人工智能、呼叫中心等，以软件为形式奠定了CRM实践的基石。凭借先进的信息技术，传统的市场营销已进入了一对一营销的时代，也即企业与每一个客户逐一建立关系进行营销活动。

综上所述，CRM是一种管理理念，其核心是以客户为中心，这种理念是成功实施CRM的核心所在。CRM也是一种管理机制，这种机制是决定CRM是否成功实施的关键因素，直接影响着CRM的实施效果。同时，CRM也是一种管理软件和技术，这种软件与技术奠定了CRM成功实践的基石。

CRM 3个层面的含义构成了CRM稳定的“铁三角”，如图1-1所示。

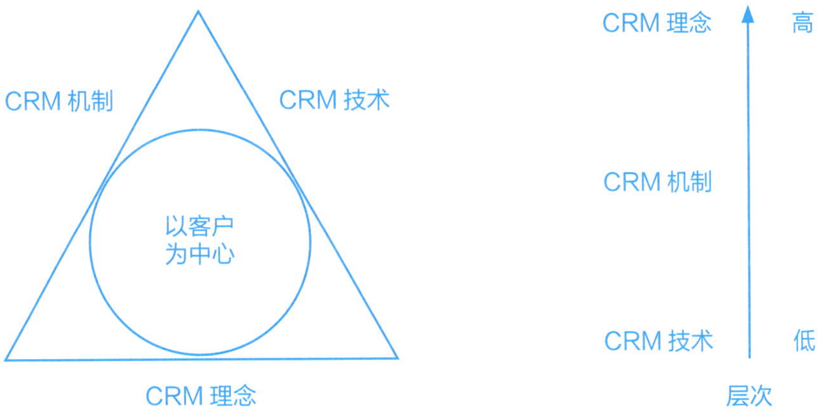

图 1-1　CRM 含义及层次结构

从CRM的概念分析，不同学者和机构给出了不同的理解和表达。Gartnet Group认为，CRM是为企业提供全方位的管理视角，赋予企业更完善的客户交流能力，使客户的收益率最大化。IBM对CRM的定义，包括两个层面的内容：一是，企业实施CRM的目的，就是通过一系列的手段了解客户目前的需求，适时地为客户提供产品和服务。二是，企业对分布于不同的部门、存在于客户所有接触点上的信息进行分析和挖掘，分析客户的所有行为，预测客户下一步对产品和服务的需求，企业内部相关部门实时地输入、共享、查询、处理和更新这些信息。

本书采取的概念是：客户关系管理是企业树立以客户为中心的发展战略，以提高核心竞争力，达到竞争制胜、快速成长的目的；是企业以客户关系为重点，通过开展系统化的客户研究，优化企业组织体系和业务流程，提高客户满意度和忠诚度，提高企业效率和利润水平；也是企业在不断改进与客户关系相关的全部业务流程，最终实现电子化和自动化运营目标的过程中，创造并使用先进信息技术、软硬件和优化管理办法，解决方案的综合。

1.1.2 客户关系管理的内容

客户关系管理的主要内容包括客户识别、客户关系的建立、客户保持以及客户挽留，其中，客户识别是客户关系管理的基础，客户关系的建立是客户关系管理的保证，客户保持和客户挽留是对已建立的客户关系的维系。

（1）客户识别

客户识别是客户关系管理的首要环节，只有识别出企业的潜在客户、有价值客户以及客户的需求，才能为企业的客户管理提供有价值的信息，使企业的客户关系管理更有针对性，避免因盲目管理而产生不必要的浪费，甚至更大的损失。

客户识别是通过一系列的技术手段，根据大量客户的特征、购买记录等可得数据，找出谁是企业的潜在客户、客户需求是什么、哪类客户最有价值等，并把这些客户作为企业客户关系管理上实施的对象，从而为企业成功实施CRM提供保障。

客户识别是在确定好目标市场的情况下，从目标市场的客户群体识别出对企业有意义的客户作为企业实施CRM的对象。由于目标市场客户的个性特征各不相同，不同客户与企业建立并发展客户关系的倾向也各不相同，因此他们对企业的重要性是不同的。

（2）客户关系的建立

客户关系的建立是客户关系管理的核心部分，也是最主要的部分，企业应通过各种方法和不同类型的客户建立合适的关系，以保证企业客户关系管理持续有效地进行，进而保证企业深入了解客户，获得更有价值的信息。

客户关系是指企业为达到其经营目标，主动与客户建立起的某种联系，这种联系可能是单纯的交易关系、通信关系，也可能是为客户提供一种特殊的接触机会，还可能是为双方利益而形成的某种买卖合同或联盟关系。客户关系不仅仅可以为交易提供方便，节约交易成本，也可以为企业深入了解客户的需求和交流双方信息提供机会。

（3）客户保持

客户保持是指企业通过努力来巩固及进一步发展与客户长期、稳定关系的动态过程和策略。客户保持需要企业与客户相互了解、相互适应、相互沟通、相互满意、相互忠诚，这就必须在建立客户关系的基础上，与客户进行良好的沟通，让客户满意，最终实现客户忠诚。

（4）客户流失

客户流失指企业的客户由于种种原因不再忠诚，而转向购买其他企业的产品或服务的现象。客户流失一般包括两种情况：客户主动选择转移到另一个供应商，使用它们的产品或服务，是主动流失的客户；而那些由于恶意欠款等原因被企业解除服务合同的客户则是被动流失客户。

（5）客户挽留

客户挽留指运用科学的方法对将要流失的有价值的客户采取措施，争取将其留下来的营销活动。它将有效地延长客户的生命周期，保持市场份额和运营效益。

知识链接

通过了解哲学、文学和美学领域较早提出的“以接受者为中心”的思想，有助于进一步理解经济学“以客户为中心”的概念。庄子曰：“子非鱼，安知鱼之乐”——你不是鱼，你怎么知道鱼快乐不快乐。如果能够准确把握住接受者的体验，这个人即使不成为大富豪，也会成为大思想家。接受美学是汉斯·罗伯特·姚斯于1967年创立的——以往的文学和美学研究、创作，都是以作者/艺术家为中心，姚斯则主张根本性地、颠覆地转向以读者/接受者为中心，因此称作接受美学，它相当于经济学“以产品/厂商为中心”向“以客户为中心”的转变，姚斯的“读者/接受者中心论”比托夫勒预言的体验经济早了3年，比菲利普·科特勒完善的“4C”理论早了更多年——“4C”是后来CRM出台并走向成熟的理论源泉之一。

1.1.3 客户关系管理的作用

随着市场竞争的愈演愈烈，传统的企业管理系统越来越难以胜任动态的客户渠道和关系的管理，互联网下的客户关系管理给企业带来了经营管理方式上的重大变革，对企业的发展具有非常重要的作用。

（1）全面提高企业的运营效率

CRM系统通过整合企业的全部业务环节和资源体系，使企业的运营效率大大提高。一套完整的CRM系统在企业的资源配置体系中起着承前启后的作用。向前，它可以向企业渠道的各方向伸展，既可以综合传统的电话中心和客户机构，又可以结合企业门户网站、网络销售、网上客户服务等电子商务内容，构架动态的企业前端；向后，它能逐步渗透至生产、设计、物流配送和人力资源等部门，整合ERP、SCW等系统。资源体系的整合实现了企业范围的信息共享，使业务处理流程的自动化程度和员工的工作能力大大提高，使企业的运作能够更为顺畅，资源配置更为有效。

（2）优化了企业的市场增值链

CRM的应用使原本“各自为战”的销售人员、市场推广人员、服务人员、售后维修人员等开始真正围绕市场需求协调合作，为满足客户需求这一中心要旨组成强大的团队；对企业的财务、生产、采购和储运等部门而言，CRM也成为反映客户需求、市场分布及产品销售情况等信息的重要来源。

（3）保留老客户并吸引新客户

一方面，通过对客户信息资源的整合，帮助企业捕捉、跟踪、利用所有的客户信息，在全企业内部实现资源共享，从而使企业更好地管理销售、服务和客户资源，为客户提供快速周到的优质服务；另一方面，客户可以选择自己喜欢的方式同企业进行交流，方便地获取信息，得到更好的服务。客户的满意度得到提高，从而帮助企业保留更多的老客户，并更好地吸引新客户。

（4）不断拓展市场空间

通过新的业务模式（电话、网络）扩展销售和服务体系，扩大企业经营活动范围，及时把握新的市场机会，获得更多的市场份额。

客户关系管理是企业管理中的一个理念，同时也是为了实现这一理念的计算机支持系统。在客户关系管理理念下，通过计算机支持系统的预见性、和谐性和高效性，企业能够全面调节与客户的关系。从企业主体来说，客户关系管理能够通过营销职能化、销售自动化和客户管理的高效性这三方面来提高企业的实力；从客户角度上，客户关系管理为客户节约采购成本，满足潜在需求，享受无微不至的服务。客户关系管理为企业带来了在同行业中的竞争优势，即客户关系管理的竞争壁垒优势。

总之，客户关系管理给企业带来互联网时代生存和发展的经营理念、管理机制和技术手段，成为企业成功实现电子商务的基础，使企业顺利实现由传统企业模式到以电子商务为基础的现代企业模式的转化。

案例链接

上海外滩的外白渡桥

上海外白渡桥是我国第一座全钢结构的桥梁，长期以来一直是上海的一座标志性景观。它沧桑古朴、构造妙趣横生，令人流连忘返，感慨万千。在普通人的眼里，外白渡桥始终没有什么变化，它的钢筋铁骨坚实硬朗，一直这样静静地横卧。在那里每天桥面上车来人往，川流不息。

2007年年底，上海市政工程管理局收到一封寄自英国名叫华恩·厄斯设计公司的来信。信中说，外白渡桥当初的设计使用期限是100年，于1907年交付使用，现在已到期，请注意对该桥进行维修。信中还特别提醒，在维修时，一定要注意检修水下的木桩基础混凝土桥台和混凝土空心薄板桥墩。这家设计公司还为上海市政工程管理局提供了当初大桥设计的全套图纸，铺开这些设计图纸，人们惊讶地发现，虽然经历了百年的岁月，但这些图纸依然被保存得完好如初，没有一点划痕、皱褶。图纸虽然是手工绘制而成的，但线条工整，每一数据、每一符号都不差分毫，设计者、审核、校对、绘图人的姓名都一目了然，清晰可见。

这是外白渡桥的“出身证明”和“护身符”，有了这些完整、准确、无误的设计资料，就为外白渡桥的体检和维修提供了完善、充分的科学依据

英国这家大桥设计公司的郑重提醒，方使我们如梦初醒：原来这座大桥已“一百岁高龄”了，需要给它来一次全面的体检和维修了，否则，有可能桥毁人亡，后果不堪设想!

经过百年历史的沧桑巨变，这家英国设计公司的办公场所换了一处又一处，人员换了一茬又一茬，当初大桥的设计者也早已作古，他们不再需要承担任何责任了。但是，这家公司的为顾客服务、讲究信誉、视质量为生命的理念，却一直没有变。大桥的设计使用期限是100年，100年到了，他们没有忘记提醒大桥的使用者。这一及时的提醒，不仅使我们对这家大桥设计公司充满了敬佩之情，更引起了我们的思考，究竟什么是职业精神的追求?

1.1.4 客户关系管理的分类

美国调研机构Meta Group把CRM按系统功能分成如下三类，这一分类已得到业界的公认，在网络营销模式下，此分类也同样适用。

（1）运营型CRM

运营型CRM又称操作型CRM，主要包括客户服务、订购管理、销售自动化（SFA），办公自动化（OA）管理等。运营型CRM可以帮助运营商实现经营、销售、服务等业务环节的流程自动化，做到利用IT技术来提高运营商的运作效率、降低运作成本的目的。通过实施运营型CRM，运营商最终将建立起一套以客户为中心的运作流程及管理制度，同时也有助于培养员工的服务意识，销售、服务、营销部门的业绩将明显提升。在现代网络营销市场中，运营型CRM成为大部分企业的首选功能。

（2）分析型CRM

分析型CRM可对客户数据进行捕捉、存储、提取、处理、解释并产生相应报告，它使用了数据挖掘技术。因为客户信息的绝对容量增加和与客户的相互作用日益复杂，数据挖掘迎合了该趋势，它能促使客户关系更有意义。它通过使用数据分析和数据建模技术来发现数据之间的趋势和关系的过程，可以用来了解客户希望获得什么，还可以预测客户将

要做什么，可以帮助你选择恰当的客户并将注意力集中在他们身上，以便为他们提供恰当的附加产品，也可以帮助你辨别哪些客户打算与你“分手”。由于它可以提高以最好的方式响应个性化需求的能力，并且可以通过恰当的资源分配来降低成本，因此可以增加收入，如网络营销的电子商务网站对购物车分析，就是应用了分析型CRM的数据挖掘功能。

从某种意义上说，分析型CRM系统的特点是：将企业原有的客户信息管理系统提升到客户知识管理系统的高度。通过建立数据仓库，运用数据挖掘、商业智能等技术手段，对大量的客户信息进行分析，可以让运营商更好地了解客户的消费模式，并对客户进行分类（如根据客户的当前贡献与潜在贡献，寻找对网络运营商最为重要的大客户等），从而能针对客户的实际需求，制定相应的营销战略，开发出相应的产品或服务，更好地满足客户需求。这也是我们经常谈到的“大规模定制”及“一对一营销”模式的核心思想。

（3）协作型CRM

协作型CRM又称为互动型CRM，目前各个运营商与客户的接触渠道日益多样化，除了传统的营业窗口、面对面的现场服务外，E-mail、传真、呼叫中心、互联网等其他沟通渠道同样成为运营商与客户之间交互的重要途径。如何将客户与运营商的各种接触渠道进行整合呢？通过统一的标准化接口与后台的支撑系统、业务网中的业务平台（如音信互动的业务平台）和业务管理平台以及其他的外部系统实现互联，客户的同一个服务请求可以在各个相关系统平台上得到统一的展示，构建“多渠道接入，全业务服务”的统一的客户接触门户是协作型CRM所要完成的任务。

当然，并非所有的企业都能够执行相似的CRM策略，这也意味着，当同一公司的不同部门或地区机构在考虑CRM实施时，可能事实上有着不同的商务需要，同时另一个经常出现的因素是不同的技术基础设施。因此，根据客户的行业特征和企业规模来划分目标客户群，也是大多数CRM的基本分类方式。在企业应用中，越是高端应用，行业差异越大，客户对行业化的要求也越高，因而，有一些专门的行业解决方案，如银行、电信、大型零售等CRM应用解决方案。而对中低端应用，一般采用基于不同应用模型的标准产品来满足不同客户群的需求。一般将CRM分为三类：以全球企业或者大型企业为目标客户的企业级CRM；以200人以上、跨地区经营的企业为目标客户的中端CRM；以200人以下的企业为目标客户的中小企业CRM。

在CRM应用方面，大型企业与中小企业相比有很大的区别。首先，大型企业在业务方面有明确的分工，各业务系统有自己跨地区的垂直机构，形成了纵横交错的庞大而复杂的组织体系，不同业务、不同部门、不同地区间实现信息的交流与共享极其困难；同时，大型企业的业务规模远大于中小企业，致使其信息量巨大。其次，大型企业在业务运作上很强调严格的流程管理；而中小企业在组织结构方面要轻型简洁很多，业务分工不一定明确，运作上更具有弹性。因此，大型企业所用的CRM软件比中小企业的CRM软件要复杂、庞大得多。一直以来，国内许多介绍CRM的报道和资料往往是以大型企业的CRM解决方案为依据的。这就导致一种错觉：好像CRM都很复杂、庞大。其实，价值几万元的面向中小企业的CRM软件也不少，其中不乏简洁易用的。

不过，有关公司规模方面的要求现在越来越随意，因为越来越多的CRM供应商是依据不同情况来提供不同产品的。主要的CRM提供商一直以企业级客户为目标，并逐渐向中型市场转移，因为后者的成长潜力更大。以企业级客户为目标的公司包括Siebel，Oracle等。另外一些公司，如Onyx，Pivotal、用友iCRM等则与中型市场相联系，并试图夺取部分企业级市场。MyCRM，Goldmine，Multiactive，Yuanhi CRM和SalesLogix等公司瞄准的是中小企业，它们提供的综合软件包虽不具有大型软件包的深度功能，但功能实用，安装及操作简单。

任务二　客户关系管理的兴起与发展

1.2.1　客户关系管理兴起的背景

实际上自人类开始从事商务活动以来，就有了客户关系管理。具体来说，客户关系管理产生的背景可以从以下三个方面来体现。

（1）市场需求的变化

社会化大生产使得社会物质财富极大丰富，市场逐步从卖方市场向买方市场转变，消费者在购买商品时，不止关注产品的价格，而更加看重产品的质量，同时也开始关注产品的形象、设计、品牌和服务等。希望购买的是物美价廉的产品，更重要的是希望能获得心理上的满足。企业所面对的外部市场和客户价值观都在发生着巨大的变化。

市场的复杂多变已经成为当今企业生存的外部环境。吉拉泽（Gglazer R.）提出了市场扰动这一概念来描述市场环境的变化。派恩（Pine. B. J.）的研究表明，20世纪80年代以来这种市场扰动大大提高，并有不断加剧的趋势。在这样的市场环境中，客户需求的不确定性增加，多元化趋势增强，变化加剧。这样，企业传统的“为产品找客户”，以产品为中心的经营理念将具有极大的风险，因为产品开发一旦失败，企业面临的将是灭顶之灾。在这样的市场环境中，如何缓冲市场扰动造成的冲击、降低经营风险，就成为企业必须面对的难题。企业要转变思维观念，“为客户找产品”，积极发展与客户长期的互利关系，以客户为中心来经营企业，缓冲市场扰动的影响，最大限度地降低经营风险。客户关系管理的风险缓冲作用如图1–2所示。

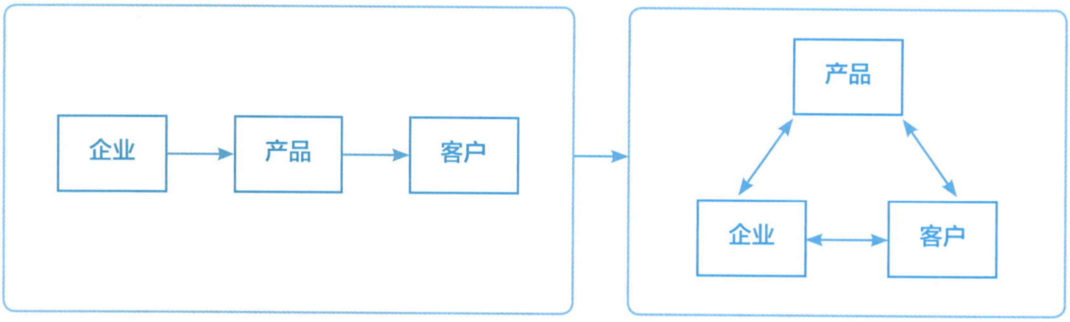

图 1-2 客户关系管理的风险缓冲作用

（2）通信和信息技术发展

早在20世纪80年代末就已经有学者开始对市场扰动和客户关系理念进行研究，但是对这些理念的实践却是到了20世纪90年代才开始，因为要建立企业与客户之间长期互利关系，双方之间的及时沟通是先决条件，而正是沟通成本阻碍了这一理念的实践。因为在信息和通信技术还不够发达的情况下，这种及时的双向沟通需要企业付出高昂的成本，而如果这一成本高于企业预期的客户价值，企业必然会拒绝投入。20世纪90年代以后，信息和通信技术有了很大的发展，互联网的普及使得这个瓶颈问题得到迅速解决。

家门口小吃店的老板会努力记住某顾客喜欢吃辣这种信息，当顾客要一份炒面时，他会根据以往的经验为这位顾客提供正好合他口味的炒面，而不必有太多的询问。但如果这位顾客到一个大型的快餐店（譬如，这家店有300个座位）时，就不会得到这种待遇了，即使顾客每天都去一次。为什么呢？最重要的原因是，如果要识别每个顾客，快餐店要搜集和处理的客户信息量是小吃店的几十、上百倍，超出了快餐店员工的信息搜集和处理能力，而信息技术的发展使得这种信息应用成为可能。

信息技术革命极大地改变了商业模式。信息化和电子商务对企业与客户的互动关系产生了巨大影响。客户可以方便地从媒体和互联网上获取信息并参与商业过程，处于信息劣势的状况大为改观。有了先进的信息通信技术，企业能够深入了解客户需求，及时将客户意见反馈到产品、服务的研发、设计中，为客户提供更加个性化、多样化和深入化的服务，成为竞争成功的关键。然而，信息通信技术的飞速发展也带来了很多问题，信息、通信技术的使用使得企业间的差异逐渐缩小甚至消失，产品的技术创新可以很快地被其他企业模仿，产品的生命周期也越来越短，越来越多的替代品出现，使得客户与产品的联系日益弱化。服务的差异化成为企业维系与客户间持久关系的关键手段，信息通信技术的发展迫使企业以前所未有的热情来关注自己的客户，并把服务提到了战略高度。

（3）管理理念的变化

在卖方市场的市场经济运行机制下，市场严重供不应求，企业产品不愁没有销路，广大消费者在市场上处于被动地位，被迫接受不满意的产品或服务。由于不愁销路和利润，企业无技术创新、产品升级、服务改善、服务竞争力提升的内在动力和外在压力。企业坚持生产第一的观念，生产数量与规模成为企业竞争的焦点。然而随着买方市场的到来，情况发生了变化。产品供过于求，顾客掌握了市场交易的主动权，其消费选择直接关系到企业的产品价值能否实现，因为同行业内的竞争归根到底是对顾客的争夺。服务于顾客、保持对顾客的忠诚成为企业新的竞争焦点。

新的营销理念是把“服务”归划为企业产品的一部分，即无形产品。“以人为本”的经营管理理念就是一切围绕“人”而开展的活动，并把“服务问题”提高到战略高度，通过掌握服务精髓，提升服务品位，创新服务特色，从完美的细节和良好的客户体验来维系和发展独一无二的客户关系，从而获得持久的竞争优势。

服务竞争体现着以“市场需求”为导向的经营理念和发展战略，体现着企业的“诚信”“人性”和市场经济伦理道德，体现着企业盈利和服务顾客的双重目标。从营销的商品竞争到服务竞争，企业满足客户个性化需求的能力越来越强，个性化服务要求企业充分了解客户的需求，保持与客户的个性化沟通，维系与客户之间良好的合作关系，从而为双方带来利益。服务在企业竞争中已经占据了越来越重要的地位，用关系营销的营销观念对客户进行管理是企业适应环境变化的必要手段。服务竞争是以提高客户对产品满意程度为目的的市场竞争。服务竞争的实质是服务理念的竞争，是以服务客户为导向的企业文化的集中反映。要提高顾客对产品的满意程度就意味着一切要从顾客的需要出发，即从产品的设计、制造、销售到使用的全过程中满足顾客的消费需求。既要把消费者想到的想到做到，又要把消费者未想到的想到做到；既要考虑到消费者现在的利益，又要考虑到消费者未来的利益。

服务是无形的、个性化的、不可储存的。因此，企业为了做好客户服务就必须要有大量的关于客户的知识，支持企业为客户提供周到的、个性化的、超出期望的、按需提供的服务，要做到这一点，要求企业必须对客户关系的全过程有系统的管理。

1.2.2 客户关系管理产生的原因

现代客户关系管理的产生可以归因为客户价值实现过程需求的拉动、管理理念的更新和信息技术的推动三个方面共同作用的结果。

（1）需求的变化是客户关系管理产生的根本原因

对于企业，市场的变化使其目前的制度体系和业务流程出现了种种难以解决的问题，如业务人员无法跟踪众多复杂和销售周期长的客户；大量的工作是重复的，常出现人为的错误；因人员或职能分工的阻碍导致客户信息的交流不畅，或与客户沟通口径不统一；企业会由于业务人员的离职而丢失重要的客户、销售信息等。这类问题存在的根源就是企业的销售、客户服务、营销等部门难以获得所需的客户互动信息，来自销售、客户服务、营销等方面的信息分散在企业内，这些零散的信息使得企业无法对客户有一个全面的了解，各部门难以在统一的信息基础上面对客户。因此需要对所有的客户信息进行集成，组建一个以客户为中心的企业，实现对面向客户的活动的全面管理。

另外，企业的客户也面临一些问题，如：从企业的两个销售人员那里得到了同一产品的不同报价，哪个才是可靠的？通过企业网站发了一封E-mail，要求联系一下销售人员，可为什么始终没人理？已经提出不希望再给自己发放大量的宣传邮件了，怎么情况并没有改变？为什么维修请求提出一个月了，还是没有等到上门服务？当出现这些问题时，企业只有比竞争对手更有效地解决这些问题，才能让客户感到方便、亲切，才有可能赢得客户，这就需要企业对其客户关系进行有效的管理。

（2）企业相关管理理论的发展是客户关系管理产生的理论依据

1）企业管理理念的变迁

“产值中心论”是最初的企业管理理念，这种观念的存在条件是，企业面对的是卖方市场，基本上不存在竞争。企业只要生产出产品就不愁卖不出去，提高产量成为企业的管理焦点，扩大生产规模成为企业的核心活动。

随着生产能力的不断扩大，市场出现了竞争，企业管理理念进入第2个阶段，即“销售中心论”阶段。在这个阶段，由于市场的竞争，企业生产出的产品如果销售不出去，就无法实现资本循环。销售商品成为企业第一目标，销售额成为管理的焦点，加强促销和提高质量成为企业的核心活动。企业一方面通过开展各种促销活动来促进销售指标的上升，另一方面对内则采取严格的质量控制来提高产品质量，以优质的产品质量和促销手段来实现销售额的增加。在这个阶段，企业之间的竞争就是质量的竞争和销售的竞争，所追求的目标就是增加产品的销售额。

但是随着企业间销售竞争和质量竞争的日益激烈，产品的生产成本和销售费用大幅度增加，因此销售额虽然增加了，但是企业的实际利润增长却很缓慢甚至下降了。所以，企业管理的目标又移向了以利润为中心的成本管理，即企业管理理念的第3个阶段“利润中心论”阶段。企业试图通过在生产和营销部门的各个环节上最大限度地削减生产成本和压缩销售费用，来实现利润最大化。

成本不能无限制地削减，当企业成本挖掘到极限，无法再降低的时候，企业开始转向争取客户，企业管理理念进入第4个阶段，即“客户中心论”阶段，客户关系管理成为企业的核心活动，客户的地位被提升到了前所未有的高度。随着社会产品的日益丰富，产品的差异性越来越小，同质性越来越高，客户面对的选择越来越多。企业要提高竞争力，就要满足客户的要求，进而留住客户，提升客户的满意度，从而增强企业的获利潜力。可以说，客户的满意就是企业效益的源泉，客户对产品和服务的满意与否，成为企业发展的决定性因素。因此，“客户中心论”就升华并进入更高的境界，转变成为“客户满意中心论”，这样客户的满意程度就成为当今企业管理的中心和基本观念。企业经营理念的发展对比如表1–1所示。伴随企业管理理念的发展变化，企业的营销理念也在发生着变化。

表 1–1 企业经营理念的发展对比

经营理论	产生的背景	管理焦点	核心活动
产值中心论	卖方市场，产品供不应求	产值（量）	扩大生产规模
销售中心论	经济危机，产品大量积压	销售额	促销，质量控制
利润中心论	竞争激烈，实际利润下降	利润	成本管理
客户中心论	客户不满，销售滑坡	客户满意	CRM

2）市场营销观念的发展

市场营销观念的发展对比见表1–2。

表 1–2 市场营销观念的发展对比

营销观念	产生背景	基本观点	营销任务
生产观念	买方市场产品供不应求	客户会接收任何他能买到，并且买得起的产品	提高生产和分销的效率
产品观念	只关注产品	只要是生产多功能、高质量的产品就会客户盈门	集中力量改进产品
推销观念	经济危机，产品大量积压	如果企业不进行大规模的促销和推销，客户就不会购买足够多的商品	销售出制造的产品而非市场需要的产品，强调销售的交易而非与客户建立长期的互惠关系
营销观念	社会产品急剧增加，竞争激烈	确定目标市场的需求和欲望，提供其所期望的产品和服务	强调客户的需要，按照客户的价值和满意状况建立与客户长期的互惠关系（CRM）
社会营销观念	能源短缺、通货膨胀、消费者保护意识更强	企业应该确定目标市场的欲望、需要和利益，以尊重社会道德为前提，权衡企业利润、客户的需求和公众利益三者的关系	向目标市场提供其所期待的物品或服务，以便改善客户和社会的福利

3）消费者价值取向的变化

消费者价值取向的变化可以分为以下几个阶段。

第1个阶段是理性消费时代。这一时代社会物质尚不充裕，人们的生活水平较低，消费者的消费行为是相当理智的，不但重视价格，而且更看重质量，追求的是物美价廉和经久耐用。此时，消费者价值选择的标准是“好”与“差”。

第2个阶段是感觉消费时代。在这一时代，社会物质和财富开始丰富，人们的生活水平逐步提高，消费者的价值选择不再仅仅是经久耐用和物美价廉，而是开始注重产品的形象、品牌、设计、使用的方便性等，选择的标准是“喜欢”和“不喜欢”。

第3个阶段是感情消费时代。当市场经济发展到今天，多数产品无论在数量上还是在品种上都非常丰富，而且由于网络和电子商务系统超越地理区域限制的巨大的信息处理能力，为客户提供了一个更广阔的选择范围。客户会在大范围内货比三家，精心挑选。他们利用计算机迅速查询信息、比较分析，以决定是否购买。他们不再以被动的方式接受商家所提供的商品信息，而是会根据自己的需求主动寻找适合的产品。他们对商品的需求已跳出了价格与质量的层次，更加注重追求在商品购买与消费过程中心灵上的满足感。因此，在这一时代，消费者的价值选择是“满意”与“不满意”。消费者价值取向的发展对比见表1–3。

表 1–3　消费者价值取向的发展对比

价值取向	背景	特点	选择标准
理性消费	物质不充裕，生活水平低	物美价廉，经久耐用	“好”与“差”
感觉消费	物质和财富开始丰富，生活水平提高	注重产品的形象、品牌设计、方便性	“喜欢”与“不喜欢”
感情消费	物质非常丰富，选择范围更广	追求购买与消费过程中心理上的满足感	“满意”与“不满意”

（3）信息技术的发展是客户关系管理产生的技术条件

随着信息技术的发展，企业核心竞争力对于企业信息化程度和管理水平的依赖越来越高，这就需要企业主动开展组织架构、工作流程的重组，同时有必要也有可能对面向客户的各项信息和活动进行集成，组建以客户为中心的企业，实现对客户活动的全面管理。在企业的信息化改造方面，企业资源规划（ERP）、供应链管理（SCM）等的应用能帮助企业理顺内部的管理流程、削减成本、实现事务处理自动化。接下来企业所需要的，是可以帮助它真正全面地观察外部市场和客户、可以创造收益的有力工具。从这个意义上讲，企业不仅需要新的客户关系管理系统，更需要适应Internet时代企业发展的新管理理念和技术。近年来，随着数据库技术发展应用的突飞猛进及数据仓库、商业智能、知识发现等技术的发展，收集、整理、加工和利用客户信息的质量大大提高，信息技术和Internet成为日渐成熟的商业手段和工具，被越来越广泛地应用于金融、证券、电信、电力、商业机构等领域的信息系统构建。其应用种类也从传统的办公事务处理发展到在线分析、决策支持、Internet内容管理、应用开发等。充分的、先进的技术支持使得CRM的实现成为可能。

总之，客户关系管理的产生与发展是有其客观性的。它借助先进的信息技术和管理思想，通过对企业业务流程的重组来整合客户信息资源，并在企业的内部实现客户信息和资源的共享，为客户提供一对一个性化服务，改进客户价值、满意度、盈利能力以及客户的忠诚度，从而保持和吸引更多的客户，最终实现企业利润最大化。客户关系管理已成为面向客户的、先进的管理模式。

知识链接

客户关系管理与关系营销的关系

关系营销是企业与客户、分销商、经销商、供应商等之间建立并保持的某种较为紧密的合作关系，并不断加强这种关系。传统的交易营销中企业以交易为焦点，追求的是短期交易下利润最大化，强调的是产品的特征，所以除了企业的产品和市场形象外，企业没有其他的 措施与客户保持持久的关系。而关系营销则以留住客户为工作的焦点，追求与客户等各方长期互利的最大化。它强调客户的忠诚度，重视对客户的承诺、对话和接触并保持长期的关系。

在关系营销中，企业与各方面建立并保持长期友好合作的关系，对企业在应对内外部环境的变化、保持长期稳定的发展十分有利。在企业的关系管理中，与客户的长期良好关系是现代企业关系营销成功的基本保证。按照帕累托的20/80法则：企业的80%的销售业绩来自20%的顾客的重复购买，开发一个新的顾客的费用是维护一个老顾客的4~6倍。可见企业与顾客之间建立长期的互相依赖的合作关系，提高和保持顾客的忠诚度是企业生存的基础。“客户关系管理”这一概念正是在这个基础上提出来的，并且集中体现了关系营销的核心思想。

1.2.3 客户关系管理的发展

对于客户关系管理未来发展趋势的把握，实际上关系到对客户关系管理本质的理解。对客户关系管理未来发展趋势的理解包括以下几个方面。

（1）客户关系管理的核心是客户价值

在对客户的识别、保留和发展的整个生命周期里，对客户价值的评判始终是贯穿其中的核心问题。这种价值评判包括两个方面：一是企业对客户提供的价值（customer perceived value）的评价，国内学者一般称这种价值为“顾客价值”；二是客户对企业的价值贡献（enterprise perceived value）的评价，国内学者一般称这种价值为“客户价值”。客户关系管理的实施过程是一个使客户关系增值的管理过程。企业只有为客户提供优异于竞争对手的价值，才能获得该客户的货币投票；客户只有能够为企业带来利润，企业才会为其提供与之相称的产品和服务。

（2）对客户终生价值的关注是客户关系管理的重要特点

客户关系管理强调的是企业与客户长期的价值互动关系，最大化长期互动关系的效用，实现客户与企业的双赢。就企业而言，客户终生价值的重要性表现在：客户关系持续时间越长，客户价值就越高；客户保持率增长5%可以带来企业利润的成倍增长；发展新客户的成本是保留老客户成本的4~6倍；客户关系持续时间越长，客户的转移成本越大，进一步增大后期的保持率，带来企业收益的增长。对客户而言，客户关系持续的时间越长，企业对客户需求的学习程度越高，更易于提供高价值的问题解决方案。

（3）客户关系管理是集中于价值客户的获取、保留和发展的动态管理

由于客户关系管理关注的是终生价值关系，对于客户的选择就显得尤为关键。客户关系管理并不是对所有客户不加区别地对待，而是不断为价值客户提供优厚的价值服务，并从价值客户得到卓越回报的一种有选择性的价值交换战略。

（4）客户关系管理实质上是对企业客户资产的增值管理

客户要成为企业的无形资产，必须具备两个必要条件：一是企业与客户之间有事实关系存在；二是企业有数据和文件记录来保证双方之间的双向沟通。显然，客户关系管理的实质就是对企业客户资产的增值管理。

（5）客户关系管理强调对客户的全生命周期管理

客户关系管理所倡导的关系型营销较之以产品为中心的交易型营销的重要特点就是在于其更加关注客户长期价值，而不仅仅是短期利益。客户全生命周期管理的目的就是实现其终生价值最优，客户全生命周期管理的核心就是全生命周期客户价值管理。

知识链接

市场营销策略的演进

在100多年的市场营销发展历程中，市场营销组合策略也在不断地进行演化、发展。发展的主线是4P−4C−4R−4V。

20世纪60年代，麦卡锡（McCarthy，J.）提出了4P组合理论，即产品（Product）、价格（Price）、地点（Place）和促销（Promotion），其根本目标是扩大市场份额，基本前提是市场份额的扩大必须伴随着利润的提高。随着工业的飞速发展，世界进入到“需求中心”时代，企业发现客户占有率比市场占有率更能为企业带来高利润。1990年，美国学者劳特朋（Lauteerborn，R.）提出了与其相对应的一种全新的营销4C理论，即消费者的需求与欲望（Consumer needs and wants）、成本（Cost）、便利（Convenience）、沟通（Communication）。了解消费者的需要与欲求，分析其所愿意付出的成本。思考如何让消费者购买时更方便、快捷、安全，加强与客户信息和情感上的沟通，这是市场营销在4P之外的新的职能体系。依据客户的需求与欲望来设计产品，依据客户愿意支付的成本来进行定价，根据客户偏好的方式来设计渠道，根据客户喜欢的沟通方式来设计促销形式，在4C理论的基础上综合运用4P理论才能取得更好的效果。20世纪90年代，信息技术的高速发展使产品的生命周期缩短，技术创新不断加快，单位产品的生产成本大幅下降，人们的消费理念和消费行为日益感性化和个性化。舒尔茨（Schultz，D. E.）提出新的营销组合4R理论，即关联（Relevant）、反应（Reaction）、关系（Relation）、回报（Return）。时刻关注顾客的需求及变化，与顾客建立关联并建立快速反应机制，在顾客的需求变化时甚至是变化前作出适当的反应，建立与顾客间的长期稳定关系，以为顾客及股东创造价值为目的，这是4R的核心内容。4V理论是比较新的营销组合理论，包括差异化（Variation）、功能化（Versatility）、附加价值（Value）、共鸣（Vibration）。企业凭借自身的技术优势和管理优势，生产出有特色的、创新的、满足客户需求的产品，与消费者间产生共鸣，维持客户与企业间的长期互利关系。

4P、4C、4R、4V四者之间是完善、发展的关系。4C，4R，4V不能取代4P，而是对4P在新形势下的创新与发展，不可把四者割裂开来甚至对立起来。从其发展过程看，企业与客户间的关系在企业的营销策略中占有越来越重要的地位，这与买方市场的形成和企业营销观念的发展是分不开的，特别是随着关系营销的出现，客户成为企业关注的焦点。

任务三　客户关系管理的相关理论

1.3.1　客户与客户关系

（1）客户定义及分类

CRM的核心思想是以客户为中心，客户自然也就成为CRM的核心主体。从现代经济学的意义上讲，任何接受或可能接受企业产品或服务的对象皆可称为客户。这个客户定义意味着，无论是已经购买企业产品或服务的顾客，还是目前还没有购买但可能购买的潜在顾客，或者是与企业有着各种直接或间接关系的个人或组织，都可称为企业的客户。

按照不同的分类标准，客户可以分为很多类型。如以企业内外部为标准，客户可以分为外部客户与内部客户；以是否存在直接交换关系为标准，可以分为直接客户和间接客户。美国学者罗纳德·S. 史威福特在他的著作《客户关系管理：加速利润和优势提升》中将客户关系管理中的客户进行了4类划分，见表1-4。

表 1-4 罗纳德·S. 史威福特客户类型划分

客户类型	特征
消费者	购买最终产品与服务的零售客户，一般指个人或家庭
B2B	购买产品或服务并附加到自己的产品上再销售给另外的客户，或附加到自己企业内部企业上以增加盈利或服务内容的客户
渠道、分销商和特许经营者	不直接为企业服务，并通过不需为其支付报酬的个人或组织，他们购买产品的目的是在当地销售产品
内部客户	企业或联盟内部的个人或业务部门，他们需要产品或服务以实现他们的商业目标，这通常是企业最可能忽略的一类客户，同时又是最具有长期获利性的客户或潜在客户

客户分类是CRM管理的内在要求。客户分类的目的：一是在于可实现企业内部对于客户的统一有效识别；二是可指导企业客户管理的战略性资源配置以及战术性服务营销对策应用，为企业以客户为中心的个性化服务与专业化营销提供支撑。

（2）客户关系

客户关系（Customer Relationships）有多种不同的定义，最常见的定义是指企业为达到其经营目标，主动与客户建立起的某种联系。这种定义其实还是将企业置于了客户与企业这种关系的主动地位，客户则处于关系的被动地位，只是企业建立并维持的这种关系的接受者。

随着对客户关系认识的深入，企业已经认识到，为了保证客户关系的持久性，真正地体现以客户为中心的核心理念，就必须将客户置于同企业同样重要的地位。尤其是发展到CRM阶段，客户不仅仅是企业产品或服务的接受者，而且客户的需求还对企业的生产与经营起着指导作用，客户已成为客户双方关系的重要决定者。这种对客户关系中的企业与客户双方平等性与交互性的认识，才真正体现了CRM以客户为核心的企业管理理念。

基于以上分析，客户关系可定义为：客户关系是企业与客户在各种直接性或间接性的交往中，所形成的一种以企业与客户双赢为目标、具有平等性与交互性的关系。

客户关系具有以下主要特征：

1）多样性

客户关系由于实质内容的不同而可划分为很多类型，有的客户关系是一种买卖关系，有的则是采购或供给关系，还有的则是战略联盟伙伴关系。譬如，客户因购买企业的产品或服务而形成买卖关系，企业之间因产品或服务的采购或供给而形成采购与供给关系，有的企业之间因缔结联盟而形成战略联盟伙伴关系。

2）差异性

不同客户关系间的差异性是普遍存在的，甚至是同一性质或类型的客户关系也存有差异。如同样是在客户与企业的买卖关系中，不同的客户有着各不相同的经济情况、心理因素、教育背景、民族及生活习性等特性，这就造成同样的客户关系也存有明显的差异。

3）持续性

企业与客户间的关系一般都具有持续性，不是一次发生就告终的。虽然在实际中确实存在大量的企业与客户一次性交往现象，但从企业角度来看，其与客户建立这种关系是基于长期的目的，希望客户能在持久的时期内给企业做出最大的价值贡献。从客户角度来看，这种一次性的行为虽然表明与某一个企业关系的告终，但其实这种客户关系只是转到了其他企业，而且，还存有再次转回来的可能，这同时也是企业所期望的。

4）竞争性

在当今的买方市场下，企业为了谋求生存与发展，就必须充分满足客户的个性化需求，不断提升客户的满意度与忠诚度，与客户之间建立起良好的关系。哪一个企业能够与客户建立并维持良好的关系，哪一个企业就占据了市场竞争的优势。市场的竞争其实也就转化为客户关系的竞争。不仅经营同一产品或服务的企业之间存在客户关系的竞争，而且不是同一经营领域的企业之间也存在着客户间的竞争。

5）双赢性

企业同客户之间形成良好的关系，不仅对企业来说是有利的，对客户来说也是有利的。企业通过良好的客户关系可以及时了解客户的需求，并以客户需求为中心进行经营，在满足客户需求的同时谋求到自身的发展。而客户在这种良好的关系中，其个性化需求可以及时地得到企业的回应，在企业积极应对的情景下，客户的个性化需求也可以得到更好地满足。

1.3.2 客户满意度理论

（1）客户满意的含义

客户满意（customer satisfaction，CS）是Cardozo在1965年首次引入营销理论中的，有很多学者都对其进行了广泛研究。然而至今，到底什么是客户满意？不同的学者对其依然存在较大的分歧。目前，主要有两大类对客户满意的定义：

一种观点是从状态角度来定义客户满意，认为客户满意是客户对购买行为的事后感受，也就是消费经历所产生的一种结果。这一类定义的代表人物有霍华德和希斯（1969）、奥立佛和林达（1981）以及韦斯卜洛克和雷利（1983）等。如韦斯卜洛克和雷利（1983）认为客户满意是一种喜悦的心理状态，这种心理状态源于客户消费某一产品或服务获得的满足感；相反，客户不满意是一种不愉快的心理状态，这种心理状态源于顾客没有从产品或服务的消费行为中得到满足。

另一种观点则是从过程的角度来定义的，认为客户满意是事后对消费行为的评价。代表人物主要有亨特（1977）、恩戈尔和布莱克维尔（1982）、迪斯和维尔顿（1988）等。如恩戈尔和布莱克维尔（1982）认为客户满意是客户对所购买产品与以前产品信念一致时所做出的评价；迪斯和维尔顿（1988）则认为客户满意是客户在购买行为发生前对产品所形成的期望质量与消费后所感知的质量之间所存在差异的评价。

不论是从状态角度还是从过程角度去定义满意度，两者之间虽然存在着较大的差异，但每一种定义都肯定了客户满意度在市场营销中的重要性。正如菲利普·科特勒（Philip Kotler）在《营销管理》一书中指出的：企业的整个经营活动要以客户满意为指针，要从客户的角度，用客户的观点而非企业自身利益的观点来分析、考虑客户的需求。

（2）客户满意度的衡量

从客户满意度的定义分歧可以看出，客户满意度是一个不确定的概念，满意的标准也因人而异。但是，企业要想充分满足客户的需求，并得到客户满意的目的，就必须对客户满意度进行指标具体化，只有这样，企业才可能有针对性地采取提高客户满意度的措施。

对客户满意度衡量的研究，目前已有了一些较有代表性的成果。以下重点对瑞典的客户满意度指数模型（SCSB）、美国的客户满意度指数模型（ASCI）进行概括介绍。

1）瑞典客户满意度指数模型

1989年，在美国密西根大学的福内尔（Fornell）教授等人的指导下，瑞典在世界上最早建立了全国性客户满意指数模型，简称SCSB模型（Sweden Customer Satisfaction Barometer）。该模型从4个结构变量来度量客户满意度，这4个变量分别是：客户预期、客户感知价值、客户抱怨以及客户忠诚。

SCSB模型结构如图1-3所示。

客户预期（customer expectations）：指的是客户在购买前对所购买的产品或服务寄予的期待和希望。由于客户自身情况的不同，譬如经济条件、接受教育的水平、性格及心理

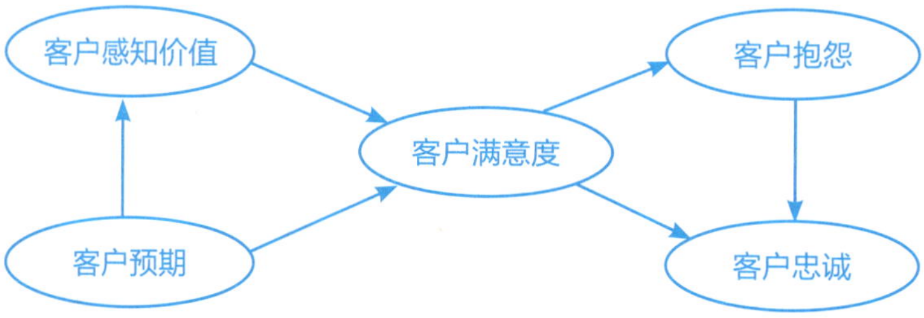

图1-3 SCSB模型

等方面都存在较大的差异，不同的客户对同一产品或服务有着不同的需求。并且，客户预期还有着一个鲜明的特点，在一般情况下期望往往是高于需求的。

客户感知价值（Perceived Value）：指的是客户所能感知到的利益与其在获取产品或服务时所付出的成本进行权衡后对产品或服务效用的总体评价。客户感知价值体现的是客户对企业提供的产品或服务所具有价值的主观认知，从而区别于产品和服务的客观价值。一般情况下，客户的价值感知主要体现在4个方面：对总成本的感知、对总价值的感知、对质量与价格之比的感知、对质量与价值之比的感知。

客户抱怨（Customer Complaints）：指的是客户对产品或服务的实际感受未能达到其预先的期望所造成的心理或行动上的负面评价。客户的实际感受与预期水平差距越大，抱怨也就越大。当抱怨达到一定程度时，客户很可能对产品或服务，甚至对企业进行投诉。

客户忠诚（Customer Loyalty）：指的是客户对企业的产品或服务的依恋或爱慕的感情，它主要通过客户的情感忠诚、行为忠诚和意识忠诚表现出来。一般来说，客户的忠诚表现在对产品或服务的重复购买，或者向其他人推荐、宣讲。

在SCSB模型中，客户预期是外生变量，其他变量则是内生变量。客户抱怨与客户忠诚度是客户满意度的结果变量，其中忠诚度是模型最终的因变量，可以作为客户保留和企业利润的指示器。客户感知和客户预期这些模型中的隐变量都是通过客户抱怨和客户忠诚度这些显变量来间接衡量。

SCSB模型还提出了一个新的客户满意度指标：客户满意弹性（customer satisfaction elasticity）。客户满意弹性是指客户忠诚对客户满意的敏感性，即客户满意提高一个百分点，客户忠诚将提高多少个百分点。利用客户满意弹性指标可以从量化的角度来研究不同程度的客户满意对客户忠诚的影响及其非线性关系。客户满意度的前导变量有两个：客户对产品或服务的价值感知；客户对产品或服务的期望。

SCSB模型满意度的测评指标见表1-5。

表 1-5　SCSB 模型满意度的测评指标

结构变量	观测指标
顾客预期	总体预期
感知价值	给定产品质量下对价格的评价 给定价格下对产品质量的评价
顾客满意度	总体满意度 产品质量同预期的比较 产品质量同理想产品的差距
顾客抱怨	投诉行为
顾客忠诚	重复购买的可能性 保留价格

2）美国客户满意度指数模型

瑞典SCSB模型被推出后，在实践中获得较广泛应用的同时也受到了一些质疑：价值感知对满意度的影响是必然的，但是价值因素和质量因素相比，哪方面更重要？由于客户对不同产品和服务的质量感知是有差别的，如果在模型中加入质量感知变量，客户满意度应如何衡量等问题。

美国客户满意度指数模型（American Customer Satisfaction Index，ACSI）在采纳Fornell et al.（1996）、Deming（1981）、Juran和Gryna（1988）等的研究成果时，对瑞典SCSB模型进行了修正。

一是将质量感知从价值感知中分离出来。ACSI模型在满意度调查中增加了3个质量感知指标，即产品或服务满足顾客需求的程度、这些需求满足的可靠程度以及总体质量。1996年，ACSI模型又针对耐用消费品，将质量感知进一步分为产品质量感知和服务质量感知。

二是为与质量感知的显变量相对应，在满意度调查中加入了两个新指标。这两个新指标是满足客户需求程度期望和可靠程度期望。ACSI模型用这两个新指标与原有的总体期望指标一起来衡量客户期望。

ACSI模型结构如图1-4所示。

ACSI模型利用了客户的消费认知过程，将总体满意度置于一个相互影响相互关联的因果互动系统中。ACSI模型可解释消费经过与整体满意度之间的关系，并能指示出满意度高低将带来的后果，从而赋予了整体满意度前向预期的特性。

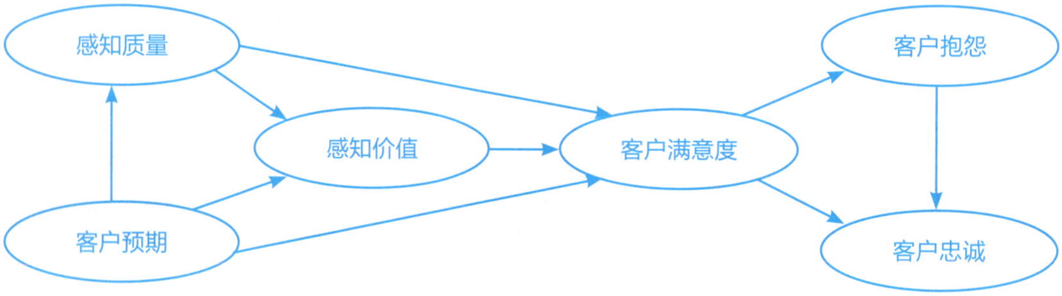

图1-4 ACSI 模型结构

ACSI模型是由多个结构变量构成的因果关系模型，其数量关系通过多个方程的计量经济学模型进行估计。

ACSI模型满意度的测评指标见表1-6。

表 1-6　ACSI 模型满意度的测评指标

结构变量	观测指标	结构变量	观测指标
顾客预期	对质量的总体预期 对产品顾客化的预期 对产品可靠性的预期	顾客满意度	总体满意度 产品质量同预期的比较 产品质量同理想产品的差距
感知质量	对产品质量的总体评价 对产品顾客化质量的评价 对产品可靠性的评价	顾客抱怨	投诉行为
感知价值	给定产品质量下对价格的评价 给定价格下对产品质量的评价	顾客忠诚	重复购买 保留价格

ACSI模型建立的目的是以企业为基准来计算行业、部门和全国的满意度指数，是为了监测宏观的经济运行状况，主要考虑的是跨行业与跨产业部门的顾客满意度比较。

ACSI模型不针对具体企业的诊断指导，其调查也不涉及企业产品或服务的具体绩效指标，企业即使知道自己的满意度低，也不知道具体低在生产或服务的哪个环节，应该从哪一方面着手改善。更不知道客户最需要的是什么，最重视的又是什么。所以，对微观层面的具体企业进行满意度调查时很少使用该模型。

ACSI模型是目前体系较为完整、应用效果较好的一个国家顾客满意度理论模型。ACSI模型不仅可以进行跨行业的比较，同时还能进行纵向跨时间段的比较，已经成为美国经济的晴雨表。

1.3.3　客户忠诚度理论

客户忠诚度理论也称为客户忠诚度营销理论（customer loyal，CL），它是在流行于20世纪70年代的企业形象设计理论（corporate identity，CI）和20世纪80年代的客户满意理论（customer satisfaction，CS）的基础上发展而来的。客户忠诚度理论的主要内容是企业应以满足客户的需求和期望为目标，有效地消除和预防客户的抱怨和投诉、不断提高客户满意度，促使客户的忠诚，在企业与客户之间建立起一种相互信任、相互依赖的价值链关系。

（1）客户忠诚的含义

在商业领域，Copelland（1923）和Churchill（1942）较早地使用到了“忠诚”这个概念。自此，许多学者对客户忠诚从不同角度进行了定义。总的来看，现阶段主要有两大类观点：一类是将品牌忠诚描述为针对产品的行为方式；另一类是将客户忠诚描述为一种态度或者行为的倾向性。

本书借鉴了William G. Zikmund et al.（1999）的定义，将客户忠诚界定为客户对某一品牌、商店、制造商、服务提供商以及其他基于积极的态度和行为反应的经营主体的坚持和忠诚，比如重复性购买。

客户忠诚有两方面的含义：

1）态度取向

态度取向代表了客户对企业产品积极取向的程度。当企业的形象、经营理念、营销活动、产品或服务的个性迎合了客户的价值取向，客户则会对企业或产品及服务产生较为亲密的情感，甚至会融入客户的精神寄托，进而表现出持续购买的意愿。

2）行为重复

行为重复是指客户在一个较长的时期内，多次购买企业的产品或服务。至于购买行为重复的动机，则有多种缘由。有与情感相关的重复购买动机，如客户对企业有好感，或是企业营销活动迎合了客户的心理需求或价值取向。也有与情感无关的重复购买动机，如企业处于垄断地位，客户没有选择的机会，或者是购买转移的成本太高而约束了客户的重新选择。

在了解客户忠诚时，还要注意区分惯性忠诚与潜在忠诚两个概念。惯性忠诚也称为伪忠诚（Spurious loyalty），是指没有强烈的态度影响，客户的行为是由习惯驱使的，这可能是由于这些客户很少主动地对企业、产品或服务进行区别。潜在忠诚（Laten t loyalty）则是指客户有强烈的态度，但却很少进行重复性购买。如客户对某产品或服务具有明显的心理偏好，但受社会习俗或周围环境的影响，购买行为受到约束。

（2）客户忠诚分类

客户忠诚分类是按照不同的属性标准对忠诚进行归类。客户忠诚分类便于企业根据各类忠诚的特性而采取相应的活动来提升客户的忠诚度。以不同的标志为基准，客户忠诚可以划分为不同的分类。

以客户依赖性和忠诚的持久性为标志，可将客户忠诚划分为5个类别：垄断忠诚、节约忠诚、激励忠诚、习惯忠诚及信赖忠诚，如图1–5所示。

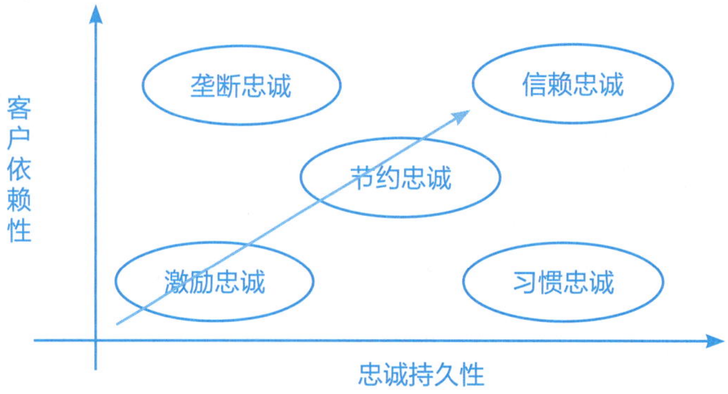

图 1–5　5 类型忠诚的持久性和客户依赖性

1）垄断忠诚

这类忠诚主要是出于产品或服务存在垄断，客户并不是出于对产品或服务的喜爱，而是没有其他选择，只好长期使用这种产品或服务。甚至有时，客户对产品或服务是不满的，但因垄断的存在，客户必须忍受这种选择。

2）节约忠诚

这类忠诚的根源在于客户考虑到选择转换的成本太高，故仍然选择原有企业的产品或服务。这类忠诚持久性较差，因为客户始终在寻找更有利的选择，一旦客户发现转换成本可以接受，客户很可能立即终结对原有企业的忠诚状态。

3）激励忠诚

这类忠诚源于企业给予客户的额外利益，从而促使客户继续使用或开始使用企业的产品或服务，如价格刺激、促销政策刺激等，都会造成客户的激励忠诚。但这类忠诚的稳定性较差，客户的依赖程度原本就较低，一旦企业取消了这些额外利益，激励的根源消失，客户的激励忠诚也将随之消失。

4）习惯忠诚

这类忠诚是实际中较为常见的一种，一些客户往往由于时间或生活方式等方面的原因而成为企业的忠实客户。这种忠诚常常给企业造成客户满意的错觉。实际上，这类行为并不是源于忠诚的态度，而是一种购买习性的继续。通常情况下，若在客户的生活情境中出现了更便利的可替代产品或服务，习惯型忠诚客户很容易改变他们的购买习惯。

5）信赖忠诚

这类忠诚是客户在购买产品或服务过程中与企业形成了一种密切信任关系的结果。这类客户是企业最有价值的客户，具有高可靠性与高持久性。这种类型的客户对企业有很深的感情，不会轻易转向其他企业的产品和服务。他们不但重复购买率高，而且经常向亲朋好友推荐企业的产品和服务。CRM的实施也正是要帮助企业赢得客户的信赖忠诚。

（3）建立客户忠诚度

Reichheld和Sasser（1990）的研究结果表明，客户忠诚度提高5%，企业的利润就能增加25%~85%。许多企业的实践也证实，忠诚度与企业的获利能力有着非常密切的关系。以下是一些实践经验结果：

保持一个客户的营销费用仅仅是吸引一个新客户的营销费用的1/5；

向现有客户销售的概率是50%，而向一个新客户销售产品的概率仅有15%；

客户忠诚度下降5%，企业利润则下降25%；

如果将每年的客户关系保持率增加5个百分点，可能使企业利润增长85%；

企业60%的新客户来自现有客户的推荐。

在这些数据面前，客户忠诚度对企业的重要性已不需要什么赘述了，重点则是企业应该如何提高客户的忠诚度。一些学者对此也进行了很多研究，以下主要对客户忠诚度的三角模式及客户矩阵进行介绍。

1999年，Shoemaker和Lewis提出了建立客户忠诚度的三角模式，其框架如图1-6所示。

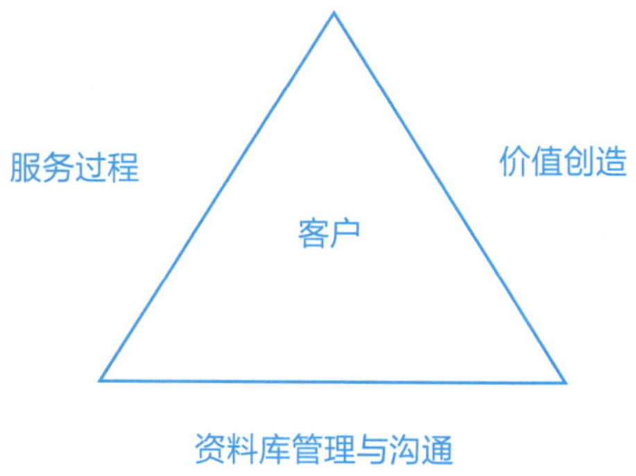

图 1-6　忠诚度三角模式

①服务过程

服务过程是指服务运作的过程，包含需要客户与服务提供者一起参与的所有活动，为带给客户对服务的满意度及忠诚度，须维持各项活动要素的相互协调一致性。

②价值创造

价值创造包括价值增加与价值获得。价值增加是指为了与客户维持更长久而互惠的关系，而提供一些回馈或附加值给客户。价值获得则是指对于形成价值降低部分，予以矫正或修正来挽回价值。

③资料库管理与沟通

资料库管理与沟通是指建立客户资料库以知道客户的喜好、习惯，以提供客户特别的服务，并利用广告、信函或活动通知等方式与客户联系。

Shoemaker和Lewis的客户忠诚度三角模式认为，企业要想提高客户的忠诚度，就应该从服务过程、价值创造及资料库管理与沟通这3个方面着手。

客户忠诚矩阵则根据客户期望与客户表达与否，将客户满意与客户忠诚方面的内容划分成4个方面，构成客户忠诚的四分矩阵，以帮助企业更好地理解客户的期望，从而提升客户的忠诚度，如图1-7所示。

①冷淡区：不表达/期望。

该区域表示客户具有很高的期望，但是客户又不善于表达。客户期望能够得到企业的礼貌和尊敬，但是如果歉意地问客户有什么需求的时候，客户可能会感到迷惑不解，有时甚至

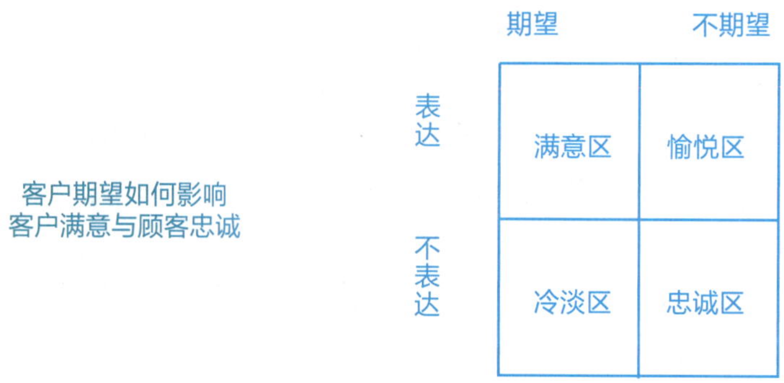

图 1-7　客户忠诚矩阵

会产生一种受到侮辱的感觉。并且，如果客户没有能够满足他们内心的需求，将会引起客户的不满意。如果歉意满足了这种基本的、显而易见的需求，企业能得到的最好也只是冷淡。

②满意区：表达/期望。

该区域的客户习惯于告诉企业什么对于他们来说是重要的。该区域企业非常重要，它是企业提升客户忠诚的关键。企业满足该区域客户的需求将会获得客户的满意，反之如果没有满足将会引起他们的不满意。

例如，客户可能期望在一次购买中获得一定量的打折，同时客户也已经提出明确的请求。这种状态是客户的一种期望，而且很可能竞争对手已经为客户提供了这种益处。因此，企业必须要慎重对待处于该领域的客户，否则很可能引起客户的不满意。

③愉悦区：表达/不期望。

该区域的客户期待某种事物，然而又对企业没有抱有期望的态度。针对此区域的客户特性，企业并非是可置身事外，而是应该尽量去获得为客户提供期望以外一些事物的机会，并且通过此行为，让客户感到愉悦。

例如，客户可能只会询问有关溢价产品的信息，如果企业不提供该信息，可能会导致不满意。这个区域是企业建立忠诚客户群时，需引起高度重视的区域。

④忠诚区：不表达/不期望。

在该区域的客户，既不对公司的产品或服务提出期望，又不表达他们对其他事物的期待。因此，如果企业能够在客户不明确需求的情况下，为客户提供超出客户期望之外的益处，也就很可能培养出忠诚客户。如何提高这个区域客户的忠诚度给企业提出了更高的挑战，这也需要企业具有前瞻性的眼光。

例如，汽车安全气囊的最初引入是一种解救生命的创新，但是客户在熟悉它们之前，并不能询问或期待这种创新的出现。

对企业来说，以上4个区域都是非常重要的。为了获得更多的处于忠诚区的客户，企业首先必须要攻克其他区域，通过一系列的有效手段充分满足客户的个性化需求，不断地提高客户的忠诚度，最终将其他区域的客户提升到忠诚区，并采取有效的措施维持客户在忠诚区域的持久性。

1.3.4 客户价值理论

（1）顾客价值内涵

客户价值（Customer Value）的重要意义已经得到理论界与企业界的共识，然而，不同学者从不同的角度对客户价值进行了研究，并提出了不同的观点和看法。

1994年，菲利普·科特勒从客户让渡价值（Customer Delivered Value）和客户满意的角度来阐述客户价值。他认为，客户让渡价值是指总客户价值与总客户成本之差。总客户价值就是客户期望从某一特定产品或服务中获得的一组利益，而总客户成本是在评估、获得和使用该产品或服务时引起的客户预计费用。

Zeithaml（1988）使用客户感知价值（customer perceived value）的概念来理解客户价值。他认为，客户感知价值是客户感知到的所得和感知到的所失而形成的对产品效用的总体评价。

Gale（1994）将客户价值定义为客户相对于产品价格而获得的产品感知质量。

Woodruff（1997）认为，客户价值是客户在一定的使用情境中，对产品属性、属性效能以及使用结果达成其目的的感知偏好和评价。

以上是关于客户价值的一些有代表性的定义。在这些定义中，Woodruff的客户价值定义要更宽泛、更丰富、更复杂。Woodruff的定义不仅综合了客户的期望价值和使用结果，而且强调了价值来源于客户的感知、偏好和评价。同时，该定义还将产品、使用环境和相应的客户感知效果密切地联系起来，构成了包括产品属性、产品功效和使用结果的3个层次的立体结构。

从以上定义可以看出，对客户价值的理解分歧，主要体现在对客户价值的流向、方向性和所有者认定等方面。归纳起来，对客户价值的理解可以分为两大类：

一类认为，客户价值的方向是从“企业客户”，即基于企业的视角理解客户价值。该视角把客户看成是企业的一种资产，侧重研究不同客户能够给企业带来的价值。这种视角的客户价值衡量了客户对于企业的相对重要性。这种客户价值观念认为，对客户价值的管理就是鉴别出高营利性客户，从而配置相应的资源来实现客户价值的最大化。

另一类认为，客户价值的方向是从“客户企业”，即基于客户的视角了解客户价值。这种理解认为，客户价值就是客户心中感知到的价值，是客户在消费过程中期望或感知到的产品或服务所给他带来的价值。

虽然对客户价值流向及所有者的界定存在不同的理解，但从以上各种具有代表性的定义中却都可以看出，无论是“企业客户”，还是“客户企业”，都是强调以客户为核心的导向。

其实，企业为了生存发展和在竞争中占据优势，一方面必须基于本企业的实际情况来合理配置资源以实现客户价值的最大化；另一方面，企业的经营必须以客户的满意为最终导向，必须满足客户心中感知到的价值。因此，从这个意义上讲，客户价值应该表现为双向性，即客户价值既体现在“企业客户”上，也体现在“客户企业”上。

（2）Kotler的让渡价值理论

1994年，菲利普·科特勒提出让渡价值理论。科特勒认为客户让渡价值是指总客户价值与总客户成本之差。

总客户价值就是客户期望从某一特定产品或服务中获得的一组利益，具体包括产品价值、服务价值、人员价值和形象价值等。

产品价值是由产品的功能、特性、品质、品种等所产生的价值构成，它是客户需求的中心内容，也是客户选购产品的首要因素。在一般情况下，产品价值是决定客户购买总价值的关键和主要因素。

服务价值是指伴随产品的出售的，企业向客户提供的各种附加服务价值，它包括产品介绍、产品保证等所产生的价值。

人员价值是指企业员工的经营思想、知识水平、业务能力、工作效率与质量、经营作风及应变能力等产生的价值。

形象价值是指企业及其企业产品或服务在社会大众中形成的总体形象所产生的价值。形象价值与产品价值、服务价值、人员价值密切相关，在很大程度上是这三者价值综合作用的反映和结果。

总客户成本是在评估、获得和使用该产品或服务时而引起的客户预计费用，也即客户为购买某一产品所耗费的时间、精神、体力以及所支付的货币资金等，具体包括货币成本、时间成本、精神成本和体力成本等。

科特勒的让渡价值理论模型如图1-8所示。

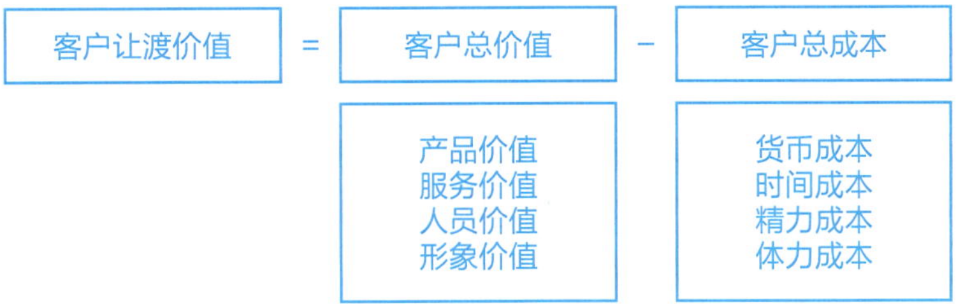

图 1-8　科特勒让渡价值理论模型

根据科特勒的让渡价值理论，企业可对决定客户购买的影响因素进行分析，并进而采取相应的营销及经营管理策略。

对客户的分析：客户在购买产品时，总是希望把有关成本降低到最低限度，而同时又希望从中获得更多的实际利益，以使自己的需要得到最大限度的满足。因此，客户在选购产品或服务时，往往从价值与成本两个方面进行比较分析，从中选择出价值最高、成本最低，即客户让渡价值最大化的产品或服务作为优先选购的对象。

对策略的分析：企业为在竞争中战胜对手，吸引更多的潜在客户，就必须向客户提供比竞争对手具有更多客户让渡价值的产品，这样，才能使企业的产品或服务为消费者所注意，进而购买本企业的产品或服务。为此，企业可从两个方面改进自己的工作：一是通过改进产品、服务与形象，提高产品或服务的总价值；二是通过降低生产与销售成本，减少客户购买产品的时间、精神与体力的耗费，从而降低货币与非货币成本。

1.3.5 关系营销

（1）关系营销的含义

关系营销的概念最早是由伦纳德·白瑞（Leonard Berry）于1983年提出，他认为关系营销的目的在于保持消费者。1985年，巴巴拉·杰克逊（Barbara B. Jackson）提出了“关系营销的目的在于捆住消费者”，他认为交易营销适合于“眼光短浅和低转化成本的顾客”，而关系营销适合于“具有长远眼光和高成本的客户”。

所谓关系营销，是指把营销活动看成是一个企业与消费者、供销商、分销商、竞争者、政府机构及其他相互者互动，并建立起长期、信任和互惠的关系的过程。该定义强调关系营销的对象是相关市场，手段是互利合作以求共赢，同时是一个动态而非静态的过程。

（2）关系营销的特征

1）双向沟通

在关系营销中，沟通应该是双向而非单向的。企业只有与客户进行广泛的沟通交流，才可能赢得各个利益相关者的支持与合作。社会学认为，关系是信息和情感交流的有机渠道，良好的关系即渠道畅通，恶化的关系即渠道阻碍，中断的关系则是渠道堵塞。关系的稳定性表现为人们在交往过程中所形成的认识、了解和态度。这种认识、了解和态度是持久的、不易改变的。

在关系营销中，各关系方都应主动与其他关系方接触和联系，相互沟通信息，了解情况，形成制度或以合同形式定期或不定期碰头，相互交流需求变化信息，主动为其他关系方服务或为他们解决困难和问题，增强伙伴合作关系。只有广泛充分地交流，才可能使企业赢得各个利益相关者，特别是消费者的支持与合作并形成销售。

2）协同合作

一般而言，关系有两种基本状态，即对立和合作，只有通过合作才能实现协同，合作是双赢的基础。在竞争性的市场上，明智的营销人员应强调与其他利益相关者建立长期稳定、彼此信任、互利互惠的合作关系。这种合作关系可以表现为顺从，即一方自愿或主动地调整自己的行为，按照对方的要求行事；可以表现为顺应，即主客体双方都调整自己的行为，达到相互适应的目的；也可以表现为互助，即双方各自具有优势，相互补充对方的不足，相互援助；还可以表现为合作，即双方为了达到对各方都有益的共同目的彼此相互配合，联合行动，协同完成某项工作。

现代企业必须超越传统竞争观念，实行协同竞争。即通过一定程度的合作和资源共享来寻求竞争优势，建立一种协调合作、优势互补的和谐状态，相互取长补短，谋求企业的共同发展。

3）互利共赢

关系营销倡导的是“谋求共同发展”，即共赢的理念。关系营销旨在通过合作增加关系各方的利益，而不是通过损害其中一方或多方的利益来增加其他各方的利益。

企业要坚持共赢策略，互相了解对方的利益诉求，寻求各方利益的共同点，并努力使各方的共同利益得到实现。

4）满足情感需求

关系能否得到稳定和发展，情感因素也起到了重要作用。因此，关系营销不只是要实现物质利益的互惠，还必须让参与各方能从关系中获得情感的需求满足。例如，有些企业和老客户保持特殊的关系，举办各种形式的联谊活动，召开座谈会等，赠送贺卡、礼品，甚至上门拜访等。在社交联谊过程中，企业不断研究和了解客户的需要与愿望，关心他们的利益，表现合作态度，同时也不时地发布信息，让客户了解并信任自己，逐步成为企业的忠诚客户。

5）信息及时反馈

关系营销不仅仅是企业营销部门的工作，它涉及企业的各个部门。关系营销要求建立专门的部门，用以跟踪客户、分销商、供应商及营销系统中其他参与者的态度，加强信息反馈，了解关系方的动态变化，及时采取措施消除关系中的不稳定因素和不利于关系各方利益的共同增长因素。通过有效的信息反馈，也有利于企业及时改进产品和服务，更好地满足市场的需求。

知识链接

关系营销是从“大市场营销”概念衍生、发展而来的。1984年，菲利普·科特勒提出了“大市场营销”的概念，目的在于解决国际市场的进入壁垒问题。在传统的市场营销理论中，企业外部环境是被当作“不可控因素”来对待的，其暗含的假设是：当企业在国际市场营销中面临各种贸易壁垒和舆论障碍时，就只有听天由命，无所作为。因为传统的4P组合策略，在贸易保护主义日益盛行的今天，已不足以打开封闭的市场，要打开封闭市场，企业除了需要运用产品、价格、分销及促销四大营销策略，还必须有效运用政治权利和公共关系这两种营销工具，这种思想被称为“大市场营销”。虽然关系营销概念直接来自科特勒的“大市场营销”思想，它的产生和发展同时也大量得益于对其他科学理论的借鉴、对传统营销概念的拓展以及信息技术浪潮的驱动。20世纪90年代后，关系营销成为市场营销研究的重点，关系营销的早期定义是吸引、维系以及通过多种形式发展与顾客的关系。后来，许多营销学者给出了各种各样的定义，但是基本上离不开关系营销的实质，即致力于与顾客建立和维持一种良好关系，以谋取长期的利益。

思考与训练

一、选择题

1. 客户关系管理理念来源于（　　）。
   A. 市场营销学　B. 心理学　C. 行为学　D. 人类学
2. 客户关系管理的内容包括（　　）。
   A. 客户识别　B. 客户关系的建立　C. 客户保持
   D. 客户流失　E. 客户挽留
3. 客户关系管理产生的背景包括（　　）。
   A. 人们收入的提高　B. 市场需求的变化
   C. 通信和信息技术的发展　D. 管理理念的变化
4. 客户关系的主要特征有（　　）。
   A. 多样性　B. 差异性　C. 持续性　D. 竞争性　E. 双赢性
5. 客户忠诚的分类包括（　　）。
   A. 垄断忠诚　B. 节约忠诚　C. 激励忠诚　D. 习惯忠诚　E. 信赖忠诚
6. 关系营销的特征包括（　　）。
   A. 双向沟通　B. 协同合作　C. 互利共赢
   D. 满足情感需求　E. 信息及时反馈

二、简答题

1. 简述客户关系管理的内涵。

2. 简述客户关系管理的作用。

3. 简述客户关系管理的发展方向。

实训

1. 拨打中国移动、中国电信、中国联通等公司客户服务电话体会客户服务，结合体验结果谈谈感受。

2. 在淘宝、京东等电子商务购物平台进行客户服务体验，结合体验结果谈谈感受。

案例分析

一位客户在销售员的帮助下买下了一所大房子。房子虽说不错，可毕竟价格不菲，所以总有一种买贵了的感觉。几个星期之后，房产销售员打电话说要登门拜访，这位客户不禁有些奇怪，不知销售员有什么目的。星期天上午，销售员如约而至。一进门就祝贺这位客户选择了一所好房子。在聊天中，销售员讲了好多当地的小典故。又带客户围着房子转了一圈，把其他房子指给他看，说明他的房子为何与众不同。还告诉他，附近几个住户都是有身份的人，一番话，让这位客户疑虑顿消，得意满怀，觉得很值。销售员的热情造访让客户大受感染，这位客户确信自己买对了房子，很开心。一周后，这位客户的朋友来这里玩，对旁边的一幢房子产生了兴趣。自然，他给朋友介绍了那位房产销售员。结果，这位销售员又顺利地完成了一笔生意。

思考题

请从客户关系管理的角度谈谈这则案例对你的启示。

项目二 客户信息管理

能力目标

通过完成本任务的教学，具备以下基本能力：

1. 掌握客户信息收集的方法；
2. 学会建立客户卡；
3. 掌握客户资料信息的整理与分类。

职业素养

在本任务的教学中，重点关注如下职业素养的培养：

1. 严谨认真的态度；
2. 细心周到的作风。

知识目标

通过完成本任务的教学，具备以下基本知识：

1. 客户信息的收集方法；
2. 客户信息档案的建立；
3. 客户信息的分析内容；
4. 网络管理客户信息的方法。

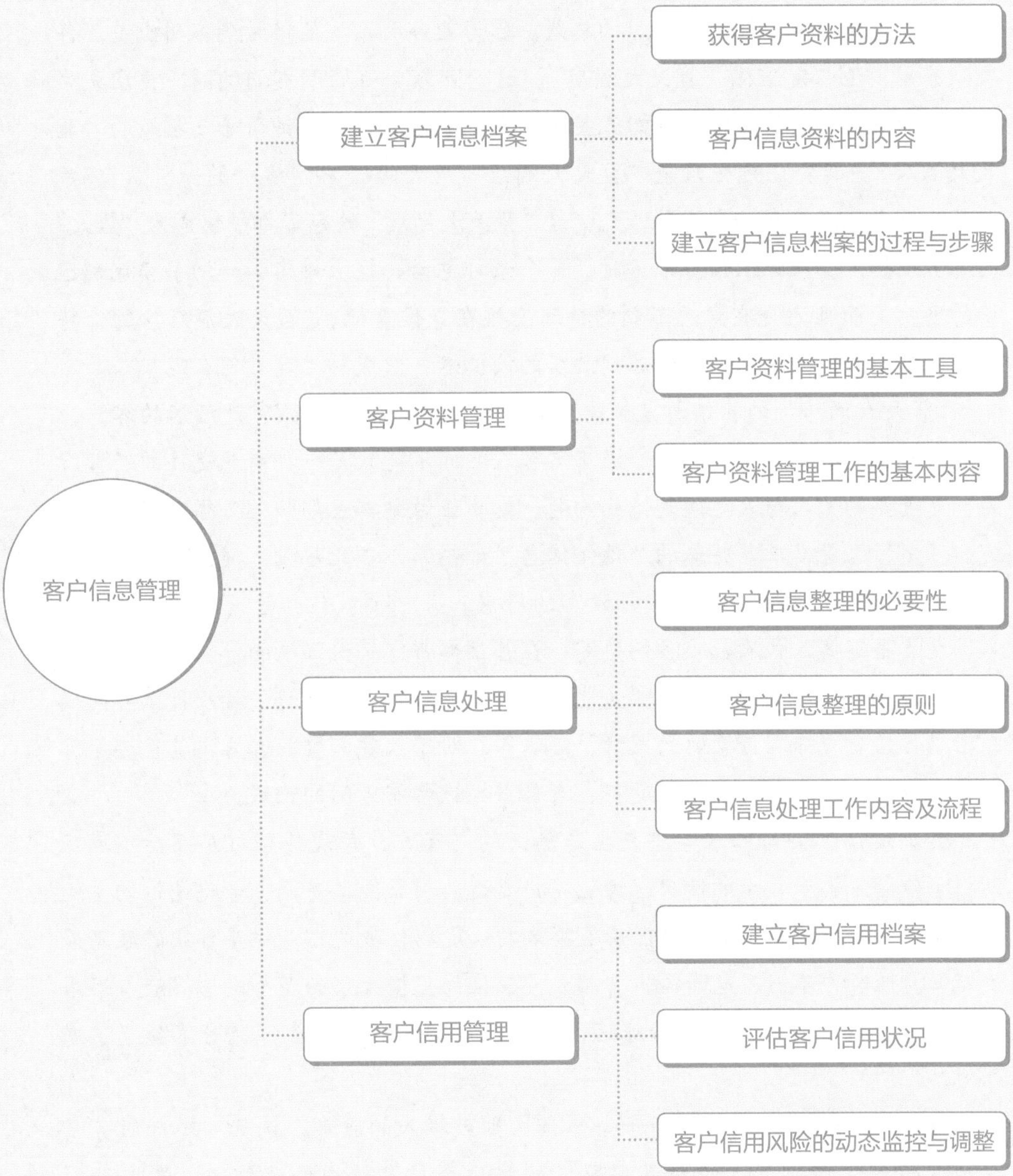
客户信息管理
建立客户信息档案
获得客户资料的方法
客户信息资料的内容
建立客户信息档案的过程与步骤
客户资料管理
客户资料管理的基本工具
客户资料管理工作的基本内容
客户信息处理
客户信息整理的必要性
客户信息整理的原则
客户信息处理工作内容及流程
客户信用管理
建立客户信用档案
评估客户信用状况
客户信用风险的动态监控与调整

项目导入

知彼知己

庄学忠先生是南洋商贸公司的总裁。因为业务关系，他经常到苏州出差。每次到苏州，他必定下榻“蓝天大酒店”。这一点颇令他的朋友们纳闷，凭庄先生的财力和身份，完全可以入住四五星级的高档酒店，为何独钟情于三星级的“蓝天大酒店”。其实庄先生只是“蓝天大酒店”庞大的客户网络中的一员。自5年前开业至今，几乎每一个入住、光临过“蓝天大酒店”的顾客都很快成为“蓝天”的忠实拥护者。庄先生预备来苏时，一个预订电话、报上姓名，一切手续就都已安排妥帖，而且还会有意想不到的特殊安排在等候着他。“蓝天大酒店”的奇特现象引起了人们的关注，作为苏州酒店的佼佼者，它成功的奥妙何在呢？

“蓝天大酒店”的营销总监梁先生为公众揭开了谜底：顾客是酒店的客户，也是活生生的有七情六欲的人。酒店与客人之间不能只是一种商业交往的经营行为，更重要的是人与人之间的情感沟通。要真正做到宾至如归，必须对客人的嗜好、习惯、消费需求等特殊的个性化信息了如指掌，在此基础上提供的产品和服务就有明显的针对性，从而获得顾客的好感。每一个入住“蓝天大酒店”的客人，尤其是那些入住次数较多的熟客，在营销部都有一份详细的资料档案卡。档案卡上记载着顾客的国籍、职业、地址、特别要求、个人爱好、喜欢什么样的娱乐活动、饮食口味和最喜欢的菜肴、酒水等。对于入住频繁的客户，甚至连他喜欢什么样的洗发水、摆什么样的花、看什么报纸都有专门的记载。

新加坡南洋公司的庄学忠先生是酒店的老客户，每次他预订房间后，酒店就根据他的资料卡显示的情况，为他安排靠近西村公园的房间，号码是他的幸运数字16；再在房间里摆上总经理亲笔签名的欢迎信，旁边摆着他最喜欢的康乃馨鲜花篮。他听力不好，电话铃声需调大，卫生间里换上茉莉花型的沐浴液，浴巾要用加大型的。他是一个保龄球迷，每逢酒店有保龄球晚会，绝对不会忘了通知他。

对客人的情况搜集，来源于全体员工细致投入的服务。例如，餐厅服务员发现某位客人特别喜欢吃桂林腐乳，就将这个信息传递给营销部，存入资料库；下次该客人再来时，电脑里便会显示出这一点，餐厅就可以迅速做出反应。所有这些，都无须客人特别叮嘱，当他再次光临时，他便能惊喜地发现，怎么“蓝天大酒店”这么神通，什么都替他想到了。久而久之，也就成了酒店的常客。

项目任务分解

有没有一种资料让销售人员能够在竞争过程中取得优势、压倒竞争对手呢？有，这类资料叫作客户资料。只有掌握了客户资料，才有机会真正挖掘到客户的实际内在的需求，才能做出切实有效的解决方案。因此在学习客户信息管理的相关知识的同时要完成以下任务：

（1）用3~5种收集客户信息的方法，建立三级客户资料。

（2）对所收集的客户信息进行分析，做出需求预测。

知识链接

客户信息管理是客户关系管理的一个重要内容，它是以客户为重点并以客户为导向，涵盖企业经营活动的各个方面，目的是满足客户对企业产品或服务的需求，并为他们提供高质量和及时的客户服务。

企业有客户信息管理岗位，岗位的工作流程如图2–1所示。

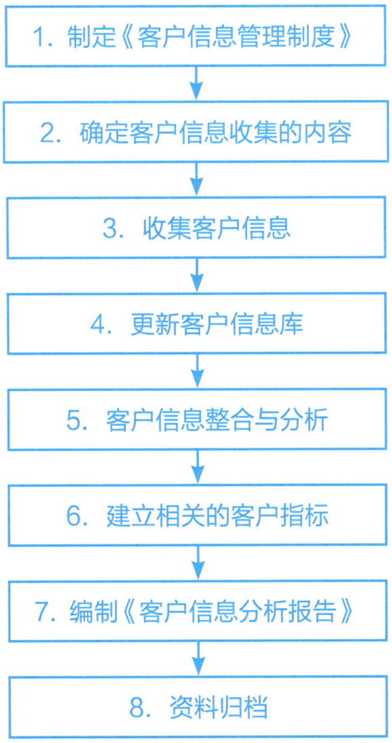

图 2–1　客户信息管理岗位工作流程

任务一　建立客户信息档案

通过各种途径收集客户信息资料，建立统一共享的客户资料库，不断更新、完善客户档案资料，便于把销售、市场和客户服务连接起来。同时，对于提高营销效率、扩大市场占有率、与交易伙伴建立长期稳定的业务联系具有重要意义。

2.1.1　获得客户资料的方法

客户关系管理中获得客户资料的方法可分为两大类，一是应用传统的收集办法，二是利用电子手段的现代办法。从获得资料的途径来看，一部分是在企业经营中获得的，这部分资料是最重要、最真实的，同时也是企业耗时最长、投入成本最多的数据资料，一般通过与客户面谈、进行市场调查、电话销售等方式取得；另一部分是通过第三方获得的客户数据，如通过行业协会、咨询机构、网站等获得的，这部分信息许多是欠真实的，需要进一步确认，提高资料的有效性。

在日常工作中快速而准确地收集资料是每个员工应有的基本功，同时应根据客户来源的不同而采取不同的方法。获得客户资料的具体方法有很多，无论是传统的，还是现代的，或者是综合运用，企业都要根据自身的人、财、物等情况，选择适合的方法。下面是一些常用的方法。

①原始记录法。如果一个企业刚刚开始建立客户资料库，那么查阅企业的销售记录是一个最直接和最简单的方法，因为从销售原始记录中得到的数据非常真实，不仅可以得到过去和现有的客户名单与信息，还可以通过企业销售记录发现客户的类型，从而推测出可能的潜在客户。

②新增记录法。随身准备一台掌上电脑或笔记本电脑，只要听到或看到一个可能的客户，就立刻把相关资料记录下来，以免忘记。

③熟人法。常言道：熟人好说话。因此，收集客户信息，发掘潜在客户，从亲戚和朋友入手是一条捷径。

④无限连锁法。让客户推荐新的客户，再让新客户推荐下一个客户，层层推荐，如此持续下去，收集、累积客户的资料。

⑤直接询问法。所谓直接询问就是走进陌生人的家里（社区或小区，或是办公室，或是工厂），挨家挨户访问推销。这种方法也常用来训练新营销人员的胆识。

⑥重复销售法。如果平时与旧客户保持着良好的关系，就能够不时地取得各项情报，或者能够获得新的客户信息。

⑦反馈信息法。已经使用了企业的产品或服务，并对其优缺点较熟悉的人，是最佳的客户来源，也可以更加充实客户信息资料。

⑧社会关系法。得到对其周围具有影响力的人的协助，并利用其影响力，把其影响范围内的人都变成潜在客户，从而获取较多客户资料。

⑨询问记录法。通常情况下，高质量的潜在客户往往是那些对企业的产品和服务有兴趣的人。因此，记录那些以不同方式进行询问的人，是获取潜在客户信息的有效方法。

⑩互惠互利法。把其他营销人员拉到自己的队伍中来，比如：找个合适的时间，讨论互相提供线索之事，或请他们在合适的时机帮助推荐自己的产品或服务。当然，该营销员也要答应为他们做同样的服务作为回报，来互相帮助。

⑪直接购买法。在实践中，获取潜在客户资料的方法很多，但是资料的质量是至关重要的。为了获取高质量的潜在客户资料，最终实现潜在客户向现实客户的转化，购买有关潜在客户的资料是一个十分有效的方式。

⑫名单查找法。通过邮政黄页或地址簿的名单查找，收集客户的资料。

⑬报刊名册法。报刊、名册是较好的寻找客户资料的工具之一。当然，要找一些与企业相关的报刊和资料。

⑭电子邮件法。随着科技的进步，对于远程潜在客户的开发，则可通过电子邮件和聊天的方式进行。因为这一方式除了具有发送速度快、简捷等优点外，最大的优点还在于，经常使用电子邮件的人如果对某类信息感兴趣就会马上回复信件，这样便于收集客户信息。

⑮搜索引擎法。现在，很多人的工作都已经离不开搜索引擎了，利用搜索引擎查找资料有两种方法：一是分类查找，二是关键字查找。在关键字搜索中，要注意关键字的选取和布尔运算符的搭配使用，还要知晓一些著名的搜索引擎。另外，网上的信息资源非常多，要学会选取和鉴别，保存有效的客户资料。

⑯网上黄页法。可以利用我国的黄页网站（YELLOWPAGE）、工商目录（DIRECTORY），查找潜在客户资料，还可以利用经纪类网站的丰富信息资源。

⑰行业网站法。行业网站的内容相对来说比较专业，信息的有效性也会得到保证。到目前为止，出口营销最为有效的方式还是参加面向国际贸易的行业展览。这类展览一般有专门的网站，这个网站上往往会罗列上次展览的参展商品名单和本次已经报名参展的客户名单。

当然，还可以利用短信、网络聊天工具等来获取客户资料。不管用什么方法，最重要的是收集客户的真实资料。

相关链接

郑州女子电视购物陷骗局山寨手机泄露个人信息

近日，郑州市民隋女士电视购物时经历了买“瞎”手机、泄露信息，又被骗入局的“步步惊心”。电视购物一向因产品良莠不齐备受争议，现在又出了泄露顾客信息给骗子利用的新陷阱。郑州市12315中心负责人建议消费者，通过电话沟通的消费过程不妨录音存证，律师则称目前对购物导致信息泄露的监管，法律还存在空白。

事件：399元手机引发“坑姐”连续剧

“他们说比苹果手机还好，只要399元，不满意还能退，我动心了。”近日，郑东新区隋女士在一家省级卫视台上看到某品牌手机的购物广告，于是拨打电话订购了两台。

12月11日，隋女士收到手机，但是使用中却发现拍照不清晰、触摸屏不灵敏。她要求退货，但客服人员以“功能与价格匹配”拒绝退货。

隋女士本以为买了“山寨”货认了就作罢，没想到还有“续集”。12日，她接到了自称是同品牌上海维修部工作人员张先生的电话，主动提出隋女士可将手机寄到上海，将为其提供售后服务。“我啥时候下单，姓名地址、想退货这些信息他都了如指掌。”

手机刚到上海，张先生打电话称手机主板损坏，要支付维修费用。隋女士不同意，要求对方按“三包”换新手机。没想到两天后，她收到对方“已修好并寄回、维修优惠价为600元”的电话。当快递员通知她有邮件，需交600元的“代收款”才能派件时，隋女士蒙了。

调查：卖家称已出招防泄露客户信息

隋女士所购手机品牌客服人员表示：“399元的手机怎么可能会有四五千元手机的效果？我们定价合理，与质量匹配。”

记者随后咨询公司是否在上海有维修部，她称：“各地都有实体店，但跟电视购物是两条渠道，电视购物的客户应该不会接到上海实体店的电话。”

那么，你家的客户，为何信息会到别人手里？“我们最近接到不少这样的举报，名誉也受到损害。”这位客服人员解释称，公司一个月前就开始实施“无纸无笔化”办公等措施防“内贼”。“就连你打过来的电话，我也只能看到前三位和后四位。”

记者致电曾自称是上海维修部的张先生，他先承认是该品牌售后维修人员，但听到记者询问维修费用和客户信息来源时，便挂断电话。记者查询其号码归属地，显示“山东青岛”。

说法：购物泄露个人信息尚无法律良药“医治”

郑州市工商局相关负责人表示，目前，电视、网络等虚拟购物平台中确实存在信息泄露风险，但是不能追溯“泄密者”。维修部人员只通过电话跟隋女士联系，如果没有录音，取证就非常困难。

郑州市公安局相关处室负责人则告诉记者，目前并不能确定张某的信息来源渠道是否非法取得。即便非法获得成立，是哪个环节泄露，商家和行骗者是否利益共同体，都缺乏举报指向性，立案存在难度。

河南力天律师事务所主任丁香表示，目前针对网络购物、电视购物等产生的信息泄露“副作用”，法律的监管还存在空白。

（大河网－大河报2012年12月26日）

2.1.2 客户信息资料的内容

（1）客户信息

客户信息是指客户喜好、客户细分、客户需求、客户联系方式等一些关于客户的基本资料。

客户信息主要分为描述类信息、行为类信息和关联类信息三种类型。下面简单介绍这三种基本的客户信息类型的特点。

1）描述类信息

客户描述类信息主要是用来了解客户的基本属性的信息，如个人客户的联系信息、地理信息和人口统计信息，企业客户的社会经济统计信息等。这类信息主要来自于客户的登记信息，以及通过企业的运营管理系统收集到的客户基本信息。

这类信息的内容大多是描述客户基本属性的静态数据，其优点是大多数的信息内容比较容易采集到。但是一些基本的客户描述类信息内容有时缺乏差异性，而其中的一些信息往往涉及客户的隐私，如客户的住所、联络方式、收入等信息。

对于客户描述类信息最主要的评价标准就是数据采集的准确性。在实际情况中，经常有一些企业知道为多少客户提供了服务，以及客户购买了什么，但是往往到了需要主动联络客户的时候，才发现缺乏能够描述客户特征的信息和与客户建立联系的方式，或是这些联络方式已经失效了。这都是因为企业没有很好地规划和有意识地采集和维护这些客户描述类信息。

2）行为类信息

与客户描述类信息不同，客户行为类信息主要是客户在消费和服务过程中的动态交易数据和交易过程中的辅助信息，需要实时地记录和采集。

客户行为类信息一般包括：客户购买服务或产品的记录、客户的服务或产品的消费记录、客户与企业的联络记录，以及客户的消费行为、客户偏好和生活方式等相关的信息。客户行为类信息反映了客户的消费选择和决策过程。

对客户行为类信息的分析能够帮助企业的市场营销人员和客户服务人员在与客户的交往中掌握和理解客户的行为。比如有些客户喜欢户外运动，有些客户喜欢旅游，有些客户喜欢打网球，有些客户喜欢读书。对这些数据的分析将有助于企业了解客户的潜在消费需求。

客户行为类信息一般来源于企业内部交易系统的交易记录、企业呼叫中心的客户服务和客户接触记录、营销活动中采集到的客户响应数据，以及与客户接触的其他销售人员与服务人员收集到的数据信息。有时企业从外部采集或购买的客户数据，也会包括大量的客户行为类信息。

企业往往记录了大量的客户交易数据，如零售企业就记录了客户的购物时间、购物商品类型、购物数量、购物价格等信息。网上商店记录了网上客户购物的交易数据，如客户购买的商品、交易的时间、购物的频率等。对于移动通信客户来说，其行为信息包括通话的时间、通话时长、呼叫客户号码、呼叫状态、通话频率等。对于电子商务网站来说，点击数据流记录了客户在不同页面之间的浏览和点击数据，这些数据能够很好地反映客户的浏览行为。

但是需要认识到的是，客户的行为信息并不完全等同于客户的交易和消费记录。客户的行为特征往往需要对客户的交易记录和其他行为数据进行必要的处理和分析，然后再进行汇总和提炼才能得到。

3）关联类信息

客户的关联类信息是指与客户行为相关的，反映和影响客户行为和心理等因素的相关信息。企业建立和维护这类信息的主要目的是更有效地帮助企业的营销人员和客户分析人员深入理解影响客户行为的相关因素。

客户关联类信息包括客户满意度、客户忠诚度、客户对产品与服务的偏好或态度、竞争对手行为等。

这些关联类信息有时可以通过专门的数据调研和采集获得，如通过市场营销调研、客户研究等获得客户的满意度、客户对产品或服务的偏好等；有时也需要应用复杂的客户关联分析来产生，如客户忠诚度、客户流失倾向、客户终身价值分析等。客户关联类信息经常是客户分析的核心目标。以移动通信企业来说，其核心的关联类信息就包括了客户的终生价值、客户忠诚度、客户流失倾向、客户联络价值、客户呼叫倾向等。

关联类信息所需的数据往往较难采集和获得，即使获得了也不容易结构化后导入到业务应用系统和客户分析系统。规划、采集和应用客户关联类信息往往需要一定的创造性，而采集与应用也不仅仅是简单的技术问题，往往是与实现与市场管理或客户管理直接相关的业务目标的业务问题，如提高客户满意度、提高客户忠诚度、降低客户流失率、提高潜在客户发展效率、优化客户组合等核心的客户营销问题。

很多企业没有有意识地采集过这类信息，而对于高端客户和活跃客户来说，客户关联类信息可以有效地反映客户的行为倾向。对于很多企业来讲，尤其是服务类企业，有效地掌握客户关联类信息对于客户营销策略和客户服务策略的设计和实施是至关重要的。一些没能很好地采集和应用这些信息的企业往往会在竞争中丧失竞争优势和客户资源。

（2）客户信息资料内容

正如客户自身是复杂多变的一样，客户信息资料内容也是复杂多变的，不能一概而论。针对企业而言，客户信息资料内容可分为三级，如图2–2所示。

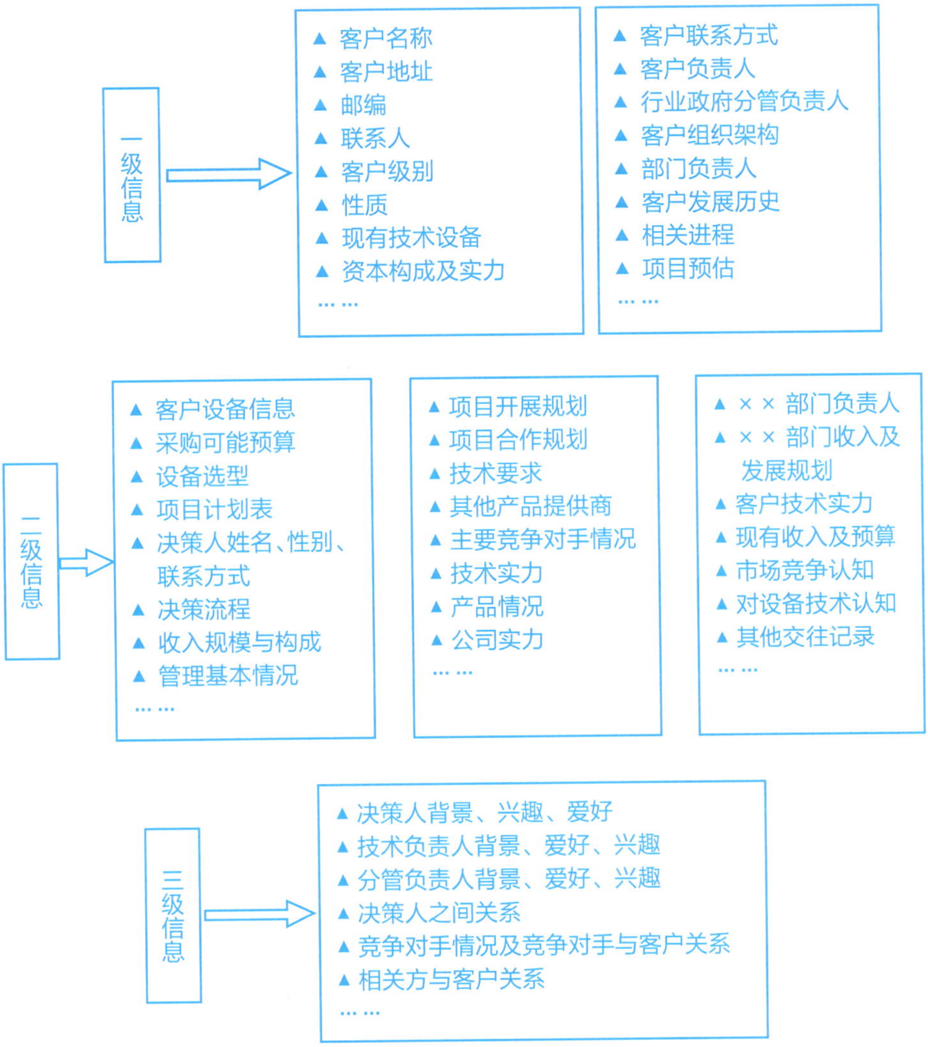

图 2–2　客户信息资料内容

案例链接

客户信息丢失带来的烦恼

苏宁云商的客户信息丢失事件由不久前的一次系统升级所引发。当时，苏宁云商因为希望对其电商网站苏宁易购的系统进行软件升级，但升级完成之后却意外发现有部分客户的购物信息丢失的情况。丢失的信息包括但不限于购物车、付款、物流等信息。而在这些信息丢失后，苏宁云商客服部门需要与客户逐一核实商品是否已经付款，同时还需要了解已付款商品的收、发货情况。

根据苏宁易购的公开信息，截至2012年年末，加上收购红孩子获取的800万母婴、化妆品客户，苏宁易购线上用户数量已经达到近3000万。2013年，苏宁云商电商化转型的投入进一步加大，客户数量可能进一步提升。这样庞大的客户量，相关数据信息的核对该是多大的工作量啊。

业内人士称，客户信息是电商的根本，一般大型电商会非常重视对相关信息的管理，如果处理不当，即使一个小小的技术失误，都可能产生巨大的影响。因此，上述信息丢失事件会对苏宁云商产生巨大的影响。

在传统电商领域，苏宁易购影响力虽不及天猫和京东，但行业影响力不容忽视。尤其是苏宁在向金融电商转型的过程中，这次意外其实也给其他互联网企业和金融机构的深度合作、业务疾进敲响了警钟。基于互联网的商业模式，电商和金融机构均应加强系统的安全性和稳定性。

2.1.3 建立客户信息档案的过程与步骤

掌握建立客户信息档案的过程和步骤是为了更好地管理客户，如图2–3所示，因此可简单地建立客户信息档案。

（1）收集客户档案资料

建立客户档案就要专门收集客户与公司联系的所有信息资料，以及客户本身的内外部环境信息资料。一般来说，企业客户不外乎两种，一种是中间客户（企业或贸易商），另一种是终端客户（用户）。针对这两种客户档案资料的收集，侧重点也有所不同。

中间客户常见的档案原始资料内容主要有以下几项：

客户基础资料：有关客户最基本的原始资料，包括客户的名称、地址、电话、所有者、经营管理者、法人代表及他们的个人性格、兴趣、爱好、家庭、学历、年龄、能力、

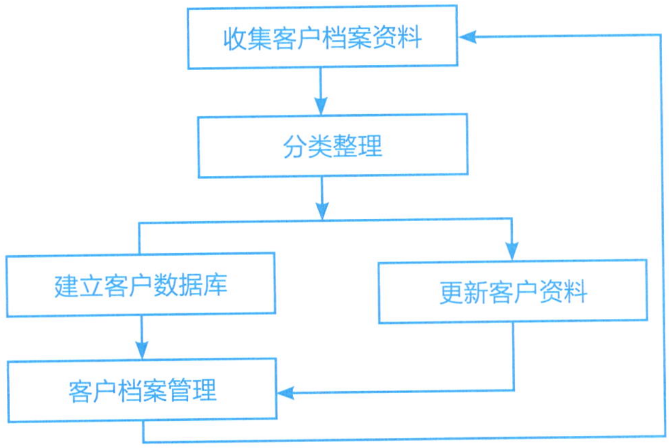

图 2-3　客户信息建档过程和步骤

经历背景，与本公司交往的时间，业务种类等。这些资料是客户管理的起点和基础，由负责市场产品销售的业务人员对客户的访问收集而来。

客户特征：主要包括市场区域、销售能力、发展潜力、经营观念、经营方向、经营政策、经营特点等。

销售状况：包括客户的销售实绩、市场份额、市场竞争力和市场地位、与竞争者的关系及与本公司的业务关系和合作情况。

营运状况：主要包括客户的销售活动现状、存在的问题、客户公司的战略、未来的展望及客户公司的市场形象、声誉、财务状况、信用状况等。

而终端客户的档案资料主要包括以下几项：

①有关客户最基本的原始资料，包括客户的名称、地址、电话及他们的个人性格、兴趣、爱好、家庭、学历、年龄、能力、经历背景等，这些资料是客户管理的起点和基础，需要通过销售人员对客户的访问来收集、整理归档形成。

②关于客户特征方面的资料，主要包括所处地区的文化、习俗、发展潜力等。其中对外向型客户，还要特别关注和收集客户市场区域的政府政策动态及信息。

③关于客户周边竞争对手的资料，如对其他竞争者的关注程度等。

④关于交易现状的资料，主要包括客户的销售活动现状、存在的问题、未来的发展潜力、财务状况、信用状况等。

（2）分类整理

客户分类可以采用分类的方法，也可以采用聚类的方法。分类的方法采用预先给定类别，比如：

按时间序列来划分：包括老客户、新客户和未来客户，以老客户和新客户为重点管理对象。

按交易过程来划分：包括曾经有过交易业务的客户、正在进行交易的客户和即将进行交易的客户。

按客户性质来划分：包括政府机构（以国家采购为主）、特殊公司（如与本公司有特殊业务等）、普通公司、顾客（个人）和交易伙伴等。

按交易数量和市场地位来划分：包括主力客户（交易时间长、交易量大等）、一般客户和零散客户。

但在数据挖掘之前并不知道客户可以分为哪几类，只是根据要求确定分成几类（有些算法需要人为确定输出簇的数目）。将数据聚类以后，再对每个簇中的数据进行分析，归纳出相同簇中客户的相似性或共性。

比如，银行在长期的金融服务中积累了大量的数据信息，包括对客户的服务历史、对客户的销售历史和收入，以及客户的人口统计学资料和生活方式等。银行必须将这些众多的信息资源综合起来，以便在数据库里建立起一个完整的客户背景。在客户背景信息中，大批客户可能在存款、贷款或使用其他金融服务上具有极高的相似性，因而形成了具有共性的客户群体。经过聚类分析，可以发现他们的共性，掌握他们的投资理念，提供有针对性的服务，进而引导他们的投资行为，提高银行的综合服务水平，并可以降低业务服务成本，取得更高的收益。通过客户细分，可以使银行准确地把握现有客户的状况，采取不同的服务、推销和价格策略来稳定有价值的客户，转化低价值的客户，消除没有价值的客户。

（3）建立客户数据库/更新客户资料

建立与更新客户数据时，一般来说要重点注意以下方面：

①唯一性。建立CRM数据库时，一定要确认由应用程序所生成的客户编码，要保证它的唯一性。

②正确性。客户档案内容要正确，将大大减少公司经营管理的盲目性，提高了办事效率。

③完整性。客户档案所反映的客户信息是我们对该客户确定一对一的具体销售的重要依据。因此，档案内容要尽可能完整。

（4）客户档案管理

为提高销售业绩、扩大市场份额、与客户建立长期稳定的业务联系，组织需要对客户档案进行有效管理。为确保客户档案资料能有效发挥最大作用，管理时应遵循集中、动态、分类管理的原则。

①集中管理。企业客户资料分散化通常有两种情况：一是分散在业务人员手中，二是分散在企业各个部门。如果是第一种情况，就可能导致客户是业务人员的客户而不是企业的客户，因为企业的管理层并不熟悉每一个客户，所以当业务人员离开企业后，客户及业务也随之离去，给公司造成重大的经济损失。如果是客户资料分散在各个部门的情况，虽然可以杜绝个人掌握企业客户资源的问题，但也会引出部门之间因沟通、配合等方面的问

题影响到客户满意度。因此，针对客户资料分散化的问题，企业唯一的解决办法就是对客户档案进行集中管理。集中管理客户档案后，公司可以进行统一授信，全面跟踪，及时抑制可能出现的问题。在集中管理的模式下，企业仍然要注意加强信用管理部门的工作人员的职业道德教育，使其意识到客户档案是企业的特殊资产，也是企业商业秘密的重要内容。

②动态管理。所谓动态管理，是指对于客户档案信息要不断进行更新。这是因为客户本身的情况是在不断变化的。就客户的资信报告来讲，它是一份即期的客户档案，有效期一般在三个月到一年。超出这个时间，就要对客户进行新的调查。同时对客户档案实施动态管理的另一个目的是，随着客户的财务、经营、人事变动情况，定期调整对客户的授信额度。信用管理部门的授信应该按客户协议进行，一般以年度为单位确定本期授信的有效期。当客户的基本情况发生变化，信用额度也要随之进行调整。长期积累客户信息也非常关键，通过完整的历史记录可以看到客户发展趋势，更好地对客户的发展潜力进行分析。此外，历史积累数据是进行统计—分析的基础，可以帮助挤掉客户财务报表的部门“水分”，提供相对比较准确的预测基础。总之，客户档案不是静态的，而是一个动态变化的集成过程。

③分类管理。对客户档案进行恰当的分类，主要是基于客户对企业的重要性和客户档案管理费用进行考虑。企业客户规模的大小不一，对企业销售额的贡献程度也相应不同，理应区别对待；另外进行客户档案管理也要考虑到成本效益原则，尽量使有限的资源发挥最大的经济效用。考虑客户对企业的重要性因素，信用管理部门可以将客户分成普通客户和核心客户。划分的标准是企业与客户的年平均交易额，同时要考虑与客户交往的时间长短。核心客户与企业的交易量大，是利润的主要来源，一旦将某客户划入核心客户范围，对其档案进行管理的复杂程度就会提高，对应的档案管理费用也会有所提高。费用提高的主要原因在于，对核心客户要进行深层次的资讯调查，同时也要保证信息的及时更新。对于核心客户的重点管理并不意味着对普通客户的管理可以放松。值得注意的是，企业有一些多年保持生意来往的中小客户，尽管企业与它们的年交易额并不高，但也要给予必要的关注，不能因其是老客户、交易额不大而忽视对它们的风险防范。

案例链接

建立客户档案，做好信用评估

某耐腐阀门制造有限公司（以下简称阀门公司）是一个专业生产耐腐阀门和耐腐设备的企业，产品广泛应用于石油、化工、化肥、电力、制药、造纸、食品、冶炼、采矿、环保、管道输送、楼宇建筑、防腐工程等行业。阀门是一个用途广、需求量大的开关装置，凡有管道的地方，必须由阀门来控制。目前，全国大大小小的阀门生产厂家有5000多家，市场竞争十分激烈。如何在激烈的市场竞争中站稳脚跟，求得生存和发展，很重要的一条经验就是搞好信用管理。具体做法是建立客户档案卡，搞好信用评估。

阀门公司的产品涉及许多行业，客户遍及全国。一个企业只有客户多了，才有希望。但是，客户是不断变化的，新客户不断增加的同时，老客户也在逐渐减少。为了对客户经常不断地分析研究，洞察市场变化，完善营销策略，为企业寻找新的市场，建立客户档案是非常重要的。阀门公司对档案卡的设置内容有：客户名称、住址、邮编、业务联系人、电话、传真、每笔业务的交易记录（产品名称、型号规格、数量、价格）、每笔货款回笼记录、客户对质量反馈意见、客户对产品的技术要求、送货情况和公司为其服务的记录等。

阀门公司把客户分成A，B，C，D四类档次。A类客户是核心客户，与该公司一直保持业务往来，新建项目、日常维修都到该公司进货，年购货额在30万元以上；B类客户是重要客户，与该公司业务往来正常，年购货额在20万~30万元；C类客户是普通客户，虽然有业务往来，但年购货额在20万元以下；D类客户是潜在客户，虽然业务刚开始发生，但以后可能会建立良好的业务关系，并估计有新项目投入。到2014年年底，公司已有220个客户登记在案，其中A类客户14个，占总数的6%；B类客户41个，占总数的18%；C类客户113个，占总数的49%；D类客户61个，占总数的27%。对不同档次的客户，应采取不同的销售策略。

上述的客户分类，是按客户的业务量来划分的。建立客户档案的目的，主要是对客户定期进行信用评估，这是避免销售风险的重要举措。对客户的信用评估，主要从8个方面进行分析：①客户投资项目的可靠性（包括投资项目支持部门、高科技程度、项目发展前途）；②项目资金实力（自筹、合资、引资、国家拨款）和资金到位情况；③项目负责人是技术型、经济型，是政府委派，还是行业团体推荐；④客户信用信息有无不良记录；⑤公司对客户能做到多少满意程度，公司的设计、生产制造能力能否适应客户要求；⑥公司生产周期与客户要货期的分析，对合同履约能力的把握性分析有多少；⑦合同价格和经济效益的分析；⑧能否成为今后稳定客户的分析。

经过对客户的评估分析，进行信用分类。客户的信用分类分为甲、乙、丙、丁四级。甲级客户，能100%履行合同货款约定，没有拖欠；乙级客户，基本履行合同，货款回笼能在80%以上；丙级客户，货款回笼不超过合同约定3个月；丁级客户，货款回笼超过合同约定3个月。评定了信用等级后，对不同信用等级的客户采用不同的销售管理策略。对甲级客户，如果客户资金周转偶尔有一定困难，或合同进货总金额超过30万元但资金暂时不足的A类客户，允许有一定的赊销额度和放宽回笼期限；对乙级客户，也可机动灵活，只要客户答应筹措资金，仍可先发货后收款；对丙级客户，一般要求先付款后发货；对丁级客户，坚决要求先付款后发货，并在追回货款的情况下，逐步淘汰该级客户。例如，阀门公司通过信用评估对客户进行信用分类后，公司的应收账款明显减少。安徽某化工集团是该公司多年的老客户，2016年进货总金额超过300万元，但就因为资金拖欠，该公司只能忍痛割爱，2017年不予供货。又如，江苏淮安某化工有限公司，2017年一笔合同达55万元，也因不能按合同约定付款，最后通过法律程序解决，现在已收回全部货款。通过信用评估，2017年年底与2016年同期相比，公司应收账款下降72.8%，2017年基本无坏账处理，合同履约率、货款回收率达到98.8%，公司的经济效益也明显提高。

问题：结合上例谈谈你对客户档案管理的理解与建议。

任务二　客户资料管理

纷繁复杂的客户信息经过分类处理后，就要把这些资料管理起来，为日后客户开发、管理和维护之用。

2.2.1　客户资料管理的基本工具

客户资料管理的基本工具主要包括客户资料卡和客户名册。

（1）客户资料卡

1）客户资料卡的基本内容

客户资料卡也叫客户卡或客户管理卡，客户资料卡按客户类型可分为个人客户资料卡和组织客户资料卡。由于个人客户资料卡内容相对简单，这里我们仅对组织客户资料卡内容进行介绍（表2-1）。

表 2-1　客户资料卡

编号：		建卡日期：	年　月　日			
客户名称		资金状况	往来银行		账号	
公司地址			月平均存款			
工厂地址			资金周转			

续表

子公司名称			付款情况	承办付款人			
负责人	法人			付款态度			
	厂长			付款方式			
	经办人		变更及登记事项	日期	登记事项		
	实权者						
联系电话							
客户等级							
开始交易日期							
主要购买产品			决策人信息	姓名	联系方式	性格嗜好	
经营范围							
年营业收入							
员工人数			经办人信息	姓名	联系方式	性格嗜好	
最高购买额							
月均购买额							
备注							

2）客户资料卡的分类

客户资料卡的分类方法有以下两种：

根据客户成交金额高低，按ABC分级管理，并以不同色卡进行“颜色管理”。

①A级为“重量级客户，常交易之客户”。

②B级为“次重量级客户”。

③C级为“一般客户”。

根据交易的时间，将客户资料卡分类为《未来客户资料卡》《现在客户资料卡》和《过去客户资料卡》三类。

（2）客户名册

客户名册是根据客户基本信息表简单而综合排列出客户名称、地址、联系人、交易情况等而形成的客户一览表。客户名册的格式如表2-2所示。

表 2-2　客户名册

编号	客户名称	客户地址	客户类型	负责人	经办人	联系方式	交易日期	购买产品	合同金额	付款情况

知识链接

XX公司客户名册管理制度

第一条　目的

为加强客户信息管理，建立客户名册系统，了解往来客户需求、信用状况和服务信息等情况，特制定本制度。

第二条　客户名册的分类

1. 客户名册分为往来客户原始资料（以卡片方式，一家客户使用一张）和往来客户一览表两种。前者存于客户服务部备用，后者则分配给各负责部门使用。

2. 往来客户原始资料是将往来客户的机构、内容、信用以及与本企业的关系等各种信息详细记录，而往来客户一览表则是对上述信息的简单综合记录。

第三条　原始资料保管

1. 原始资料的保管和借阅。各部门应按严格的登记程序向客户服务部借阅常备的客户资料。

2. 客户服务部对于资料的保管要尽职尽责，避免污染、破损、遗失等。

第四条　记录及订正

1. 对于开始有业务往来的客户，信息管理专员要在“开始调查书”里记录必要事项，并且取得客户服务经理的认可后上报董事长。

2. 客户服务部在获董事长的批准后，须依照调查书制成往来客户原册，并在客户往来一览表里记录信息。

3. 客户服务部应定期对往来客户进行调查，如果有变化，应在往来客户原册及往来客户一览表里记录并订正。

4. 客户服务部对于有关往来客户的各事项的变化应随时记录。

5. 往来客户如果解散或者与本企业的业务关系解除时，客户服务部应尽快将其记录从往来客户原册及往来客户一览表删除。

第五条　各专员的联络

各专员对于客户业务的状况要经常注意，如有变化，应向客户服务部及时反馈以保持往来客户原始资料及往来客户一览表的正确性。

第六条　资料整理

业务解除后的资料要标明“业务终止”或者“业务解除”，并进行整理。完全不可能恢复的交易客户资料经客户服务经理批准后另行处理。

2.2.2 客户资料管理工作的基本内容

客户资料管理工作的基本内容包括客户信息立档、客户信息保管、客户信息使用、客户信息保密和客户情报管理等。

(1) 客户信息立档

客户信息立档是指对客户信息进行整理，建立目录，立卷，以及分门别类存放在指定地方的工作。客户信息立档工作流程如图2–4所示。

(2) 客户信息保管

客户信息保管是指将客户档案资料存放在指定地点，防止其遗失、霉变等意外情况发生，以及补登目录、调出、注销、包装、密封等工作。客户信息保管工作流程如图2–5所示。

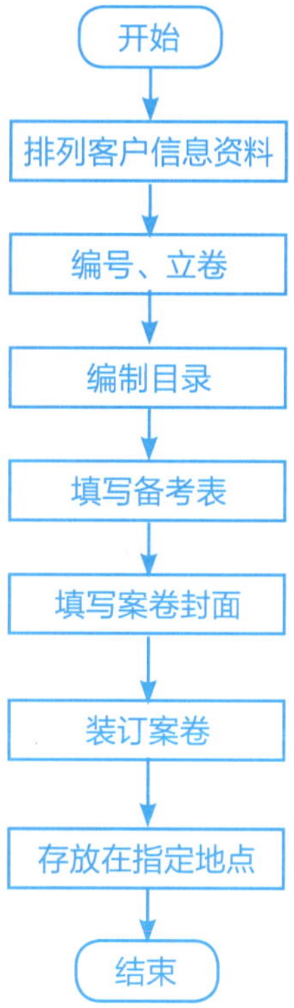

图 2–4　客户信息立档工作流程

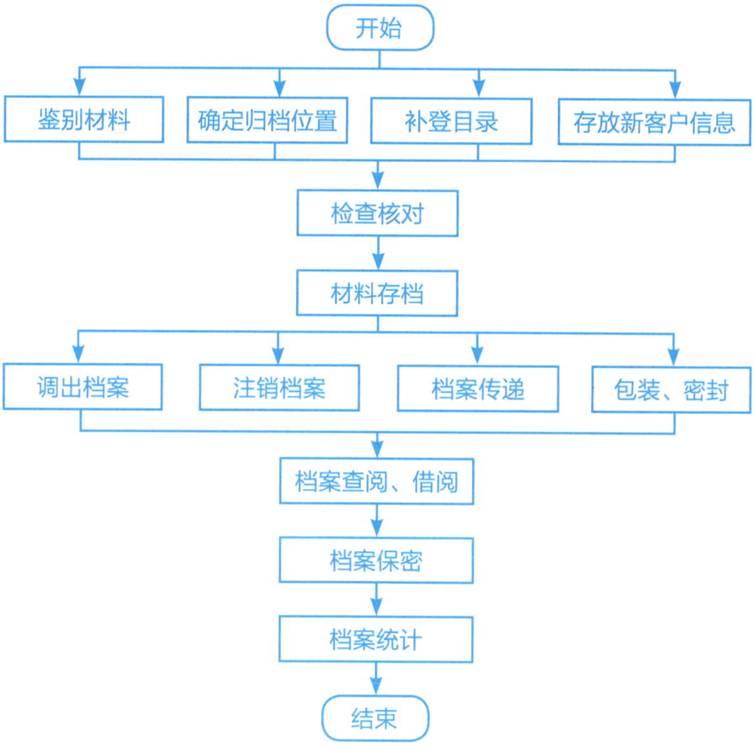

图 2–5　客户信息保管工作流程

(3) 客户信息使用

客户信息经整理归档后，不能让其沉寂在档案室里成为“死资料”，而是要灵活运用使之成为有价值的资源。企业内任何部门或个人，确因工作需要查阅、借阅、复印客户档案资料的，按照企业客户信息使用制度，可以依程序办理相关手续后，对客户档案资料查阅、借阅、复印。

（4）客户信息保密

客户档案资料涉及企业商业秘密，应该有一套管理制度和流程对其予以保密，以防外泄。客户信息保密工作流程如图2-6所示。

（5）客户情报管理

俗话说商场如战场，要想取得战争的胜利，良好的情报工作是必不可少的，对客户管理来说亦是如此。一方面，优质的客户资源对企业来说是至关重要的，对优质客户的争夺成为企业竞争的常态。因此在客户管理当中，一定要注意客户情报的收集和管理工作，随时随地掌握客户的动向，以免被竞争对手钻空子。同时，也要注意对竞争对手客户情报进行跟踪和分析，以争取更多的客户。另一方面，为防范市场风险，企业也必须随时掌握客户的动向，对那些信用状况不佳或信用状况正在恶化的客户予以密切关注，以防止损失的发生。客户情报管理工作流程如图2-7所示。

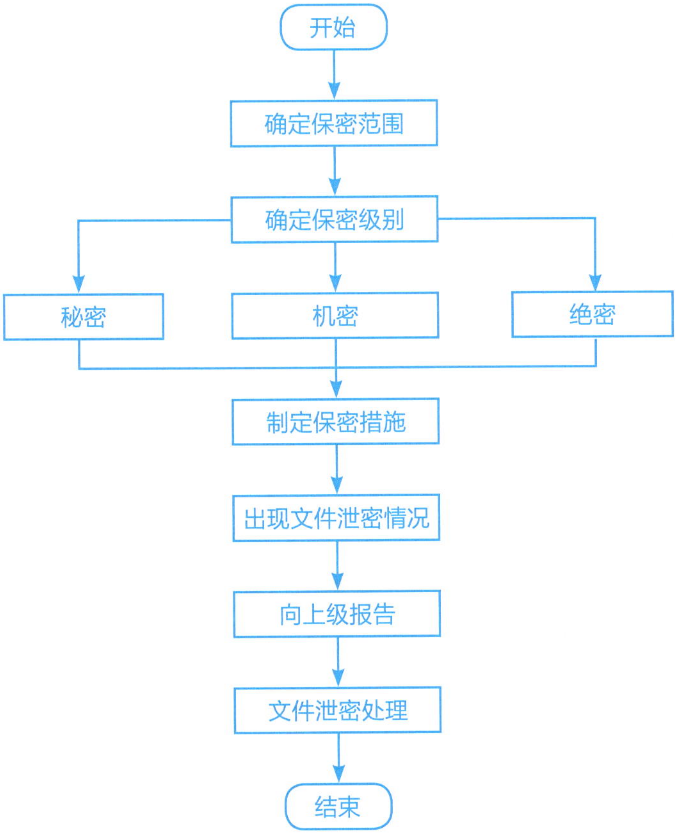

图 2-6　客户信息保密工作流程

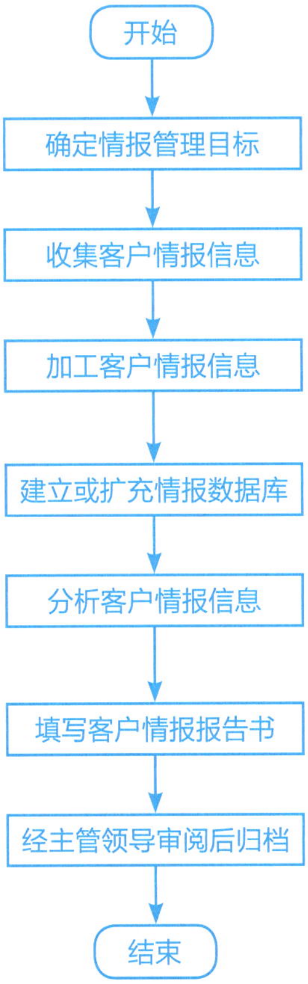

图 2-7　客户情报管理工作流程

任务三　客户信息处理

2.3.1　客户信息整理的必要性

随着市场竞争的日益激烈，越来越多的公司开始注重客户关系管理工作，其中客户信息整理在客户关系管理中的作用举足轻重。客户信息整理，就是对来自于各个渠道的客户信息去粗存精、去伪存真，将真正有价值的客户信息准确传递给营销人员，从而帮助营销人员更有效地开展营销工作和客户管理工作。

对于客户信息整理，很多人认为这是一件很稀松平常的事：客户信息整理不就是记录一下客户的联系方式、联系人、地址吗？其实，事实远非如此，客户信息整理也需要数据化、精细化、系统化。只有这样，客户信息整理才会对营销管理工作有指导性。

通过客户信息整理，企业可以对客户基础资料、产品结构、市场竞争状况、市场竞争能力、市场容量、经营业绩、客户组织架构等一系列的信息有一个全面的了解和掌握，因为市场经济变化莫测，而准确的信息传递则是企业获得成功的关键因素之一。

案例链接

“让自己成为特工”——有效地整理客户信息

来看一个真实的历史事件：1935年，一本公开发行的小册子让希特勒暴跳如雷。作者贝尔特鲁德·雅各布在这本172页的小册子中，详尽地记述了希特勒德国秘密重整军备的军令系统和总参谋部的组织成员。其中包括从各军司令部、各师和各军管区，到刚刚建立的坦克师指挥下的步兵部队的编制，还有168名陆军各级司令的名单和他们的简历。如此绝密的情报透露出去了，并且被公开出版发行了，这对未来德国的作战是十分不利的。

德军抓到了雅各布，逼问他情报的来源。“我的全部情报资料，都来自你们德军公开发行的报纸。”雅各布举例说：“我从一条讣告消息中，得知最近换防驻在纽伦堡的是陆军第17师，师长是哈泽少将；从一条婚礼消息里，发现新郎修腾梅鲁曼少校是个通信官，他的岳父是第25师第26团威鲁上校团长，参加婚礼的有25师师长夏拉少将，师部驻在斯图拉特……”

原来，雅各布是个有心人，他把德国各家报纸上刊登的有关军事情况的报道都剪下保存起来，然后进行分析整理，从而获得了大量有用的情报。那本关于德军情况的小册子，就是他从报纸上的新闻报道中整理出来的。

做业务的、搞商业的人，请永远记住这个故事。在信息收集整理方面，只有你想不到的，没有你找不到的。

关于销售前的信息整理，相信大家对其重要性都有所体会。信息的充分和不充分带来的结果会大相径庭。信息的收集整理，跟战前的侦查重要性相当。如果说对自己产品的了解和对销售工作的了解是“知己”的话，那么售前的客户信息整理就是迈出“知彼”的第一步。

2.3.2 客户信息整理的原则

客户信息整理要坚持动态管理、重点管理、灵活运用以及专人负责四个原则。

（1）随时更新、以变应变、动态管理

市场在变，客户也在变，因此要把客户信息建立在已有资料的基础上进行随时更新，而不是建立在一个静态档案上。

企业要做到“知己知彼”——随时了解客户的经营动态、市场变化、负责人的变动、体制转变等信息，加强对客户信息收集、整理，为企业管理人员作决策提供辅助参考。企业可以定期（如每隔1个月）开展客户信息资料档案全面修订核查工作，对那些成长特别快或丢失掉的客户，要仔细分析原因。可以将企业的客户群分门别类地整理为重要、特殊、一般性客户三个层次，对不同层次的客户采用不同的动态管理方法。

（2）抓两头放中间

在客户信息整理中，企业可以采取“抓两头、放中间”的重点管理方法，也就是把大客户和最差客户的信息作为重点来抓——这样有利于企业产生最大化利润并降低企业风险。

首先，对主要客户的信息整理不能仅仅停留在一些简单的数据记录和单一的信息渠道来源上，要坚持多方面、多层次了解大客户的情况，如业务员信息、市场反馈、行业人士、网站、内部消息，以及竞争对手的情况等，对于大客户的信息要经常加以关注，分析处理后注意归档留存。

其次，对一些风险性较大的客户信息，如企业经营状况变差、企业开始欠账、企业信誉度下降、企业面临破产改制等信息，客户管理人员应该随时了解其经营动态，做好记录，确保档案信息的准确性、时效性，并不定期访问调查，不定时提醒业务经理、业务员客户当前状况，最大限度地做好客户的风险控制。

（3）灵活运用提高效率

对于搜集完成的客户信息，企业不能将它束之高阁。建立一个准确、完备、客观的客户信息库，对企业的各个部门特别是对企业的领导来说，就像给他们戴上了放大镜和显微镜，凭借客户信息库他们就能灵活地运用客户信息，随时一目了然地了解客户，大大减少了企业领导和每位营销人员工作的盲目性，有效地了解了客户动态并提高了办事效率，增强了企业的竞争力。

企业领导希望了解客户信息，只要进入客户信息库，客户所有的资料档案就可以一览无遗，他们就可以有针对性地寻找客户的相关信息，既省心又省事。这些客户信息直接来源于销售部门和市场部门，记录了客户的需求、产品偏好等全方位的信息，能够给企业领导的决策起到很好的参考作用。

（4）慎之又慎专人负责

客户是企业的命脉，客户资料的泄露势必会给企业带来威胁，甚至影响企业的生存。因此，企业对于客户信息的管理要慎之又慎，最好指派专人负责。企业在选择客户信息管理人员时，应该选择那些在企业工作时间较长、忠诚度高、有一定的调查分析能力、久经考验的员工。

知识链接

旅游公司如何整理客户信息

旅游公司管理客户就像守江山。关于客户管理，有些旅游公司自诩重视，可是他们的重视仅仅限于纸质文档，而在电子文档和邮件方面的管理上却经常陷于混乱之中，甚至丢三落四，既不够系统，也没有坚持到底，所以对很多客户的跟踪到最后也就不了了之，给业务员和公司造成了很大的损失。有的公司的业务人员在一大堆电子邮件里面，难以找到个人的单独邮件，如此一来，由于难以核对以前的相关信息，就会造成报价前后不一致。还有，对于大客户、重要客户，常常难以分清与客户谈到了哪一个阶段，并且与以前的谈判方法相比，对于这个客户应该采取什么特别的方法，才可以有针对性将谈判顺利地进行下去，等等。总之，问题繁复，多种多样。 那么，旅游公司应该如何整理客户信息呢？旅游公司整理客户信息应该遵循以下几条原则。

1. 排重原则

这是首先要做的工作，有人认为这是个很简单的工作，其实这是个很复杂的过程。复杂的不是技术上的问题，复杂在如何将数据分级别。因为排重首先要删除掉一部分数据，就是说当多批数据在一起的时候，如果出现重复应该删除哪一部分的。这就需要对数据进行数据建模、数据评估及部署。

2. 取舍原则

这里的取舍主要是对数据字段的取舍。旅游公司在营销的时候，要求数据表中的字段不是越多越好，当然也不是越少越好。数据字段的取舍要根据字段与整个项目的关联度来决定取舍，还有就是字段的准确性。举一个简单的例子，你拿到的是3年前的数据，这个数据里面有一个婚否字段，这个字段不能要了，因为不准确了，可能会误导销售策略的执行。

3. 定位原则

定位主要是指目标客户的定位。就是首先要根据旅游企业的客户群体定位自己的客户，对各来源的数据通过相关字段做分析，把明显不是客户的数据删除掉，这样就避免了很大一部分数据的冗余。

2.3.3 客户信息处理工作内容及流程

客户信息处理工作主要内容包括客户信息统计分析和客户信息分类两个方面。

（1）客户信息统计分析

客户信息统计分析工作的基本任务是对通过客户信息调查取得的各种信息进行统计调查、处理和分析，并提供企业客户管理需要的统计分析报告。客户信息统计分析应坚持以下原则：

①统计调查项目的立项必须有充分的依据，符合既定的职能分工范围，并有明确的调查目的和资料用户；

②统计调查项目必须兼顾需要与可能，充分考虑基层调查人员与被调查者的承受能力，调查项目必须有相应的经费保障；

③统计调查方法要科学合理，讲求调查方法的经济效率；

④各项统计调查内容要简明扼要，防止重复、烦琐、矛盾；

⑤重大统计调查项目必须经过研究论证和试点；

⑥统计分类、统计单位、计量单位和数据格式等必须符合国家标准或国家统计局等相关部门的统一规定。

（2）客户信息分类

为了提高服务效率、促进服务工作更顺利地进行，客户服务部应将企业拥有的客户信息进行科学划分。常用的客户信息分类方法有以下两种。

1）横向划分

横向分类是为了便于销售业务的展开，即企业按客户的性质进行分类。通常的分类标准如下：

①按所有权划分。客户信息可分为全民所有制客户信息、集体所有制客户信息、个体所有制客户信息、股份制客户信息和合资客户信息等。

②按客户地理位置划分。客户信息可分为商业中心店信息、交通枢纽店信息、居民区店信息、其他店铺信息等。

③按客户收入类型划分。客户信息可分为高收入层客户信息、中等收入层客户信息和低收入层客户信息等。

2）纵向分类

纵向分类是根据企业对客户的商品管理、销售管理和货款回收管理的实际情况，确定客户等级标准，将现有客户分为不同的等级信息。通行的客户信息等级分类标准有两种：

①按客户与本企业的交易数量；

②按客户的信用状况，将客户分为不同的信用等级。

知识链接

××公司客户信息统计分析制度

第一章　总则

第一条　目的

为了有效、科学地组织客户信息统计工作，进行客户调查资料的统计分析，保证客户信息统计资料的准确性与及时性，发挥客户调查工作在客户服务管理中的重要作用，特制定本制度。

第二条　客户信息统计工作的基本任务

客户信息统计工作的基本任务是对客户的各种基本情况进行统计调查、统计分析，提供统计分析报告。

第三条　客户服务部对客户信息统计资料实行多级统计管理体制。客户服务部负责组织领导和协调全部客户信息资料的统计工作。

第四条　根据客户服务工作的需要以及客户信息统计工作的繁简程度，客户服务部应配备专职或兼职统计员。

第二章　客户信息统计报表的管理与分工

第五条　客户信息统计报表由客户服务部全体客户服务人员共同编制。

第六条　客户服务部若因工作需要，要求有关客户信息资料的定期统计报表，须经××审查同意，并经总经理批准后，方能定为正式报表。

第七条　客户服务部编制的客户信息资料统计报表如有个别项需要修改时，

应报总经理批准。并将修改后的式样送××备案，不必再办审批手续。

第八条　客户服务部编制的各种客户信息资料定期统计报表，必须根据实际业务工作需要，进行统一印制、保管和发放。

第九条　为确保客户信息统计资料报表数字的正确可靠，客户服务经理应对上报报表进行认真审查。签字后方能报出。

第三章　客户信息统计资料的提供、积累和保管

第十条　客户服务部向外提供各种客户信息统计资料，公布统计数字时，一律以客户服务人员所掌握的统计资料为准。

第十一条　客户信息统计资料作为商业机密，一律由客户服务经理掌管。

第十二条　凡外部单位索取客户信息统计资料时，须根据企业上级规定，并持有企业上级主管部门介绍信，统一由客户服务部接洽提供。

第十三条　客户服务部应将所掌握的客户信息统计资料采用卡片形式，按月、季、年进行整理分类，便于使用。

第十四条　客户服务部编制的客户信息统计报表和加工整理后的客户信息统计资料，必须妥善保管。

第十五条　对已经过时的客户信息统计资料，经确认确无价值，须呈客户服务经理核准后，方可销毁。

第四章　客户信息统计数字差错的订正

第十六条　客户信息统计资料发出后，如发现错误，客户服务部必须立即订正，不得推迟或拖延。

第十七条　客户服务部编制的客户信息统计报表发生数字错误时，可根据不同情况按下列方法订正。

1. 日报表当日发生差错时，应及时用电话或口头查询订正。

2. 隔日发现差错时，应在当日报表上说明。

3. 重大差错必须以书面形式订正，填报《统计数字订正单》，贴在原报表上，对原报表数字加以订正，以防误用。

第五章　客户信息统计工作的交接

第十八条　客户服务部配备的统计人员因调动工作在工作交替期间不得擅离工作岗位，更不得影响客户信息统计工作的正常进行。

第十九条　客户服务部配备的客户信息统计人员调离工作岗位前，应培训接替的业务人员，使其能独立工作。

第二十条　客户服务部统计人员调离工作岗位时，必须将经办工作情况全面地向接替人员交代清楚。

第二十一条　客户服务部统计人员调离工作岗位时，所有客户信息统计资料

（包括原始凭证、统计手册、台账、报表、文件和历史资料等）与统计用具（如计算机、绘图仪、书刊等）应列出清单并予以移交。

第六章　文字说明与分析报告

第二十二条　为了给企业提供准确的决策信息，客户服务部编制客户信息统计报表时要做到月报有文字说明，季报、年报有分析报告。

第二十三条　文字说明必须根据客户信息统计报表中各项主要指标反映的问题，说明产生的原因、影响及后果。

第二十四条　客户信息分析报告应以客户信息统计报表为基础。对照计划进行检查，测量计划完成程度，分析计划完成与未完成原因，并提出改进意见。

第七章　客户信息统计纪律

第二十五条　对有下列违规行为之一者，客户服务部可以根据情节轻重给予通报批评或者处罚。

1. 虚报、瞒报客户信息统计资料的；
2. 伪造、篡改客户信息统计资料的；
3. 拒报或者屡次迟报客户信息统计资料的。

第二十六条　对客户服务部统计工作人员的上述行为，根据情节可处以口头警告、通报批评、行政处分、降职降级等。

第二十七条　属于保密性质的客户信息统计资料，必须严格保密、严防丢失，提供时应按企业保密制度的规定执行。

客户信息处理工作流程如图2-8所示。

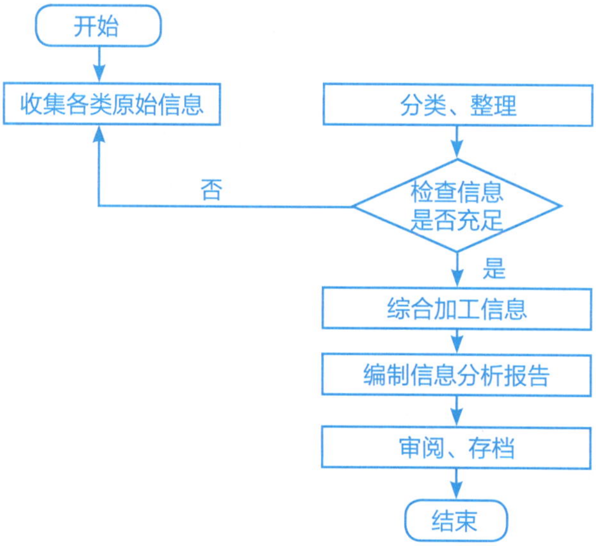

图 2-8　客户信息处理工作流程

案例链接

哈维·麦凯是世界一流的人脉关系专家，美国《福星》杂志称他是无所不能的万能先生，同时也是营业额高达7000万美元的麦凯信封公司董事长兼总经理。他是怎么吸引顾客的呢?

第一，充分搜集有关顾客的资料。他请专员翻阅当地的报纸、杂志，或干脆委托专门的机构替他搜集相关资料。因为他知道，若能具备一些关于顾客家乡的常识，就能和他的顾客滔滔不绝地聊上一个礼拜。

哈维·麦凯有一天至纽约一家名列财星500大的公司拜访，他注意到墙上挂着一幅该公司总裁和哈维·麦凯一个客户的合照——那是为奖励他的客户第一篇有关事业问题的专题论文，总裁亲自颁发奖状时的合影留念。哈维·麦凯知道这位顾客是研究失业问题的专家，一星期后，他就寄给顾客一本有关失业问题的书。

第二，为顾客建立档案。在哈维的计算机里，有所有顾客的生日资料，在他们的生日前夕，总会收到哈维的贺卡。除此之外，哈维还会在顾客生日当天，派专人前往道贺，并请顾客一起吃午饭，陪着顾客许愿，吹蜡烛。

第三，关心和服务好顾客的家人。哈维是这方面的专家，有一次，他无意间听到他的顾客正在电话中要求他12岁的女儿参加体操比赛。哈维抓住机会，立刻介入了这件事，他马上学习了关于体操比赛的知识，和这位顾客的女儿做了分享，然后又跑去看这位小女孩的双杠比赛。结果当天就收到一批订单。

第四，研究顾客的个人爱好。如果有顾客喜欢体育活动，哈维就会为顾客准备他喜爱的比赛或表演节目的门票。这样就打破了彼此间的隔阂。哈维曾经连续三年未间断地拜访芝加哥一名女性采购经纪人，但她从不给哈维任何机会，后来哈维发现她是个摔跤迷，于是他立刻投其所好。有一天，哈维跑到她办公室，对她说："我有办法弄到摔跤大王乔治比赛的票，而且还是紧靠前边的座位，您看是我们一起去看，还是我让出来，你再去另约别人?"看得出来，这对她来说，真是内心一大挣扎。接受呢，聪明的她，当然明白哈维送票的动机；不接受呢，又怎么舍得放弃如此好的机会。最后终于接受了哈维的票，但坚持票钱由她出，最后，她接受了哈维的请求，给其公司下了10万张信封的订单。

（资料来源：王晓望. 客户关系管理实践教程[M]. 北京：机械工业出版社，2012.）

任务四　客户信用管理

2.4.1　建立客户信用档案

随着现代经济的发展，特别是商品市场发展到现在的买方市场，企业间的竞争越来越激烈，为了获得更多的客户和更高的市场占有率，大量的企业采取信用销售的方式。

（1）信用销售

信用销售也叫赊销，是指商家在与购货客户签订购销协议之后，让客户将企业生产的成品或所拥有的商品先拿走，购货客户则按照购货协议规定的付款日期付款或以分期付款形式逐步付清货款，即卖家不能立即收回货款，客户短期占用卖家资金的一种销售形式。

1）赊销的功能和目的

对于买方来讲，赊销的好处不言而喻。

首先，赊销购买能够缓解其资金周转的压力。如果买方目前资金紧张，而又急需购进一批原材料或设备，赊销正好能解决其资金周转的困难，避免其因资金紧张而错失良机。

其次，赊销能够给买方发现产品质量问题的时间，在付款问题上占据主动地位。假如产品质量确实存在问题，买方就有理由拒绝或部分拒绝付款或延期付款避免损失。

最后，从某种意义上讲，买方是通过赊销的方式，利用他人的钱来赚钱，先将卖方的货赊过来，卖出后再付钱，自己不投资或少投资，从而减少银行贷款，降低利息成本，何乐而不为呢？

但是，相比之下，赊销对卖方来讲就显得有些迫不得已。任何一家卖方都希望现金交易，即一手交钱一手交货，既无风险，又可尽快回笼资金。然而，面对竞争日趋激烈的市场，企业又不得不接受对它来说看似苛刻的条件——赊销。其实仔细分析，赊销对卖方来说并不全都是弊，正像所有的事物都有正反两方面一样，赊销对卖方也存在有利的一面。

首先，赊销能够刺激购买力。对于那些资金暂时有困难的买方，赊销无疑具有强大的诱惑力。例如，北京百盛大厦推出“大型家电分期付款”，一周以来咨询者数万，电器销售数量明显增加，就充分说明了这一点。

其次，赊销能够提高卖方的竞争力。一家有能力赊销的企业显然比没有能力赊销的企业具有更强的市场竞争力。如果企业有雄厚的资金作后盾，那么它就有条件对客户进行赊销，经受得起由赊销带来的资金周转的负担。

再次，赊销能够起到稳定客户的作用。对信誉好、实力强的客户提供赊销作为优惠条件。为保持长期稳定的客户关系提供了保障，对相互了解而又暂时没钱的老客户进行赊销，帮助其缓解资金周转困难，客户会因此加深与供应商的“感情”，今后将更倾向与其从事交易。

最后，赊销能够减少企业的库存。目前，很多企业的产品积压严重，资金大量占用，无法变现。在很大程度上阻碍了企业的发展，有些企业甚至面临破产倒闭的危险。赊销虽然不能使企业的资金马上回笼，但是起码使其成为可能。

2）信用销售风险防范

企业赊销行为的发生包含了两方面必备条件：一是对所期望的未来付款的信任，也就是说，企业之所以愿意在未付款的情况下将货物提前交付购买者，是企业期望并认为可以在约定的未来获得这笔钱，否则企业是不会采取这种方式销售的；二是对客户的信任。企业对客户有一定的认识，认为客户有意愿和能力支付这笔货款，不会给企业带来违约损失。企业要进行赊销，就必须调查所有客户的信用状况，从而对不同的客户采取不同的信用制度。

（2）调查客户的信用状况

客户信用调查是通过对客户信用状况进行调查分析，从而判断应收款项成为坏账的可能性，为防范坏账提供决策依据。几乎所有成功的企业，都非常重视客户信用调查。

客户信用调查的方法主要有以下几种。

①通过金融机构或银行对客户进行信用调查。这种方式可信度高，所需费用少。不足之处是很难掌握客户全部资产情况和具体细节，因可能涉及多家银行，所以调查时间会较长。

②利用专业资信调查机构进行调查。这种方法能够在短期内完成调查，费用支出较大.能满足公司的要求。同时调查人员的素质和能力对调查结果影响很大，所以应选择声誉高、能力强的资信调查机构。

③通过行业组织进行调查。这种方式可以进行深入具体的调查，但往往受到区域限制，难以把握整体信息。

④内部调查。这种方式可以通过询问同事或委托同事了解客户的信用状况或从新闻报道中获取客户的有关信用情况。

（3）建立客户信用档案

1）客户信用档案的基本内容

①反映客户基本情况的资料。包括客户营业执照复印件、税务登记证复印件、各种资质证书复印件以及主要高层管理人员个人资料等。

②反映客户信用申请和相关调查的资料。包括信用申请表、现场调查表、客户相关方调查表、资信调查报告以及信用分析结论等。

③财务报告。包括资产负债表、利润表、现金流量表以及附注资料等。

④批准资料。包括每次授予信用额度后的授信额度表及通知函等。

⑤赊销后的管理资料。包括与客户的通话记录、催账电话记录簿、对账单以及付款承诺等。

⑥客户其他相关资料。包括企业宣传资料、网页资料、名片等公开资料。

2）客户信用档案的授权管理

①按照帕累托法则划分。区分普通客户与核心客户的决定性因素是与客户的年平均交易额度，该方法认同“80%的销售来自20%的客户”的理念。

②按照客户信用风险的大小划分。按照这种方法来划分，一般可以划分为两种类型：一是老客户；一是非交易类客户。

③供应商企业应该尽量使用那些信守合同时间、产品质量稳定、供货价格合理的供应商，特别是处于垄断地位的大型供应商。对于那些与企业采购人员或高层经理有密切私人关系的供应商，信用管理部门尤其不能掉以轻心。

2.4.2 评估客户信用状况

客户信用管理的可能风险包含信用管理政策过紧导致客户流失风险、信用管理政策过松导致的坏账风险、信用评价的授信失误导致的坏账风险等。这些风险都与客户信用状况的评估密切相关。

客户信用评价是指授信者利用各种评价方法，分析客户在信用关系中的履约可能、偿债能力、信用状况等，以筛选出有资格享受产品赊销优待的客户。客户信用评价的方法有很多，我们只介绍一种比较权威的“6C信用评估法”。

（1）6C信用评估法

6C信用评估法是被普遍采用的一种信用评估方法，它从品格（character）、能力（capacity）、资本（capital）、担保品（collateral）、环境状况（conditions）和保险（coverage insurance）六个方面评估客户的信用状况。

品格是指企业经营者在经营活动中的品德、行为、作风、素质、能力，它通过企业的经营管理行为表现出来。

品格包括经营者和企业两个方面，一个有实力的企业也可能由于经营者的品格欠佳而对企业信用产生不良影响。一个资本实力不很强，效益不很高的企业，如果经营者品格良好，也能克服困难、兑现承诺。

经营者的品格可以从经营者的文化素质、专业素质、学历、业绩、获得的荣誉、社会反映等方面考察出来。企业的品格是指企业的经营理念、经营方式和管理水平，就像一个家庭在社会中的形象一样。企业管理状况，经营管理的特色、特点、模式也是对外信用形象的主要标志。

能力的含义较广，既包含经营者的经营能力、管理能力、组织能力、指挥调度能力，也包括企业的条件设施能力、资金能力、偿债能力、运营能力、员工的素质能力等。

经营者能力和企业能力相辅相成、缺一不可。有时，虽然经营者才能卓越，但由于企业自身条件能力有限，在维护企业信用方面仍可能力不从心、捉襟见肘。有时经营者能力平庸，虽然权掌实力很强的大企业，仍然可能把企业运作得千疮百孔，信用形象一塌糊涂。所以，信用的能力要素应从企业和经营者两方面入手，舍其一就会失之偏颇。

资本是指客户的财务实力和财务状况，表明客户可能偿还债务的背景。资本的具体内容包含企业的资本结构、偿债能力、运营能力和获利能力以及资本的安全性、增值趋势等。

考察企业资本要素也就是考察企业的总体财务状况，提出这个要素的美国人波士特说：如果授信者能够提供足以偿还授予信用价值的担保品，那么即使品格、能力、资本三个要素都不好，授信者又有何担心呢？

担保品是客户在拒付或无力支付时被用作抵押的资产。这对于不知底细或信用状况有争议的客户尤其重要。一旦收不到这些客户的款项，债权方就可以通过处理抵押品获得补偿担保品。只是有分散风险、促进信用交易的作用，而不是授信的理想条件。

环境状况要素是指一切可能影响企业经营活动的外部因素，诸如政治、经济形势、地理、自然环境变化、市场变化、行业态势等。

保险是指客户为了规避风险或减轻损失而采取的投保行为。

（2）客户信用评估的内容

客户信用评估的内容很多，主要分为客户财务信息和客户非财务信息。由于信息众多，为了提高信用评估的效率，在实际工作中，客户信用评估的内容主要包括五个方面：企业素质、资金实力、资金信用、盈利能力和发展前景。

①企业素质。主要考察企业的技术装备水平、竞争能力和拥有的无形资产以及企业有关领导的素质、职工素质和管理能力。

②资金实力。反映企业资金实力的指标有：注册资金、投资总额和企业资金自有率等。资金实力强弱在一定程度上反映企业的规模大小和资信程度的高低。

③资金信用。是指企业在经营结算中延期收、付款的行为形成资金的借贷关系，是影响企业资信度的重要因素之一。

④盈利能力。盈利能力是指企业获取利润的能力，也称为企业的资金或资本增值能力，通常表现为一定时期内企业收益数额的多少及其水平的高低。盈利能力指标主要包括营业利润率、成本费用利润率、盈余现金保障倍数、总资产报酬率、净资产收益率和资本收益率六项。

⑤发展前景。主要通过市场分析，判断企业在市场中的地位、企业的竞争能力和应变能力，评估企业的发展规划、管理手段及制定的措施是否切实可行等方面的情况。

当然，不同的企业由于客户的不同，企业在具体的客户信用评估时采用的指标评价体系不尽相同。企业可根据自己的实际情况选取指标作为考核评估的依据。

（3）确定客户信用等级

1）客户信用等级评定程序

目前，客户信用等级的确定，一般按以下程序进行。

①搜集、整理影响客户风险的主要因素。

②确定主要评分指标。

③建立科学的评级指标体系。

④测算客户的分值。

⑤分析测算的分值，确定信用等级。

⑥确定合理的信用赊销额度。

2）客户信用评定等级

企业无论运用何种评级方法，最终都要根据评估结果对客户的信用评定等级。企业客户信用等级一般情况下设为A，B，C，D级。

A级：表明该类企业盈利水平很高；短期和长期债务的偿还能力很强；企业经营处于良性循环状态，不确定因素对企业经营与发展的影响很小。

B级：表明该类企业盈利水平处于中等水平；具有足够的短期和长期债务偿还能力；企业经营处于良性循环状态；不确定因素对企业经营与发展的影响较大，对企业的盈利能力和偿债能力产生较大的影响。

C级：表明该类企业盈利水平处于中偏下的水平，甚至是亏损；短期和长期债务的偿还能力较弱；企业经营状况不好。

D级：表明该类企业处于严重亏损甚至是资不抵债的状态；短期和长期债务的偿还能力非常差；企业经营状况处在恶性循环中，处于破产状态。

在这些级别下还可以继续分等级，如A级中有AAA级、AA级和A级，B级中有BBB级、BB级和B级。以此类推，C级和D级下面也一样，不同的信用等级代表不同的内涵。

（4）建立合理的客户信用政策

信用政策又称应收账款政策，是指企业为对应收账款进行规划与控制而确立的基本原则性行为规范，是企业财务政策的一个重要组成部分。信用政策主要包括信用标准、信用条件和收账政策三部分内容，主要作用是调节企业应收账款的水平和质量。在实际操作中，给予客户的信用政策中主要体现在信用期限和信用额度两个方面上。

1）信用期限

信用期限是企业为顾客规定的最长付款时间。信用期限确定客户在赊购货物后多少天之内支付货款，是企业为客户规定的最长的付款时间界限，并在赊销合同中取得了客户的正式承诺。确定适宜的信用期限是企业制定信用管理政策时首先要解决的问题。较长的信用期限，会刺激客户的购货热情，吸引更多的客户，给企业带来扩大市场份额和增加销售额的好处，但同时也会给企业带来风险。相反，较短的信用期限，虽然减少了持有应收账款相关的成本，但是直接影响到企业的赊销规模，增加了库存压力，同时降低了企业在市场中的竞争力。所以，合理的信用期限应当着眼于使企业的收益达到最大，理论上最低限度是损益平衡。

通常影响信用期限长短的因素主要有两个：一是买方拥有货物的时间。信用期限不应该超过赊销客户自己消耗货物的时间，也不会允许延长信用期限到货物再销售之后。二是市场竞争激烈程度。通常赊销企业所在行业竞争越激烈，给予客户的信用期限越长。一般来说，企业的信用条件是遵循本行业的惯例给出的，它是基于一定的外部经济环境，在充分考虑到本企业自身资金实力的情况下，本着提高最终效益和增强竞争力思想确定的。

2）信用额度

信用额度是指企业根据其经营情况和每一个客户的偿付能力规定允许给予客户的最大赊销金额。其额度过低将影响到企业的销售规模，额度过高将会增加企业的信用销售成本和坏账风险。

信用额度包括企业发放给所有客户的总体信用额度和发放给某一具体客户的信用额度两个方面。

总体信用额度是指企业基于自身的资金实力、销售政策、最佳生产规模、库存量以及受到来自外部竞争压力等因素而确定的可对所有客户群发放的信用额度的总规模。

具体客户的信用额度则是企业依据客户的具体情况而给予特定对象的信用限额。信用额度在一定程度上代表着企业的实力，反映其资金能力，以及对客户承担的可容忍的赊销和坏账风险。其额度过低将影响到企业的销售规模，并相应增加同客户的交易次数和交易费用；而额度过高会加大企业的收账费用和坏账风险。因此，企业及销售人员应根据自身的情况和市场环境合理地确定信用额度。

确定客户的信用额度，可选择使用以下方法。

①根据收益与风险对等的原则确定。根据收益与风险对等的原则确定给予某一客户的信用额度，也就是根据这一客户的预计全年购货量和该产品的边际贡献率测算企业从该客户处可获取的收益额。以该收益额作为每次给该客户的赊购限额，代理商前账不清，后账不赊。

②根据客户营运资本净额的一定比例确定。客户在一定的生产经营规模下，其流动资产减去流动负债后的营运资本额也是大致稳定的。由于营运资本净额可看作新兴债务的偿付来源，因此，企业可以根据客户的营运资金规模，考虑客户从本企业购货的比重，确定以客户营运资本净额的一定比例作为本企业对该客户的信用额度。

该方法自1981年起在国外开始应用，在计算客户的信用限额方面具有非常实用的价值。它的基本假设是考察客户的基本偿债能力，与国外另外几类企业预测模型不同，营运资产分析属于一种管理模型，它不是用来预测客户破产的可能胜，而是用来评估客户的资金和信用实力。

目前国内企业采用这种方法计算信用限额的比较少按照国外的经验，用这种方法计算的信用额度还是比较准确的，其准确率达到95%，尤其是对于一些传统行业的企业来讲，其准确率更高。但是，这种方法也有一定的局限性。首先，其分析所依赖的数据全部来源于会计报表，最后结果的准确性则完全要看数据来源的可靠性，而恰恰现在许多国内企业很难取得客户的真实会计数据。其次，该模型对于一些新兴行业的企业分析有一定局限性。

③根据客户清算价值的一定比例确定。清算价值是客户因无力偿债或其他原因进行破产清算时的资产变现价值。清算价值体现了客户偿债的最后保证。如果客户的清算价值减去现有负债后尚有剩余，企业可以向该客户提供信用，信用的额度可按照清算价值的一定比例确定。

案例链接

格兰仕的海外客户信用评估

两年前，东欧一新客户开始和格兰仕企业（集团）公司海外市场部接触，希望从格兰仕大批量购买微波炉。海外市场部随即启动了客户信用评审程序。从客户提供的资料看出，这是一个颇有实力的大型进口商兼零售商，销售范围覆盖东欧三四个国家，并辐射到中亚一些国家。之后双方进一步当面接洽，主管业务员从客户的言谈、营销网络和使用的品牌等方面，了解到对方确实有相当的规模，应该是一个颇有潜力的买家。这位客户通过了公司关于客户信用评审的第一关。

紧接着，海外市场部评审对方的开证银行。发现客户尽管地处东欧，但在开立信用证时，使用的多是德国、瑞士等地知名度高、信誉不错的银行。这通过了信用评审的第二关。

评审的第三步：第三方机构（银行）获得的资料显示，它和不少中国公司合作的历史却不光彩，尤其是付款信誉不佳，该客户多次以信用证的不符点为由，推迟付款甚至漫天杀价，使不少中国公司损失惨重。

格兰仕对此非常重视，于是继续第三步评审：利用自己在船运公司方面的网络，顺藤摸瓜地了解到，由于信用证不符等原因，该客户经常将货物滞留于港口。

客户的“劣迹”确认之后，该客户顺理成章被自动评为C级。在和对方谈判时，格兰仕态度强硬，弃用信用证的付款方式，改用T/T，收到全额付款之后再发货。同时，为了规避风险，拒绝对方一次订购10个柜的订单，要求每次订货数量减少。

（案例来源：世界经理人网站.www.ceconline.com.）

2.4.3 客户信用风险的动态监控与调整

现在企业经营的外部环境千变万化，客户本身的信用情况也会随之发生变化。这就要求企业对客户的信用风险进行动态监控。这主要包含两部分内容：对客户信用风险的常规性监控和客户信用额度的调整。

（1）对客户信用风险的常规性监控

1）定期的客户信用调查

企业对客户进行定期信用调查是全面控制客户信用风险的一个非常有效的方法。企业应由专门的信用管理人员定期对客户进行全面的信用信息调查，客户信用调查完毕，有关人员编制客户信用调查报告，及时报告给销售经理。调查报告应按企业统一规定的格式和要求编写，切忌主观臆断，不能过多地罗列数字，要以资料和事实说话，调查项目应保证明确全面，定期报告的时间要求依不同类型的客户而有所区别，如：A类客户每半年一次即可，B类客户每三个月一次，C类、D类客户要求每月一次。

销售业务员平时还要进行口头的日常报告和紧急报告。销售业务员如果发现自己所负责的客户信用状况发生变化，应直接向上级主管报告，按“紧急报告”处理。采取对策必须有上级主管的明确指示，不得擅自处理。对于信用状况恶化的客户，应该马上采取措施。

2）经常性的监督检查

企业还应该在信用管理制度中，规定业务部门和销售代表对其所负责的客户进行经常的监督检查，以获得最及时的客户信用信息。

（2）客户信用等级和信用额度的调整方法

企业在对客户的信用制定级别之后，在企业连续的经营过程中，也要定期进行更新和调整，客户信用调整主要是信用等级的调整和信用额度的调整。

1）客户信用等级的调整

对于企业的A类客户，一般要半年重新审核一次；对于B类客户，一般每三个月审核一次；对于C类和D类客户一般每月审核一次。

对客户信用重新审核的结果必须通知有关部门，让企业及时对客户的信用变动情况进行调整。

2）客户信用额度的调整

客户的信用额度一般在下面几种情况下需要调整。

①客户付款及时并且销量已经超过已有的信用额度时。无论从付款能力还是付款信誉上，这类客户已经证明了其良好的信用，此时应该适当提高其信用额度。

②当客户付款能力及时并且订货量平稳时，这一类客户进一步扩大购买量的可能性比较小，说明现有的信用额度比较合适。因此，应该保持信用额度的相对平稳性，不需要

调整。

③当客户订单增加并且付款不及时的时候，企业必须提高警惕，应该降低其信用额度。

④客户订货量远远小于给定的信用额度时，由于这一类客户一般交易价值下大，并且交易具有偶然性，企业可以适当降低其信用额度。

⑤当客户逾期账款过多、客户财务状况明显恶化时，企业应该大幅度降低或是暂时取消信用额度。

思考与训练

一、选择题

1. 建立顾客档案，应充分利用各种顾客信息来源（顾客、政府和商业机构），搜集有价值的顾客信息，但要注意保证档案信息的质量。这说明客户档案建立需要坚持（　　）。

A. 价值性和优化性　　B. 适用性和及时性

C. 主动性和计划性　　D. 完整性和一致性

2. 将顾客分为个人消费者、中间商客户、制造商客户、政府和社会团体客户，这是（　　）的客户档案分类方法。

A. 按产品线分类　　B. 按顾客性质分类

C. 按贸易关系分类　　D. 按客户购买规模分类

3. 下列各项中属于客户交易数据的是（　　）。

A. 客户描述性数据　　B. 描述促销活动的数据

C. 购买商品类数据　　D. 成本信息数据

4. 调查公司治理结构（包括投资者、经营管理者）；关联企业、对外投资、企业经营等情况，目的是获取信用客户的（　　）。

A. 客户基本信息　　B. 经营管理信息

C. 财务信息　　D. 行业与经营环境信息

5. 在“6C信用要素”理论中，可能对客户的履约偿付能力产生影响的所有内、外部因素称为（　　）。

A. 客户品德　　B. 客户能力

C. 环境状态　　D. 客户资本

6. 下列各项中不属于不同商品的销售构成分析的是（　　）。

A. 不同商品毛利率的分析　　B. 商品周转率的分析

C. 交叉比率的分析　　D. 广告效率分析

7. 企业根据其经营情况和每一个客户的偿付能力规定允许给予客户的最大赊购金额称为（　　）。

A. 信用期限　B. 客户授信　C. 信用额度　D. 信用政策

8. 不同的信用等级代表着不同的内涵，信用状况最好的是（　　）。

A. A级　B. B级　C. C级　D. D级

9. 下列各项中属于从外部渠道搜集客户的信息是（　　）。

A. 财务部门　B. 销售部门　C. 客户服务部门　D. 网络

10. 将客户分为主力客户、一般客户、零散客户的客户分类依据的是（　　）。

A. 客户性质　B. 时间序列　C. 交易数量和市场地位　D. 交易过程

二、简答题

1. 客户档案主要包含哪些信息？

2. 简述客户档案的分类方法。

3. 客户信用调查的基本方法有哪些？

4. 如何利用客户档案分析客户与本公司的交易情况？

5. 如何进行客户服务成本分析？

6. “6C信用要素”的主要内容是什么？

实训

客户信息录入

主题：客户信息录入

完成这些练习后。学员将能够：

- 阐述客户的分类；
- 构建客户信息。

你在市场调查的基础上，对潜在客户有了一定的理解与接触，这些潜在客户的管理并不规范，你需要将这些潜在客户的信息在CRM系统上进行登记，以方便客户的管理与为进一步服务提供信息，登记客户信息之前，你可能需要对客户进行分类处理。

1.1 定义客户组

1.1.1 创建名称为“潜在客户”的客户分类。

1.1.2 创建名称为“试用客户”的客户分类。

1.1.3 创建名称为“正式客户”的客户分类。

1.2 创建客户的主记录

1.2.1 在客户信息下创建公司名称为“东软软件股份有限公司”，公司地址为“广州市天河北路890号广州软件”，邮编为510635，联系人为“李经理”，联系人职务为“区域业务经理”，客户编号为“Q00001”的“潜在客户”，其余字段可根据你收集到的信息进行完善。

1.2.2 在客户信息下创建你所收集到的所有客户的信息。

案例分析

辣椒辣吗

在电信行业激烈的竞争中，新进入的企业往往利用各种促销手段吸引客户。他们对此的理解是，如果想在将来获得更多的新客户就必须利用这些促销手段走低价路线。另外，为了避免老客户流失，原有的企业在竞争者的逼迫下也不得不采取类似的促销手段。

然而，企业的促销手段与客户保留率之间的关系往往难以评估，即使可以的话其效果也是不理想的，因为低价导致企业盈利能力的减弱。因此，最终的结果是电信企业普遍面临客户流失率高、忠诚度低和利润空间缩小等问题。

卖辣椒的人总会遇到这样的问题，“你这辣椒辣吗?”怎么回答呢? 说辣吧，怕辣的人，立马走了；答不辣吧，也许人家喜欢吃辣的，生意还是做不成。

一天没事，我就站在一个卖辣椒妇女的三轮车旁，看她怎样解决这个二律背反难题。趁着眼前没有买主，我自作聪明地对她说：你把辣椒分成两堆吧，有人要辣的你就给他说这堆是，有人要不辣的你就给他说那堆是。

卖辣椒的妇女对我笑了笑，轻声说：用不着。说着就来了一个买主，问的果然是那句老话：辣椒辣吗? 卖辣椒的妇女很肯定地告诉他：颜色深的辣，浅的不辣!买主信以为真，挑好付过钱，满意地走了。不一会儿，颜色浅的辣椒就所剩无几了。

又有个买主来了，问的还是那句话：辣椒辣吗? 卖辣椒的妇女看了一眼自己的辣椒，信口答道：长的辣，短的不辣!果然，买主就按照她的分类标准开始挑起来。这轮结果是，长辣椒很快告罄。

看着剩下的都是深颜色的短辣椒，我心里想：这回看你还有什么说法？当又一个买主问“辣椒辣吗？”的时候，卖辣椒的妇女信心十足地回答：“硬皮的辣，软皮的不辣！”

我暗暗佩服，可不是吗，被太阳晒了半天，确实有很多辣椒因失水变得软绵绵了。卖辣椒的妇女卖完辣椒，临走时对我说：你说的那个办法卖辣椒的都知道，而我的办法只有我自己知道。

思考题

通过上述辣椒销售案例，谈谈你对客户信息管理的理解。

项目三 客户识别与流失客户的赢回

能力目标

通过完成本任务的教学，具备以下基本能力：

1. 掌握寻找潜在客户的基本方法；
2. 识别谁是潜在客户；
3. 掌握有价值客户的识别与开发；
4. 掌握流失客户的赢回。

职业素养

在本任务的教学中，重点关注如下职业素养的培养：

1. 坚忍不拔的意志品质；
2. 团队合作的精神；
3. 坚持不懈的信心。

知识目标

通过完成本任务的教学，具备以下基本知识：

1. 潜在客户的基本特征；
2. 寻找潜在客户的基本途径；
3. 接近潜在客户的方法；
4. 流失客户的赢回。

客户识别与流失客户的赢回
潜在客户的识别与选择
潜在客户的内涵
潜在客户的分类
潜在客户识别的流程
潜在客户的选择方法
寻找潜在客户的通用方法
有价值客户的识别与开发
有价值客户的识别
识别有价值客户的方法
客户开发
流失客户的赢回
客户流失概述
客户流失的识别
客户流失的原因及对策
流失客户的赢回措施

项目导入

茫茫人海谁是客户

“没想到销售工作这么难！真没法干了。”这是某奶品公司的销售业务员小姜从这家社区便民店走出来时冒出的念头。

这也难怪，这是他今天遭到客户的第五次拒绝了。该奶品公司今年开发出一种以女性为目标顾客的保健酸奶，该产品在其他市场受到消费者的青睐。小姜刚到这家公司，今天是他第一次独立拜访客户。

小姜毕业于一所大学的商学院营销专业，其实，他并不喜欢营销，只是高考成绩不理想，被调剂到了这个专业。在他看来，销售并不需要较高的学历，销售就是求人的事情，只要能说会道就行了。另外，他认为销售人员地位低下，因此，他看不上这个工作。他的理想是先当办公室的白领。然后一级级升上去，最终进入公司的高管层。有本科学历的销售人员在这家公司还不多，因此，当公司为期两周培训结束后，公司让他开辟社区便民店或小超市市场时，他想：“这有什么难的，产品好，自然有人要。”于是毫不犹豫地接受了。

这几天他一直开着小面包车在外面跑，可是，一家客户也没有拿下。好话说了一火车，人家却以种种理由加以拒绝，不是价格太高，就是怕影响目前销量很好的同类产品的销售。或者以货架已满，确实没有上货的空间等为借口。每天酸奶货样从车上搬下搬上，公司为了节约成本，销售、司机、搬运一身兼，名义上是白领，实际上和工人差不多，一天下来累得腰酸腿疼。三天下来一单生意也没有拿下，小姜觉得真没脸见人。

“自己真不是干销售的料。”想到这儿，他决定回公司，要求不干销售，调到广告、管理等坐办公室的内勤岗位上，毕竟自己是一个大学生嘛！

（案例来源：刘子安. 销售客户关系管理[M]. 北京：对外经济贸易大学出版社，2011.）

项目任务分解

“谁拥有客户，谁就拥有市场。”刚开始从事销售工作的营销人员，有80%的失败是来自于对“消费群体”的定位和对潜在客户的搜索不到位。对客户的定位不准确，目标消费群体不明确，成功机会就很小，也就是常说的“选择不对，努力白费”。我们要找的不仅仅是客户名单、联系方式、家庭地址等这些简单的客户信息，更多的是通过各种渠道搜索到合格的潜在客户。

客户是企业的利润源泉。找客户前，你不仅要熟悉自己推销的产品，尽可能多地去掌握产品的一些知识。你还要掌握识别潜在客户、寻找客户的途径和开发客户的基本技巧。掌握了这些基本技能你才有信心去寻找潜在的客户。

任务一　潜在客户的识别与选择

3.1.1　潜在客户的内涵

（1）潜在客户的含义

潜在客户是指存在于消费者中间，可能需要产品或接受服务的人。这个定义，也可以理解为，潜在客户是经营性组织机构的产品或服务的可能购买者。潜在客户是其存在的买点与企业卖点，即客户接触完全对位或部分对位，但尚未购买企业产品或服务的客户。这类客户数量大、分布广，但由于各种原因，他们现在并不会购买企业的产品。但若企业加大营销努力，就有可能使其成为企业的现实客户。

潜在客户是企业争取的对象，是客户管理关注的重点之一，及时调查、分析、研究和把握潜在客户的需求是企业应该经常开展的必不可少的活动。不断地把潜在客户变为现实客户，正是企业兴旺发达的标志。

潜在客户包括三个层面：

①对某个地区来说，该地区可能是潜在的销售市场，该地区的组织或个人则称为潜在客户；

②对某个阶层（如以收入划分的阶层、以城乡划分的阶层等）来说，该阶层的组织或个人则称为潜在客户；

③对某个组织或个人来说，可能是企业的潜在客户。

一般来说，对地区性的潜在客户可能较容易开拓，而对单个的潜在客户却难以使其成为现实客户，阶层性的潜在客户居于两者之间。企业不能只考虑自己的难易问题。在当今经济全球化的时代，某个地区、某个阶层的客户对企业来说是潜在的，而对企业的竞争对手来说可能早已是现实客户了。因此，企业要不断地去开拓。

（2）潜在客户的转化

促进潜在客户转化为现实客户是企业客户关系管理的又一重点内容。潜在客户的转化，其实质就是市场拓展。潜在客户的转化需要一定的条件，同时也需要企业营销管理人员和客户管理人员进行一系列的促进工作。这样客户才不至于只停留在潜在的位置上，而是发展成为企业实实在在的客户，为企业带来更多的经济利益，为进一步识别有价值的客户打下坚实的基础。企业在促进潜在客户向现实客户转化的过程中，可以按照以下几个要点进行。

1）强调客户的需求和欲望

产品的品质、文化品位都取决于客户的认知，真正的营销价值是占据客户的心智。发现潜在客户，为客户提供合适的产品，必须调查客户的内心世界。只有充分地与客户进行沟通，了解产品知识、品牌价值、产品的效用需求及其评价标准、客户的个性品位等因素，才能找准潜在客户心理，获得现实客户。客户产品策略只是企业向客户传达利益的工具和载体，也就是满足客户需求与欲望的形式。企业发展产品策略必须从客户的需求与欲望出发，而不是从企业的研究与开发部门出发。市场上最成功的产品往往不是最好的产品，而是市场最需要的产品，即通常所说的适销对路。

2）加强品牌建设

在同类产品较多的情况下，企业只有通过开发客户追求的品牌来达到目的，这是客户较高层次的需求和欲望。通过品牌力量的扩张来达到市场的扩张。产品属性易复制，而品牌个性、文化价值、利益及其组合是难以复制的。品牌力量的渗透扩展，形成品牌接受力，进而形成品牌偏好、品牌忠诚，从而占有市场，获得竞争优势。

3）降低客户付出成本

对于客户来说，客户付出的成本包括货币、时间，甚至还包括在客户使用产品中所带来的烦恼和不快。此外，客户一般只会购买他们认同的价值。客户不认同，产品就卖不出去。因此，企业需要分析客户的认知，根据认知价值对产品进行定价。定价的关键不是卖方的成本，而是买主对价值的认知。而认知价值是利用多种沟通手段在购买者心目中建立起来的。

4）提供购买便利

企业生产出来的产品只有通过一定的市场营销渠道，经过物流过程才能在适当的时间、地点以适当的价值供应给广大客户。这时，企业考虑的是如何大量销售，如何降低成本。为了形成优势，企业必须不断分析市场状况、客户购买行为，以及如何根据客户购买方式的偏好给客户最好的服务和最大的方便。

5）进行有效的沟通

为达到促进潜在客户转化的目的，企业必须首先了解客户的媒体习惯和类型；其次，了解客户需要何种信息，然后对客户的需要进行回应。产品生命周期缩短、产品多样化和个性化也要求企业倾听客户的声音，时刻保持与客户沟通，时刻留意客户的动向，应季、应时、应人地满足市场需求。

6）重视与客户的接触

接触管理主要解决的问题就是，企业选择在什么时间、什么地点或什么情况下与客户进行有效沟通。此外，还要决定接触时间、接触方式、接触内容等因素对客户有什么样的重要影响。信息传达的方式和时机与所传达的内容密切相关。在接触管理过程中，企业必须考虑最能影响客户购买决策的因素及潜在客户的信息传递因素。

7）强化潜在客户动机

强化动机可以促使潜在客户购买企业的产品，这是能否实现销售的关键。这一阶段企业应该考虑到很多的因素，包括哪些客户在寻求资料？客户从什么渠道寻求资料？资料来源的相对重要性？客户最终关注的是哪方面的产品特性？等等。

8）促进客户购买

潜在客户在决策过程中，总会遇到各种阻力，包括经济、社会的阻力，这些阻力会影响客户的决定。所以了解可能面临的阻力，就能通过恰当的营销手段，如价格调整、产品的优良性能、广告宣传、支付的形式、退换的条件等来消除潜在客户购买的阻力。

9）实现销售

要使潜在客户的需要得到充分满足并获得有力的评价，才有可能让客户重复购买，并且对其他的客户产生积极的影响。要实现销售，企业就要有正确的销售渠道作保证。所以要研究目标客户和潜在客户的信息，以及产品在他们心目中的地位，安排售后服务活动，包括技术咨询服务、安装调试、维修服务、客户意见收集和处理工作等。

3.1.2 潜在客户的分类

潜在客户一般有以下几种分类方式。

根据客户近期内可能订货购买的时间，潜在客户可分为三类：

热客：一个月内可能订货；

暖客：三个月内可能订货；

冷客：三个月以后可能订货。

根据客户对企业的重要程度，潜在客户可划分为：重要程度最高的潜在客户；重要程度较高的潜在客户；重要程度一般的潜在客户。

按购买类型对潜在客户进行分类，潜在客户可分为三类：

新购：完全首次购买客户；

添购或重购：在现有品种上再行购买，或是有规律地持续不断地购买的客户；

更新购买：购买新品种的商品以代替正在使用品种的客户。

3.1.3 潜在客户识别的流程

（1）选定市场范围

企业只有先确定自己的营销战略任务和战略目标，才能确定自己应进入哪个行业或哪个产品市场进行经营。企业可以对该产品的市场发展潜力做出估计，并确认行业和产品的有关属性，还可以对欲进入市场的性质进行基本确认。

（2）分析基本需求

企业在分析市场时，需要了解产品能满足客户的哪些基本需求。因为企业向市场提供任何产品时都必须对客户的需求类型做初步的认定。比如家用电子游戏机，就是在对早期购买计算机产品的客户进行需求分析后，提出的一种基于需求而发展出来的产品。

（3）分析不同需求

确定客户对产品的基本需求，仅解决了一般性需求，还不可作为企业选定目标市场的依据。企业还需要进一步了解客户对一种产品有哪些不同的要求和想法，这就找到了可能作为细分市场的所有因素。

（4）除去共同需求

潜在客户中共同的需求是设计和开发某种产品的基本要求，这只是产品的最低要求。从中去掉这些共同需求后，企业就可以发现具有相互区别的需求类型。如手机要能通信是必需的，但随着人们的实际需要，对手机的功能和外形有了不同的要求，这就是不同的需求差别，这些差别可以成为设计产品和确定营销组合的依据。

（5）为不同的市场取名

在还没有进行市场检验之前，哪些因素是适当的，是不能确定的。企业为了便于对分析的市场加以确定，需要为可利用的因素细分出的各子市场暂时取名，如“价格灵敏者”“时髦者”“实惠者”等。

（6）确认各细分市场的特征

企业需要对可能采用的细分因素所能得到的细分结果进行市场调查确认工作。通过访问客户、查询以前的统计资料和其他的市场分析法，可发现采用哪些因素才能最恰当地细分市场，这些市场具有什么特点，可否进行营销设计。

（7）测量各子市场的潜力

企业在调查的基础上，需要确定每个子市场的购买量和在一定时期可能形成的需求量的大小，这样才能最终根据企业的资源、实力、市场的竞争情况选择目标市场。

3.1.4 潜在客户的选择方法

（1）朋友和熟人

朋友和熟人中蕴含着丰富的潜在客户的资源。销售人员可以从亲朋好友中列出潜在客户名单，问自己"我认识谁?"销售人员可以通过以下途径列出一份名单：以前的工作单位、就读的中学和大学、业余爱好和体育活动；公众服务组织和慈善活动；邻居；参加的各种组织。随着不断结识新朋友，名单列出后，要定期进行更新调整。

（2）利用关系链

寻找潜在客户的有效途径之一是通过无穷的关系链。每次访问客户之后，都可以向客户询问有无其他可能对该产品或服务感兴趣的人。这样，不必花很多时间，就可以开发出新的潜在客户。

（3）有影响的人物

有影响的人物是指那些因其地位、职务、成就、人格而对周围的人有影响的人。他们是人们见解的引导者，他们的影响力就像车轮的辐条一样，辐射至四面八方。

（4）无竞争关系的其他销售人员

销售与本企业无竞争性产品的其他销售人员，是获取潜在客户的绝佳途径。

（5）上门推销

销售人员大多是先确定可能有潜在客户的区域，然后开始挨家挨户上门推销。

（6）观察

通过个人观察寻找潜在客户，是指注意周围的人群，以发现潜在客户。

（7）名单和客户电话簿

当销售人员接手一个地区的销售工作时，企业会为他提供一份客户名单或电话簿。这当然是一个有利的起点。此外销售人员还应注意其他信息来源，如报纸、贸易出版物、企业名录和企业电话簿等。

（8）直接邮寄信件

通过直接邮寄信件寻找潜在客户是一种很有效的方法。潜在客户收到一封信，并被告知如果他们对产品或服务感兴趣，可以回信。尽管回信率很低，但是这种做法仍然是有价值的。即使每100封信只能做成一两笔生意，这种做法仍是有利可图的，特别是那些昂贵的商品或服务。

（9）广告

许多大企业利用广告帮助销售人员发展潜在客户。如可以在杂志广告的下面提供优惠券，让读者来信索取信息。工业贸易杂志经常在背面设一个信箱栏目，读者可以通过这个信箱从广告商那里获得更多的信息。

（10）讨论会

在无形产品（如保险和证券）的推销中经常召开讨论会，这正被越来越多的企业用来寻找潜在客户。

（11）电话推销

电话推销有多种形式和用途。最广义的分类包括进入式和外出式的电话推销。顾名思义，进入式的电话推销是潜在客户打电话给公司；而外出式的电话推销是销售人员去接触潜在客户。处理订单是最简单的电话推销操作，也是通过进入式电话实现推销的典型例子。

（12）“休眠”的客户

尽管销售人员可能有成见但“休眠”的客户仍是很好的潜在客户。

（13）运用报刊及其他纸质媒介

报纸提供了潜在客户的丰富线索，要看经常在当地报纸上出现的栏目。贸易杂志也是一个有价值的信息源，它们描述工业发展趋势，报道工业方面的新闻，包括即将出台的计划、管理阶层的变迁以及最近的交易。商业电话簿和名录是提供潜在客户信息的另一个来源。

案例链接

如何跟进大的潜在客户

这个客户是我在展会上认识的，当时对我们的产品表示了浓厚的兴趣，并下了12个样机订单，这在我们公司还是第一次。这个客户很大，在美国有1000多家店，很多大公司都是他的客户，如果这个订单可以谈下来的话，就是好几百万美元的生意呢。

展会结束后，我马上把在展会上的谈话、报价等资料整理好，发给客户，第三天收到了回信。客户收到样品后，要求我给他一个正式报价（formal quotation）。我感到很困惑，因为报价一开始就发给他了，但当时发的是平常的报价。由于当时他说要做独家代理，我就在想是不是要按这个条件来发报价呢。大家都知道做独家代理是有很多东西要谈的，不是只有价格这一项。于是我又把之前给他的报价发给了他，并告诉他这个是按照我们的MOQ（最小起订量）来报的。关于独家代理，我们还有很多要谈，所以到时候再来协商价格，并信心满满地告诉他我们一定在价格上、质量上、交货期上支持他，并且顺便问了一下，大概有个什么样的量。于是客户回复我说他一定在量上面支持我，还说一定会有个相当大的数量（significant quantity）。

由于老板说我们的产品在客户那里是有竞争力的，要摆高姿态，于是我稍微吹嘘了我们的产品，说跟那些国际大品牌的质量是一样好的。然后客户有力地回击了我，说我们的质量很不好，并且还列出了几个毛病，并要求我们给出一个好的价格。不过，我知道产品并没有客户说的那么糟糕，对于产品我一直都很有信心。相信客户说的那些缺点，应该就是为了一个好的价格。于是我跟老板说，开始跟客户谈独家代理的事情，谈合作方式、时间、数量、价格等。老板说先不要谈，让客户给出一个数量再来谈。我只能在产品上跟客户纠缠了，可后面发给客户的邮件，他都没有回复我。

我真的很困惑，我自己感觉这个客户是很有质量的。可是当所有的样品都寄出去之后，竟然没了回音。哪里出了错呢？我现在该怎么跟这个客户联系呢？客户现在最关注的到底是什么？质量已经知道了，是价格吗？花了这么多精力跟进的客户，不希望就这样没了音信。

3.1.5 寻找潜在客户的通用方法

（1）地毯式搜索法

所谓地毯式搜索法，就是指营销人员在事先约定的范围内挨家挨户访问的方法，又称逐户访问法、上门推销法。这种方法的优点是具有访问范围广、涉及顾客多、无遗漏等特点，但是这种方法也具有一定的盲目性，对于没有涉足营销工作的人来说，运用此法最大的障碍是如何接近客户，即在客户购买商品或者接受服务之前，营销人员努力获得客户的接见并相互了解的过程。接近客户可采用如下几种方法：①派发宣传资料。营销人员直接向客户派发宣传资料，介绍公司产品或服务，引起客户的注意力和兴趣，从而得以接近客户。②馈赠。这是现代营销常用的接近法。营销人员利用赠送小礼品等方式引起顾客兴趣，进而接近客户。③调查。营销人员可以利用调查的机会接近客户，而且此法还隐藏了直接营销的目的，易被客户接受。④利益引导。营销人员通过简单说明商品或服务的优点以及将为客户带来的利益而引起顾客注意，从而转入面谈的接近方法。⑤赞美接近。营销人员利用人们的自尊和被尊敬的需求心理，引起交谈的兴趣。需要注意的是，赞美一定要出自真心，而且还要讲究技巧，否则会弄巧成拙。⑥求教接近。对于虚心求教的人，人们一般不会拒绝。但营销人员在使用此法时，应认真策划，讲究策略。

（2）中心开花法

所谓中心开花法，就是指在某一特定的区域内选择一些有影响的人物，使其成为产品或服务的消费者，并尽可能取得其帮助或协作。这种方法的关键在于“有影响的人物”，即那些因其地位、职务、成就或人格等而对周围的人有影响力的人物。这些人具有相当强的说服力，他们的影响能够辐射到四面八方，对广大客户具有示范效应，因而较易取得其他客户的信赖。而且这些有影响的人物经常活跃在商业、社会、政治和宗教等领域，他们可能会因为资深的财务背景或德高望重的品行而备受他人尊敬，因此如果能够得到他们的推荐，效果尤其明显，因为他们代表了权威。但是，在使用该法时，应注意同有影响的人物保持联系，而且当他们把你推荐给他人之后，不管交易是否成功，一定要向他表示感谢。

（3）连锁关系链法

所谓连锁关系链法，就是指通过老客户的介绍来寻找其他客户的方法。它是有效开发市场的方法之一，而且花时不多。营销人员只要在每次访问客户之后，问有无其他可能对该产品或服务感兴趣的人就可以了。第一次访问产生两个客户，这两个客户又带来4个客户，4个又产生8个，无穷的关系链可一直持续发展下去，销售人员最终可能因此建立起一个自己的潜在顾客群。这种方法尤其适合保险或证券等一些服务性行业，而且这种方法最大的优点在于其能够减少营销过程中的盲目性。但是在使用该方法时需要提及推荐人以便取得潜在客户的信任，提高成功率。

（4）讨论会法

所谓讨论会法，就是指利用专题讨论会的形式来挖掘潜在客户。这也是越来越多的公司寻找潜在客户的方法之一。参加讨论会的听众基本上是合格的潜在客户，因为来参加的必定是感兴趣的。但是在使用讨论会方式时，应注意以下几点：①地点的选择。要想最大限度增加到会人数，应选择诸如饭店、宾馆或大学等中性地点。②时间的选择。时间选择应注意适当原则，不宜过长也不宜过短，以连续两天为宜。因为第一天没有时间到会的潜在客户可以在第二天赶上。③讨论会上的发言应具备专业水平，且需要布置良好的视觉环境、装备高质量的听觉设备。④与会者的详细资料要进行备案。个人资料可以通过一份简短的问卷调查获得。

（5）会议找寻法

所谓会议找寻法，就是指营销人员利用参加各种会议的机会，和其他与会者建立联系，并从中寻找潜在客户的方法。这种方法比较节约成本，但在实际运用时需要注意技巧，暂时不提或委婉提出营销意图，以免对方对你产生反感情绪。

（6）电话找寻法

所谓电话找寻法，就是指营销人员利用打电话的方式寻找潜在客户的方法。它是一种重要的营销手段，这种方法的最大优点是速度快，但是采用这种方法时一定要注意谈话技巧，要能提起对方的注意力，并继而引发其兴趣，否则很容易遭到拒绝。而且这种场合通话的时机要把握一定的分寸。虽然电话营销是一种与大众接触的重要方式，但是由于它是通过非形体的声音工作，很难有较强的说服力，因此成功率相对传统的面对面销售方式要低。

（7）函件找寻法

所谓函件找寻法，就是指以直接邮寄函件的方式来寻找潜在客户，它是一种比较有效的营销方式。采用函件找寻法应注意：①最好以私人名义撰写信函，最重要的是要搞清楚潜在客户的姓名。②最好在信件结尾亲笔签名，以表示对对方的尊重和重视。③重要的卖点或信息列于信尾“附言”中，因为这是被阅频率最高的地方。④尽可能说服顾客立即采取行动，如某个日期前发订货的折扣或优惠、前100个回信人的奖励及礼品、提供送货日期的保证、免费试用等。这种方法的优点是覆盖范围广，涉及客户数量大，但是由于回函率低，使其成本相对较高，而且等待时间较长。

（8）资料查询法

所谓资料查询法，就是指通过查阅各种资料来获取潜在客户的方法。这些可供查阅的资料有报纸、出版物、名录和电话簿等。报纸是挖掘潜在客户信息的重要线索之一。比如，一个新公司的开业为办公设备和家具的销售提供了机会；出生或结婚为保险提供了可能的需求等。报纸提供的销售线索无穷无尽，关键在于销售人员能否挖掘出信息背后的销售机会。商业电话簿和名录是提供潜在客户信息的又一重要来源。还有各种各样的可供查询的公开资料也都能为销售人员提供一定的有关潜在客户的线索。虽然这种方法能较快地获得有关市场容量和潜在客户的信息，而且成本较低，但时效性较差。

（9）观察法

所谓观察法，就是指营销人员通过自己对周围环境的分析和判断来寻找潜在客户的方法。比如，房地产代理商可以亲自出门寻找门前挂有“出售”字样的人家；卖天花板的销售人员可以沿街观察谁家的顶棚坏了等。同时，作为营销人员应该随时对无意中听到的信息保持一定的敏感度，特别是在一些公共场所，如吃饭、购物和休闲场所。这种方法具有成本低等优点，但是它对营销人员的观察能力和分析判断能力的要求较高，而且要求判断要尽可能客观。

挖掘潜在客户的方法除了上述的十种方法外，还可以从朋友和熟人以及没有竞争关系的其他销售人员中获取相关信息，也可以通过商业展览获得资料。总之，寻找潜在客户是一项艰巨的工作任务，需要营销人员综合运用以上各种方法与技巧，才能取得最终的成功。

任务二　有价值客户的识别与开发

3.2.1　有价值客户的识别

从客户价值战略角度来考虑，一般情况下，企业的客户可划分为两种类型，即交易型客户（transaction buyer）和关系型客户（relationship buyer）。交易型客户只关心商品的价格，在购买商品之前，他们会花上几个小时的时间在网上查询价格。他们不怕等待，他们会因为买到最便宜的东西而沾沾自喜。而关系型客户希望能找到一个可以依赖的供应商，他们寻找一家能够提供可靠商品的友好企业，该企业认识他、记住他，并能帮助他，与他建立一种关系。一旦他们找到了这样的供应商，他们就会一直在那里购买商品和享受服务。交易型客户给企业带来的利润非常有限，企业销售给他们的商品的利润率要比关系型客户低得多。所以，企业无须与所有的客户建立关系，重要的是清楚地区分出交易型客户和关系型客户。

识别有价值的客户实际上需要两个步骤。首先，要分离出交易型客户，以免他们干扰企业的营销计划，让企业减少在这些毫无忠诚可言、只关心价格的客户身上花费无谓的时间和金钱。目前很多优秀的数据库营销系统都能通过计算单个客户的积累销售总边际贡献和折扣百分比来跟踪客户。其次，在剔除了这些价值量不大的交易型客户以后，企业就可以来分析剩下的关系型客户了。

企业可以将全部的有价值的关系型客户分为三类：给企业带来最大利润的客户；带来可观利润并且有可能成为企业最大利润来源的客户；现在能为企业带来利润，但正在失去价值的客户。

对于第一种客户，企业最好进行CRM营销，目标是留住这些客户。企业也许从这些客户的手中得到的是其所有的生意，与这些客户进行CRM营销能保证企业不把任何有价值的客户遗留给竞争对手。

对于第二种客户，他们可以为企业带来可观的利润并有可能成为企业最大利润的来源，与这些客户进行营销同样非常重要。这类客户也许也在企业的竞争对手那里购买商品，所以针对这类客户开展营销的直接目的在于提高企业在他们购买中的份额。

对于第三种客户，企业如果对其进行特别的关照和交流，可能会增加一些他们的购买量。但是与大量的营销开销相比，这会显得特别昂贵、不值钱。企业可以经过一些分析，剔除这部分客户以降低企业实施CRM的工作量和投入。

由以上分析可以知道，有的客户能给企业带来利润，有的则不能；有的客户相比之下可能会给企业带来更大的利润，有的客户则更具有长远的价值。CRM不是对所有客户不加区分地对待，而是不断为有价值客户提供优厚的价值服务，并通过这些客户得到卓越回报的一种有选择性的价值交换战略。如果无法评价客户价值，就谈不上建立并维系良好的客户关系。衡量客户对企业的价值的标准要看客户对企业产品消费增加的潜力及其对企业的长期价值，不同客户之间的差异主要取决于他们对企业的价值的不同。

传统的客户分类方法的依据是企业对客户的特征统计（如客户的购买量、购买的产品类型、购买频率等）。这些特征变量有助于预测客户未来的购买行为，这种划分是理解客户群的一个良好的开端，但这是远远不够的。目前比较实际的方法是按照客户价值对客户进行分类。首先，企业可以根据不同的客户价值决定如何在客户中分配企业的有限资源，确定客户投入方案，以此来建立和维系客户关系。然后在一定资源预算的范围内根据客户的不同需求，设计和实施不同的CRM策略，保持有价值的客户在未来转化为高价值的客户，而对那些不论是现在还是在将来都对企业无利可图的客户则鼓励其转向竞争对手，从而最终达到以合理成本实现企业最大总体利润的目的。

案例链接

核心客户管理卡

核心客户管理卡是商家了解客户的重要工具。通过核心客户管理卡，商家可以连续地了解核心客户实情，从中看到核心客户总体情况的动态变化过程，并据此采取相应的营销对策。

核心客户管理卡必须记载的项目一般包括四个方面：一是核心客户概况，包括公司名称、地址、电话、法人代表、人员结构、开户银行等；二是商家与核心客户交易的变化；三是核心客户的总体经营情况；四是核心客户的信用动态管理，包括银行评价、现金流、信用期限、信用限额等。

核心客户管理卡的设计没有固定格式，商家可以根据情况自行设计。

（资料来源：中国教育科研网）

3.2.2 识别有价值客户的方法

识别有价值客户的方法有很多，这里介绍一种比较实用的工具——关键客户识别和选择矩阵。该矩阵是由彼得·切维顿提出来的。关键客户识别与选择矩阵的主要目的和好处是：识别潜在客户并对现有客户进行分类；了解客户对企业自身的竞争优势的认知；确定对竞争者的优势还需要做哪些研究等。

该矩阵使用两个因素来对客户进行分析。其中，客户吸引力是指客户或者潜在的客户有什么地方吸引企业；相对优势是指相对于企业的竞争对手，企业有什么地方能够吸引客户。矩阵的每个轴都是由一系列的因素共同决定的，其中既有定量的因素也有定性的因素，但它们都是企业所处的具体经营环境所特有的。在使用这些因素作为测量指标之前，企业必须首先明确界定它们。要想让这个矩阵在分配资源、判定优先级别和确定客户关系类型方面真正有所帮助，企业就必须在这个环节上多费一些心思。

企业可以将自己的客户大致分为关键客户、关键发展客户、维持客户、机会主义客户四种类型，如图3-1所示。

图 3-1　客户类型

（1）关键客户

企业与关键客户之间相互看重。在这种情况下，企业应更多地分配资源来发展这种关系。保证人力和时间的投入是最关键的。企业应该建立一个关键客户团队，专门负责了解客户的需求，并调整企业内部的业务流程来满足他们。

（2）关键发展客户

通常会有很多客户出现在这个象限中。该象限里面都是那些企业积极争取但尚未获得的客户。大多数企业都是要赢取的客户多于要保持的客户。在这种情况下，企业的任务就主要是探索性地——研究需求和认知态度，并获准进入。对这些客户同样需要投入大量的资源，但对其投资的回报速度相对较慢。

（3）维持客户

这些客户必须继续保持，另外，对他们进行管理的时候则要想着如何从他们身上撤出资源，投向关键客户和关键发展客户。这类客户从很多方面来看都是最难管理的。他们是很好的客户，可能多年来一直忠心耿耿，但企业还是必须做出艰难但正确的决定，即从这类客户中抽回资源和精力。

（4）机会主义客户

对于这些客户，企业要根据他们的优先级别，在正确的时间、以正确的方式提供热情的服务。企业不能轻率地向他们做出无法兑现的承诺。要欢迎他们的光顾，但也要谨记自己的目标，即从他们身上获取收入以发展关键客户和关键发展客户。

知识链接

欧博家电计划在上海寻找一家代理商，洽谈了几家后，比较中意A商贸公司，A商贸公司由于实力、网络数量与质量、经营能力等比较占优势，而成为多个厂家争夺的对象，而欧博家电没有任何明显的优势。

欧博家电的营销总监梁总监亲自出马，先对A商贸公司的经营状况及代理的品牌在市场上的情况进行了一番了解。了解到A商贸公司的刘总也正在考虑更换代理的品牌，并且洽谈了几家品牌，还没有拿定主意。

掌握了这些情况后，梁总监与刘总做了常规性的洽谈。在洽谈中，梁总监没有像其他厂家那样信誓旦旦做承诺和咄咄逼人地要求其合作，而是希望刘总要慎重考虑，不要匆忙做决定。

过了几天双方又坐在一起，这一次梁总监绝口不提对方与自己公司合作的事情，而是像老朋友一样帮助对方分析企业代理一个品牌后的经营得失。说得A商贸公司的刘总连连点头，声称自己做了这么多年的经销商，还从来没有做过如此的经营分析。

过了几天，梁总监又向刘总演示了自己多年来研究系统的数据化、工具化的营销分析方法与工具，梁总监还对刘总讲："粗放式的营销时代已经过去，而精细化、数据化的营销模式才能在新的市场竞争中取得比较优势。"为了让刘总彻底掌握这套方法，梁总监又给他讲了两遍，直至刘总可以运用为止。

接下来的一段时间，梁总监还是不提双方合作的事，只是隔三差五地给刘总发个问候的短信，去个电话提供一点有用的信息，发个搞笑的电子邮件等。一个月以后，刘总主动打电话约梁总监，希望签约合作。

3.2.3 客户开发

客户开发工作是销售工作的第一步，通常来讲是业务人员通过市场扫街调查初步了解市场和客户情况，对有实力和有意向的客户重点沟通，最终完成目标区域的客户开发计划。但以上只是企业客户开发工作的冰山一角，要成功做好企业的客户开发工作，需要从企业自身资源情况出发，了解竞争对手在客户方面的一些做法，制定适合企业的客户开发战略，再落实到销售一线人员客户开发执行，是一项系统工程。

客户开发的前提是确定目标市场，研究目标顾客，从而制定客户开发市场营销策略。营销人员的首要任务是开发准客户，通过多种方法寻找准客户并对准客户进行资格鉴定，使企业的营销活动有明确的目标与方向，使潜在客户成为现实客户。

（1）客户开发的目的和意义

开发客户的目的不是为了销量提升，而是强化与渠道成员的沟通，激发兴趣和信心，树立战略合作的强烈意愿；通过客户合作合同签订、货款预付、产品进仓，抢占渠道资源，建立渠道壁垒；提高品牌与消费者的沟通效果，提升品牌的认知度和影响力，激发消费者购买欲望，培育市场势能。

开发客户，获得客户的理解、配合和支持至关重要。为此必须把建立良好的客情关系放在重要位置。营销人员要加强与各级渠道成员的沟通，随时了解客户的建议并迅速处理，做好市场服务，让客户随时感到温暖和关心。营销人员要准确把握市场信息，随时了解竞争对手动态，随时修正营销策略，提升营销执行力。

（2）客户开发的步骤

客户开发永远是企业营销的重点，但面对市场层出不穷的新产品，客户的眼光也变得越。

来越挑剔，从而给企业营销人员开发客户增加了难度。作为企业营销管理者，该如何指导下属在已经发生了剧烈变化的营销环境中顺利实现有效的客户开发呢？一般来说，客户的开发可以按照以下几个步骤进行：

①寻找客户。寻找客户即找到对本公司产品有需求的单位，了解客户相关信息。销售人员要做个有心人，通过各种渠道与方式将潜在客户找出来，并了解客户单位与主要负责人的相关信息，为筛选、联系与拜访客户做准备。

②联系客户。联系客户的方式有很多，如打电话、发邮件、信函、拜访等。但现实中用得最多的是打电话，即使是其他方式，也通常离不开电话。

③销售准备。具体包括：一是销售资料的准备，如名片、公司画册、样品、报价单、公司小礼品、演示辅助工具、合同样本等要准备好；二是客户异议预测和应对的准备，根据以往的经验、结合目标客户的一些实际情况，列出客户可能会提出的异议，做好应对准备.以免临时被弄得措手不及；三是仪表修饰和个人心态的准备，以良好的仪表，精神饱满、信心满怀地去见客户，一般最好事先打个电话预约一下，出于礼貌也是让客户有所准备。

④接近客户。接近客户关键是要给客户留下好的印象，应该注意以下三个方面：一是良好的外表，良好的外表并不是指容貌的漂亮，而是指服饰整洁得体，穿着与自己的身份、销售的产品和公司的形象相符；二是良好的身体语言，包括握手、目光接触、微笑、交换名片等；三是营造轻松的氛围，与客户面谈注意营造一个轻松、愉快的氛围，避免形成与客户对立和过于商务化的环境，以免给双方造成压力。

⑤了解需求。客户管理人员一般通过提问来了解客户的需求，并有效控制谈话局面。同时，要注意提问与聆听相结合：一要有目的地听，捕捉客户话语中关于需求的真实意愿；二要把握谈话的重点，有效地引导客户的谈话方向，让客户提供你最想了解的信息；三要收集有效的信息，采用心记加笔记的办法，同时，要及时地给客户一些反馈，如通过发问确认自己的理解或者通过点头、微笑等来传递你的认同。

⑥销售陈述。销售陈述的内容与步骤如下：一是产品基本情况的介绍，包括产品生产企业、性能、功能、服务、包装等；二是产品的特点、优点的介绍，在同类产品中，本企业产品的特点与优点是什么；三是给客户带来的利益，销售人员在作销售陈述时要考虑对各种信息作相应的取舍，重点介绍客户必须知道的信息。

⑦克服异议。克服异议可采用四步法：第一，采取积极的态度，当客户提出一些反对意见时，应该说是件好事，激发客户产生比较强烈的购买意向。第二，认同客户的感受，认同不等同于赞同，赞同是同意对方的看法，而认同是认可对方的感受，理解对方的想

法，但不是同意对方的看法，认同的作用是淡化冲突，提出双方需要共同面对的问题，以便于进一步解决异议。第三，使反对意见具体化，了解客户反对的细节是什么，是哪些因素导致了客户的反对，找出异议的真正原因。第四，给予补偿，在掌握了客户异议的真实原因之后，给予客户补偿是解决问题、达成交易的一种有效途径。

⑧达成协议。达成协议的方法主要有三种：一是直接法达成协议，直接法是指销售员得。

到客户的购买信号后，直接提出交易的方法；二是选择法达成协议，选择法是指销售员给客户提供一些备选的方案，然后引导客户从备选方案中选择一个；三是总结利益法达成协议，总结利益法是指销售员把客户与自己达成交易所带来的所有实际利益都展示在客户面前，从而促使客户最终与自己达成协议。

知识链接

案例对比

草率而为，导致无功而返

A企业的业务员小张通过别人介绍认识了某地的准客户谢某，便亲自上门拜访。初次见面，一番寒暄之后，小张切入了主题。他将A企业的简介、产品、政策一一向客户做了详细介绍，但谢某听后只是淡淡地说："你们的企业和产品都不错，不过另一个企业的产品价格比你们低，所以你们的产品我无法销售。再加上市场前景无法预测，我们还是有机会再合作吧。"面对谢某的婉言拒绝，小张尽管不死心，却没有其他办法去说服对方，只得快快地告辞离开。

一个方案，让客户点头

谢某是A企业锁定的理想客户。面对小张的无功而返，企业派出了另一位经验丰富的业务员小李，并且下了硬指标。小李接到任务后，并没有像小张一样急于拜访客户。因为他知道小张已经失败了一次，如果再草率前去，不但给客户开发带来难度，恐怕还会引起谢某的反感，导致客户开发失败。他先侧面对谢某公司做了全面了解，然后就开始在市场上进行详细调研，形成了一份完备的方案。拿着这份方案，小李信心十足地去拜访谢某。

谢某起初看到小李并不十分热情，只是淡淡地应付了几句。小李见状，开门见山向谢某介绍了自己的市场推广方案。从谢某所在市场的基本情况，如人口数量、市场规模、消费水平、市场结构等，到竞品情况，如价格、政策、主要销售区域、存在的问题以及销量分析等，再到阐述A企业和产品的定位以及与竞品相比的优劣势所在，不免让谢某觉得这个业务员水平不一般。最后，小李还为谢某操作A企业的产品提供了一些具体建议，包括详细的价格设置、通路设置、消费群体和主要消费场所锁定、操作要点及步骤、企业投入与扶持、谢某需要投入的资源和投入产出比等。谢某看着小李这份完整而详尽的市场推广方案，听着他头头是道的讲解，频频点头。最后终于高兴地表示马上与A企业签订合同，并邀请小李担任他的经营顾问。

点评：同样的企业，同样的产品与资源，同样的开发对象，小张的客户开发为什么会失败？原因就在于他只是就产品而推产品，就企业而推企业，这样没有新意的客户开发形式难怪会遭到客户拒绝。而小李之所以能够开发成功，就在于他前期做了充足的准备工作，通过市场调研，向客户提供了一套行之有效的、完整的市场推广方案。客户看到这么有吸引力和可操作性的方案，自然就会心动。

（3）客户开发的关键

客户开发的关键在于对潜在客户的开发。潜在客户开发是销售员工作流程当中非常重要的环节，销售员需要不断地开发新客户，弥补流失的老客户，提高客户质量和数量。潜在客户开发是销售业绩增长的来源，不断学习提高销售技巧，对潜在客户进行有效的开发和管理，将帮助销售员提高销售效率，为其提供稳定的销售业绩保证。

在潜在客户开发的工作当中，有三个关键点销售员应随时注意：

（1）潜在客户开发要补充流失的客户。在实际销售工作当中，无论我们的服务做得多么周到，都会面临销售额的波动和客户的流失。在这种情况下，我们必须不断开发客户，有新资源补充进来，才会取得稳定的销售额。并随时关注市场上的客户情况，不断选择那些有价值的潜在客户进行客户开发，只有这样才不会受市场波动的影响。

（2） 潜在客户开发要吸收新的需求。随着市场的变化，随时都可能产生新的潜在客户，或者形成新的需求市场。客户开发可以使我们随时把握市场需求的变化，获得新的商机。

（3）潜在客户开发要更新客户结构，拥有更多的好客户资源。尽管我们拥有很多客户，但是，我们通常会发现，绝大部分销售额来自少部分客户，就像80/20原则描述的那样（80%的销售额来自20%的客户），也就是说，客户的质量差异很大。如果我们客户资源缺乏，为了完成销售额，我们对小客户也要尽心尽力地服务，然而，每个小客户服务量可能不少，但订单量很低，这就使我们工作很辛苦，销售额却不高。如果我们不断进行客户开发，就会发现更多的好客户，然后我们把工作重点转移到这些好客户身上，减少他们的流失，就可以用同样的时间和工作量取得更多的订单。

任务三　流失客户的赢回

在营销手段日益成熟的今天，企业的客户群体仍然呈现一种很不稳定的现状，如何来提高客户的忠诚度以防止企业客户流失是现代企业的管理人员以及营销人员一直致力解决的难题。客户的流失，往往意味着企业目标市场的变更和调整，一不小心甚至会对企业带来致命的打击。由此可见，研究客户流失，防止关键客户流失对企业来说具有重要意义。

3.3.1　客户流失概述

据美国市场营销学会（American Marketing Association，AMA）调查分析数据显示：每100个满意的客户会带来25个新客户；每收到一个客户投诉，就意味着还有20名有同感的客户；获得一个新客户的成本是保持一个满意客户成本的5倍；争取一个新客户比维护一个老客户要多6~10倍的工作量；客户水平提高2成，营业额将提升40%。

一般来说，客户流失是指本企业的客户由于对产品质量、服务水平、价格不满意等种种原因，而转向购买其他企业的产品或服务的现象。由于市场竞争日益激烈以及客户购买行为的个性化程度越来越高，很多企业的管理者都把客户流失看成是自然的现象，对其视而不见。甚至，企业的营销人员常常不知道失去的是哪些客户，什么时候失去，也不知道为什么失去，更不知道这样会给他们的销售收入和利润带来怎样的影响。据有关市场调查数据显示，一个企业每年约有10%~30%的客户在流失。

事实上，客户流失对于一个企业来说影响非常深远。客户的流失会不断损耗着企业的人力、物力、财力。若不重视对客户流失的原因进行分析并及时解决问题，则会使一个企业丧失其竞争优势并最终走向失败。

客户流失可以分成很多种不同的情况，可以是与企业发生一次交易互动关系的新客户的流失，可以是与企业长期发生交易互动关系的老客户的流失，还可以是中间客户（代理商、经销商、批发商和零售商）的流失，也可以是最终客户的流失。不论是哪一类客户，由于种种原因，随时随地都存在着离开企业的可能性。通常而言，老客户的流失率小于新客户的流失率；中间客户的流失率小于最新客户的流失率；老年客户的流失率小于青年客户的流失率；男性客户的流失率小于女性客户的流失率。

案例链接

都是客户流失惹的祸

某工业配件企业，实施贴牌生产，专业销售常用与专用的小型工具。经过八年的努力，形成全国系统性的销售网络，共有A级地区经销商客户130多家，B级地区经销商客户320家，年销售额近亿元，成为行业中的佼佼者。

2012年年初，企业认为在全国范围内已形成稳定的市场，需要强力进行区域市场整顿与提升，提高区域经营利益，适度控制经销商的经营利益，也并不因此担心客户流失，即使有流失也有大量的后备客户可供选择。因此强硬推行新的收款政策，并要求客户承担产品质量回收的大部分责任，对客户存在的以往遗留问题采取“一刀切”办法进行处理，等等。

但到了2012年6月，与2011年下半年相比，该企业的A级客户流失率高达42%，B级客户流失率高达23%，月度销售收入逐月下滑到2011年同期的一半，甚至还低。全国有一半的市场由于经销商抛货而处于瘫痪状态，也一时找不到新的经销商……该企业就此一蹶不振，核心营销人员的流失率高达70%以上，在行业市场上沦落到二三流地位。

如此状况的确令人感到惋惜。

焦点问题：案例中客户流失给企业造成的直接危害有哪些？

3.3.2 客户流失的识别

对企业而言，目前主要从以下几个方面进行客户流失的定量识别和数据分析。

（1）以客户为基础

以客户为基础的测量方法形成客户指标，客户指标主要包括客户流失率、客户保持率和客户推荐率等。

客户流失率是客户流失的定量表述，是判断客户流失的主要指标，直接反映企业经营与管理的现状，用公式表示为：

$$客户流失率=客户流失数/消费人数\times 100\%$$

客户保持率是客户保持的定量表述，也是判断客户流失的重要指标，反映客户忠诚度的水平。用公式表示为：

$$客户保持率=客户保持数/消费人数 \times 100\%$$

客户保持率与客户流失率其实是从两个不同方面衡量客户保持情况的相关指标。两者之间是一种“你消我涨”的关系，两者之和恒为1，用公式表示为：

$$客户保持率=1-客户流失率$$

客户推荐率是指客户消费产品或服务后介绍给他人消费的比例。客户流失率与客户保持率、客户推荐率成反比，通过客户调查问卷和企业日常记录，并获得上述客户指标。

（2）以市场为基础

市场也是衡量客户流失的有效手段，与客户相似可以建立市场指标。传统的市场指标主要包括市场占有率、市场增长率和市场规模等。通常，客户流失率与上述指标成反比，企业可通过市场预测统计部门获得这方面的信息。

（3）以企业财务指标为基础

这里的财务指标主要是收入利润指标，如销售收入、净利润、投资收益率等。通常，客户流失率与此类指标成反比，企业可通过营业部门和财务部门获得这方面的信息。

（4）以企业竞争力为基础

在激烈的市场竞争中，一家企业所流失的客户必然是另一家企业所获得的客户。因此，判断一家企业的竞争力，便可了解该企业的客户流失率。通常，竞争力强的企业，客户流失的可能性要小些。但是，企业的竞争力是难以定量测量的，企业可借助行业协会所开展的排名、达标、评比等活动或权威部门和人士所发布的统计资料获得这方面的信息。

3.3.3 客户流失的原因及对策

企业客户流失的原因有很多，从客户价值和客户满意度方面来看，主要有以下几种。

（1）员工离职导致客户流失

这是现今客户流失的重要原因之一，特别是公司的高级营销管理人员的离职变动，很容易带来相应客户群的流失。因为职业特点，如今，营销人员是每个公司最大最不稳定的“流动大军”，如果控制不当，在他们离职的背后，往往是伴随着大量客户的流失。其原因是因为这些营销人员手上有自己的渠道，也是竞争对手企业所看到最大的个人优势和资源。这样的现象在企业里比比皆是。

（2）客户被挖角导致客户流失

任何一个行业，客户毕竟是有限的，特别是优秀的客户，更是弥足珍贵的。面对有限的客户资源，各竞争对手都会使出浑身解数来挖对方的客户。竞争对手会推出功能和质量更好的产品和服务，向客户提供一些特殊的、经正常业务途径无法获得的物质利益。

（3）客户被吸引导致客户流失

由于竞争对手推出功能更多、质量更完善的产品或服务，从而将属于本企业的客户吸引过去。特别是在产品生命周期的最后阶段，产品带给客户的利益空间越来越小，这时候，如果企业不能对产品进行及时创新，企业就会丧失对客户的吸引力，客户会另找人。

（4）细节的疏忽导致客户流失

虽然客户与企业之间是由利益关系连接在一起的，但情感也是一条很重要的纽带，一些细节部分的疏忽，往往也会导致客户的流失。

（5）企业放弃导致客户流失

在企业发展过程中，为了实现企业长期而稳定的发展，企业会不断地提高生产技术和产品质量，从而导致企业的目标客户群体发生改变，也会主动地放弃部门原来的客户。

（6）其他原因导致客户流失

除了上述几种情况外，还有很多因素会导致客户流失。例如：企业出现诚信问题而失去客户；企业管理不平衡令中小客户流失；市场出现混乱导致客户流失等。

流失一位重复购买的客户，不仅是企业失去这位客户可能带来的利润，还可能会因为他散布的不利言论，导致失去更多的客户。当企业与客户之间的关系破裂，客户流失成为事实的时候，企业如果不能尽快、及时地挽回客户关系，就可能会造成客户的永远流失，同时，他很可能会成为竞争对手的客户，而一旦竞争对手的客户增多，对手的生产规模也会加大，其成本也会降低，就会对企业本身产生威胁。因此，为了更好地防止客户流失，企业可以从以下几个方面着手来防范客户流失。

（1）实施全面质量营销

客户追求的是较高质量的产品和服务，如果我们不能给客户提供优质的产品和服务，终端客户就不会对他们的上游供应者满意，更不会建立较高的客户忠诚度。因此，企业应实施全面质量营销，在产品质量、服务质量、客户满意和企业盈利方面形成密切关系。

（2）建立以“客户为中心”的组织机构，树立“客户至上”的服务意识

拥有忠诚客户的巨大经济效益让许多企业深刻地认识到，与客户互动的最终目标并不是交易，建立持久忠诚的客户关系才是最终目的。在这种观念下，不能仅仅把营销部门看成是唯一的对客户负责的部门，而企业的其他部门则各行其是。关系营销要求每一个部门、每一个员工都应以客户为中心，企业的所有工作都应建立在让客户满意的基础上，为客户增加价值，让客户达到长期满意。

（3）深入与客户进行沟通，防止出现误解

一方面企业应及时将企业经营战略与策略的变化信息传递给客户，便于客户工作的顺利开展。同时把客户对企业产品、服务及其他方面的意见、建议收集上来，将其融入企业各项工作的改进之中。另一方面应加强对客户的了解，经常进行客户满意度的调查。通过

调查，了解客户的不满意之处，从而更好地改进，赢得客户满意，防止老客户的流失。

（4）突出差异服务、提升客户价值

客户对产品或服务的需求可分为三个层次，即核心价值、期望价值和附加价值的需求。这就要求企业一方面通过改进产品、服务、人员和形象，提高产品的总价值；另一方面通过改善服务和促销网络系统，减少客户购买产品的时间、体力和精力的消耗，以降低货币和非货币成本，从而来影响客户的满意度和双方深入合作的可能性。

（5）采取创新产品策略，以特色吸引客户

企业应针对市场需求不断开发新产品。相对有形产品来说，服务产品更容易被竞争对手模仿，因此，产品不断创新是培养客户忠诚、保持客户的关键。如，中国移动针对学生生活特点推出的校园卡、动感地带等，深受学生欢迎。此外，企业还应重视品牌效应，提高品牌认知度。同时借助有形展示，使客户切实感受到服务所带来的利益。

（6）加强市场监控力度，提高市场反应速度

主要表现在两方面：一是善于倾听客户的意见和建议，客户与企业间是一种平等的交易关系，在双方获利的同时，企业还应尊重客户，认真对待客户提出的各种意见及抱怨，并真正重视起来，才能得到有效改进。二是分析客户流失的原因及客户流失所带来的成本，部分的企业员工会认为，客户流失了就流失了，旧的不去，新的不来。而他们根本就不知道，流失一个客户，企业要损失多少。一个企业如果每年降低5%的客户流失率，利润每年可增加25%～85%，因此对客户进行成本分析是必要的。

（7）建立投诉和建议制度

95%的不满意客户是不会投诉的，仅仅是停止购买，最好的方法是要方便客户投诉。一个以客户为中心的企业，应为其客户投诉和提建议提供方便。许多饭店和旅馆都备有不同的表格，请客人诉说他们的喜忧。宝洁、通用电器、惠而浦等很多著名企业，都开设了免费电话热线。很多企业还增加了网站和电子信箱，以方便双向沟通。这些信息流为企业带来了大量好创意，使它们能更快地采取行动，解决问题。

知识链接

挽回流失客户有诀窍

很多服务行业都会不断流失客户，以无线运营商为例，每个月订阅者都会减少3%左右。保险、健身、在线播放等服务业也经常遭遇同样的情况。乔治亚州立大学的营销学教授V. Kumar认为，相关行业的企业应该投入更多精力，挽回流失的客户。原因有三：第一，这些客户的确存在需求，比起陌生拜访电话簿上的随机姓名更加可靠；第二，他们熟悉公司，免去了品牌认知、服务告知等环节，可以有效降低营销成本；第三，也是最重要的一点，如今的技术让公司能够观察、分析客户原来如何消费相关服务，进而提供更加贴切的服务内容，公司还可以根据客户的消费情况，找到最值得挽回的“大鱼”。

那么，如何追回“变心”的客户呢？

首先，分析客户有多大的可能性回头。试图挽回每一个流失的客户等于浪费金钱。那些援引过其他企业的服务、没有任何解释或者曾经遇到问题并得到妥善解决的消费者更容易回头。此外，因为服务不佳而离开的消费者比起因为价格过高流失的消费者，更难挽回。数据显示，简单辨别值得挽回的对象可以将“赢回率”提高八倍。

其次，考虑被挽回的客户能继续使用多长时间的公司服务？花多少钱？离开过一次然后再回来的客户通常会更加持续地消费，因为价格离开、而后再回来的客户往往继续使用服务时间最长。而且，被挽回的消费者再次购买服务的金额会较最初有所提高。

在此基础上，可以采用优惠价格与服务升级为主的营销策略，吸引老主顾重新购买公司服务。当然，到底采用优惠价格、服务升级还是两者兼顾，必须进行科学计算，并选出最有利可图的方案。

（原文地址：http：//www.xzbu.com/3/view-7373420.htm.）

3.3.4 流失客户的赢回措施

（1）流失客户赢回的意义

所谓流失客户的赢回，指的是恢复和重建与已流失的客户之间的关系，主要针对那些曾经是企业客户、因某种原因而终止与企业关系的客户。一方面，企业拥有大量关于该类客户的数据，便于分析其行为特征和购买偏好等；另一方面，由于该类客户可能是因为不满意企业的产品和服务质量而离开的，因此要改变企业在该类客户心目中的形象，使其重新使用企业的产品并非易事。

首先，流失的客户熟悉企业的产品和服务，开发这类客户不需要再去花人力、物力和财力宣传产品、展示品牌、示范使用，同开发新客户相比较，可以减少费用和缩短时间。

其次，通过与流失客户的接触，往往可以了解本企业产品与服务的问题所在，对改进产品和提高服务有立竿见影的效果。

最后，企业把流失的客户赢回，能增强企业对客户的认知，为开发客户和维持客户关系树立坚强的信心。

（2）流失客户的赢回措施

在客户流失前，企业要极力防范，而当客户关系破裂，客户流失已成事实后，企业要采取挽救措施，竭力挽留有价值的流失客户，最大限度地争取与这些客户“重归于好”。

1）调查原因、缓解不满

首先，企业要积极与流失客户联系，访问流失客户，诚恳地表示歉意，缓解流失客户的不满；其次，要了解客户流失的原因，虚心听取客户的意见、看法和要求，给客户反映问题的机会。

2）分门别类、区别对待

在资源有限的情况下，企业应该根据客户的重要性来分配投入，挽回客户的资源，要对不同级别的流失客户采取不同态度，挽回的重点应该是那些最能盈利的流失客户，如图3–2所示。

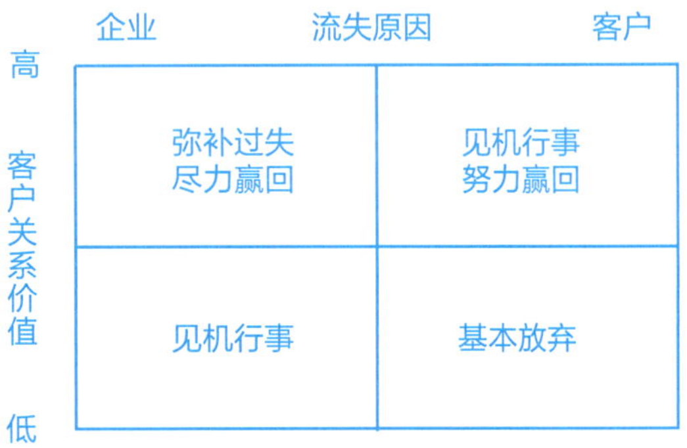

图 3–2　流失客户的赢回策略

①对那些对企业有重要价值的客户，企业需要深入分析客户流失的原因。若是由于企业的原因而导致重要客户流失，则需要针对流失原因，尽力弥补企业工作的失误，以期能够重新赢回客户。

②对那些低价值客户，则需要分析是哪些原因造成了客户的流失。如果是企业主动放弃的低价值客户，则不需要挽回；而对那些由于企业产品质量、服务等原因而流失的客户，企业则应分析原因，努力提高产品和服务质量，重新赢回客户。

③对那些无法给企业带来高价值、又是由于客户的原因而离开的客户，则应采取基本放弃的策略，因为即使企业努力挽回与这些客户的关系，这些客户也无法为企业带来丰厚的回报。

④对那些因为欺诈而离开的客户，企业应当终止和这些客户的关系。因为这些客户不仅不能给企业带来价值，还会占用企业资源，对企业有百害而无一利。

案例链接

南苑和伊顿是两家规格相当的四星级酒店，位于泸州市市中心，距离不到1千米。近年来，激烈的市场竞争使这两家酒店的顾客流失率逐年上升，经营陷入了极大的困境。两家酒店都认识到：重新赢回已经流失的顾客是收入增加的一个重要来源，但两家酒店对营销策略的选择却持有不同的观点：南苑酒店认为，只有努力提高员工的服务水平，加强与流失顾客的沟通和交流，才能在企业与客户之间建立起情感的关系纽带，从而提升客户的忠诚度，使经营绩效得到改善。因此，南苑酒店下一步营销工作的重点是：对流失客户展开关系投资。伊顿酒店则认为，尽可能地抢占市场份额，使客流量迅速回升才是酒店经营的当务之急。因此，伊顿酒店决定把价格促销作为赢回流失顾客的主要营销策略。

开战之初，由于伊顿酒店推出了低价入住政策，流失顾客回访率迅速上升，市场份额也不断扩大。但长期的低价政策使伊顿感到提供优质服务的管理成本过高，经营难以正常维持，伊顿陷入了“选择低价经营，还是选择优质服务”的两难困境。此时，如若提高价格，那么靠低价建立起的业务关系必将面临再次瓦解的危机；如果不提高价格，就没有资金去维持较高水准的服务，同样面临顾客流失的危险。与此同时，南苑酒店的客流量恢复率虽然远不如伊顿，但顾客流失率也得到有效的抑制，而且客流量保持稳中有升，一段时间之后经营绩效得到了明显改善。

思考与训练

一、选择题

1. 客户流失的原因有（　　）。

A. 员工离职导致客户流失　　B. 客户被挖角导致客户流失

C. 客户被吸引导致客户流失　　D. 细节的疏忽导致客户流失

2. 客户关系恢复的阶段有（　　）。

A. 前期分析阶段　　B. 中期实施阶段

C. 后期考核阶段　　D. 客户沟通阶段

3. 企业可以通过以下哪些措施来恢复客户关系（　　）。

A. 访问流失的客户，争取把流失的客户找回来

B. 正确处理客户投诉，提高解决客户投诉问题的效率

C. 针对大量流失的客户，企业可以通过全面提高质量管理和重视客户抱怨管理的措施来促进客户关系恢复

D. 针对有价值的个别流失的客户，企业可以通过与特定客户进行个别沟通或对话，或向特定客户提供恢复业务关系的优惠条件来进行客户关系恢复

二、判断题

1. 会议寻找法是指利用参加会议的机会，与其他与会者建立联系寻找客户的方法。（　　）

2. 关系网寻找法是推销人员通过查阅各种现有的信息资料来寻找客户的方法。 （　　）

3. 针对当前价值和潜在价值都低的客户，企业应该提高对其资金的投入，同时要减少与其之间的业务关系直至最终解除业务关系。 （　　）

4. 老年客户的流失率小于青年客户的流失率。 （　　）

5. 若不重视对客户流失的原因进行分析并及时解决问题，并不一定会使一个企业丧失其竞争优势并最终走向失败。 （　　）

三、名词解释

1. 客户价值
2. 客户保持
3. 客户流失
4. 客户关系恢复管理

四、简答题

1. 寻找新客户的方法有哪些?

2. 如何对新客户进行价值评估?

3. 客户保持的影响因素有哪些?

4. 企业从哪几个方面来实施客户流失管理?

实训

实训主题：通过收集客户资料，定位及选择目标客户。

实训地点：教室。

实训目的：

（1）理论联系实际，训练学生对收集客户资料重要性的认识，能够正确理解企业分析客户资料、实施客户定位、选择客户的过程，培养学生理解问题的能力。

（2）掌握收集客户资料的方法，并能够判断在不同情境下运用什么方法最有效。

案例分析

屈臣氏CRM案例分析

1828年，有一位叫A. S Watson的英国人在广州开了家西药房，起名广东大药房。1841年药房迁到中国香港，并用广东方言将公司名译为“屈臣氏大药房”，这就是屈臣氏的由来。这个以药店经营起家的公司至今仍保留着这一特色，在1981年成为李嘉诚旗下和记黄埔有限公司全资拥有的子公司后，凭借和记黄埔雄厚的经济实力和灵活的经营理念，屈臣氏经营的品牌涵盖之广、之丰，在亚洲迅速崛起，成为家喻户晓的零售品牌。屈臣氏个人护理店是集团首先设立的旗舰零售品牌。凭借其准确的市场定位，使其“个人护理专家”的身份深入人心，以致人们一提到屈臣氏便想到“个人护理专家”，其品牌影响力由此可见一斑。

屈臣氏采用的是连锁经营模式。首先，连锁经营把分散的经营个体组合成一个规模庞大的网络经营结构，通过总部为各店集中采购，进货批量大，可享受较高的价格折扣，降低了进货成本。其次，连锁经营的自建网点速度远远超过其他经营模式，能有效增加自有网点规模及扩展广大的区域规模。连锁经营从外延上拓展了零售企业的市场阵地，不仅使自有品牌较易进入广阔的市场领域，而且可以大大延长自有品牌在市场上的生命周期。最后，连锁零售企业在原经营领域内培养的信誉及带给消费者一致的服务和形象还可以降低消费者对自有品牌的认知成本，提高消费者的忠诚度。

屈臣氏的个人护理商店以“探索”为主题，提出了“健康、美态、快乐”（health，good，fun）三大理念，协助热爱生活，注重品质的人们塑造自己内在美与外在美的统一。在国内，屈臣氏是第一家以“个人护理”概念经营的门店，其独特而准确的市场定位，令人耳目一新。商店的目标顾客锁定在18~35岁的女性，她们注重个性，有较强的消费能力，但时间紧张，不太爱去大超市购物，追求的是舒适的购物环境。

会员制现在在零售业随处可见，几乎所有的超市、百货商场等都在实行会员制，以保持客户。但是屈臣氏的会员制却有其独特之处，它给予了顾客更多的权利。通过会员卡，屈臣式将顾客的信息搜集到自己的网络中心，有利于进行顾客需求的进一步分析，同时还可以为每位顾客提供个性化的服务，从而提升顾客的满意度。除此之外，屈臣氏定期推出会员独享的促销商品，屈臣氏还与第三方零售商合作，让持有屈臣氏会员卡的顾客同时还能享受其他店面的优惠，有利于扩大自己的顾客群，实现共赢。屈臣氏曾在中国南方推行过会员卡，当时屈臣氏采用了和大部分超市一样的操作方式，在店面由专门的会员卡推广人员，填写入会申请表格，实行积分制，每次消费都有积分。会员卡没有有效期，办卡仅收工本费1元，屈臣氏每周推出数十件贵宾独享折扣商品，低至额外8折折扣，每次消费1元积一分，满200分可以兑换礼品或抵用现金券。在投入大量的人力资源和1000多万元成本之后，屈臣氏的第一代会员卡的效果却没有达到预期的效果，预期5%的销售增长也没有实现。

失败原因分析如下：

（1）屈臣氏的顾客80%是二三十岁的女性，出于该年龄段的女性对于年龄等个人信息的敏感和生活节奏快的特征，她们不愿意花费时间在公共场合填写个人信息。在这一点上，与普通超市的会员有很大不同，而屈臣氏的会员又没有普通超市会员人数基数那么大。这造成了费时费力却搜集不到完整且准确的数据，无法基于这些基础信息推出精准有效的促销等推广活动。而且，IT部门和业务部门的互动不多，也无法了解会员卡能对销售带来的实质推动，因此屈臣氏的第一次会员卡推广活动以失败告终。

（2）大多数研究发现，免费的卡很难获得顾客的珍惜和利用，而目前大多数零售企业的“低门槛”会员进入制度不仅让顾客看低所持会员卡的质量，也容易使会员制营销在众多对手中因大众化而迷失自我。一分钱一分货，来之不易的物品自然会获得顾客的重视。

（3）会员卡的包装和制作较为简陋，很多零售连锁企业大规模发放会员卡时，基本没有在会员卡的包装上下功夫，而“会员须知”及顾客所能享受的优惠及会员专属政策大都在宣传单上或者由店员口头告知，这些使得顾客对同质化的CRM缺乏重视。

思考题

综合以上分析，请提出屈臣氏找回流失客户的CRM管理对策。

项目四

顾客价值管理

能力目标

通过完成本项目的教学，具备以下基本能力：

1. 掌握客户价值的分类和测量方法；
2. 能够理解客户价值管理的内容；
3. 能够理解客户价值与客户生命周期的关系。

职业素养

在本项目的教学中，重点关注如下职业素养的培养：

1. 诚恳的职业态度；
2. 热情的工作状态；
3. 耐心细致的服务意识。

知识目标

通过完成本项目的教学，具备以下基本知识：

1. 客户价值的内涵；
2. 客户价值的分类；
3. 客户生命周期各阶段的划分；
4. 建立客户关系管理系统。

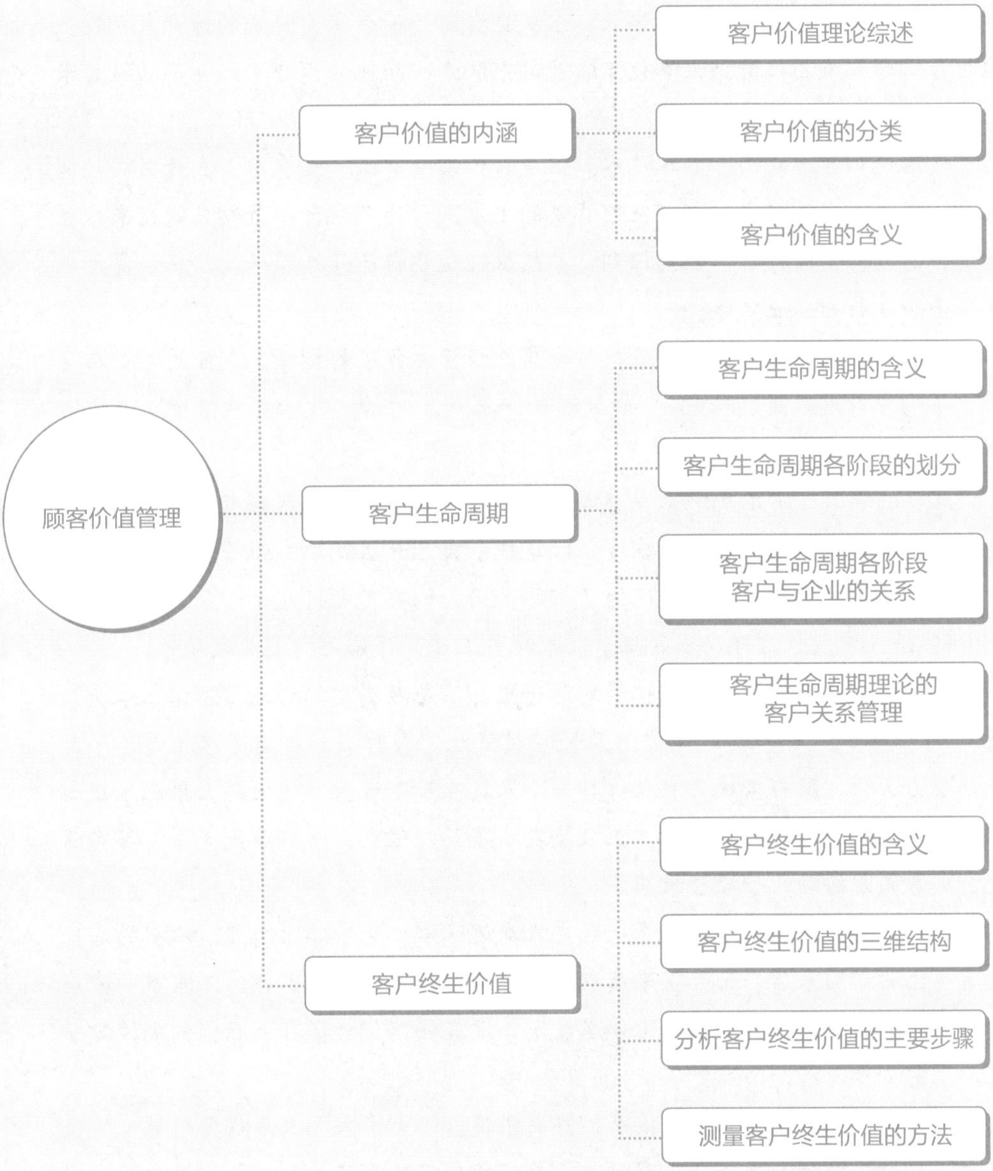
顾客价值管理
客户价值的内涵
客户价值理论综述
客户价值的分类
客户价值的含义
客户生命周期
客户生命周期的含义
客户生命周期各阶段的划分
客户生命周期各阶段客户与企业的关系
客户生命周期理论的客户关系管理
客户终生价值
客户终生价值的含义
客户终生价值的三维结构
分析客户终生价值的主要步骤
测量客户终生价值的方法

项目导入

王永庆卖米的故事

在世界化工行业，台塑董事长王永庆在台湾是一个家喻户晓的传奇式人物。他把台湾塑胶集团推进到世界化工工业的前50名，而他的商业王国却是从经营米店开始的。

俗话说：靠山吃山，靠水吃水。但是，如果没有山，没有水，靠什么？只能靠自己努力，白手起家。没有任何背景的王永庆，为了生计，最初只能在米店当学徒。通过给老板打工，他意识到，要想赚钱就要自己开店。从此，王永庆走上了艰辛而漫长的创业之路。

王永庆在米店当了一年学徒就对米店的经营运作了如指掌。创业的雄心在这个少年心中升起来了。他想："如果我开一家米店的话，我一定能做得跟老板一样好。"

那年的春节，王永庆回家乡直潭过年。他把自己想开米店当老板的想法告诉了父亲，他认为，米店的经营方法已经掌握，自己开店就缺本钱了。

王长庚对儿子的想法有些吃惊又有些高兴，他决定支持儿子创业。他筹到了200块钱给王永庆。这样16岁的王永庆就辞去工作，开始他的创业之旅了。

王永庆的米店坐落在一个偏僻的巷子里，不是做买卖的好地段，但王永庆只有200块钱本钱，租不起好地方，只好暂时将就。当时，他也请不起伙计，于是一切亲力亲为，既当老板又当伙计。一个人实在忙不过来，他便将大弟王永成与二弟王永在带到他的米店帮忙。王长庚在从事茶叶生意，一到冬天无生意可做时也会到嘉义来协助儿子经营米店。

作为米粮集散地，小小的嘉义已有米店近30家，竞争非常激烈。城里的居民都有自己熟识的米店，而那些米店也总是紧紧地拴住这些老主顾。王永庆的米店开办最晚，规模最小，更谈不上知名度了，没有任何优势。在新开张的那段日子里，生意冷冷清清，门可罗雀。

刚开始，王永庆曾背着米挨家挨户去推销。一天下来，人不仅累得够呛，效果也不太好。谁会去买一个小商贩上门推销的米呢？为了打开销路，王永庆决定从每一粒米上打开突破口。那时候的台湾农民还处在手工作业状态，由于稻谷收割与加工的技术落后，很多小石子之类的杂物很容易掺杂在米里。人们在做饭之前都要淘好几次米，很不方便。但大家都已见怪不怪，习以为常。

王永庆却从这司空见惯中找到了切入点。他和两个弟弟一起动手一点一点地将夹杂在米里的秕糠、砂石之类的杂物拣出来，然后再卖。一时间，小镇上的主妇们都说，王永庆卖的米质量好，省去了淘米的麻烦。这样，一传十，十传百，米店的生意日渐红火起来。

然而，王永庆并没有就此满足，他还要在米上下功夫。那时候，顾客都是上门买米，自己运送回家。这对年轻人来说不算什么，但对一些上了年纪的人就是一个大大的不便了。由于年轻人无暇顾及家务，买米的顾客便以老年人居多。王永庆注意到这一细节，于是主动送米上门。这一方便顾客的服务措施更是大受欢迎。那时还没有“送货上门”一说。这一服务项目的出现等于是一项创举。

王永庆送米并非只送到顾客家门口，还要将米倒进米缸里。如果米缸里还有陈米，他就将陈米倒出来，把米缸擦干净再把新米倒进去，然后将陈米放回上层。这样，陈米就不至于因存放过久而变质。这一精细的服务令顾客深受感动，为王永庆赢得了很多的顾客。

他还注意收集顾客用米的情况：家里有几口人，每天大约要吃多少米，估计哪家买的米快要吃完了，他就主动把米送到那户人家，甚至免费为顾客掏出陈米、清洗米缸等。

他的米店开门早，关门晚。比其他米店每天要多营业4个小时以上，随时买随时送，有时顾客半夜里敲门，他也总是热情地把米送到顾客家中。

在日本统治我国台湾地区的年代，一般我国台湾地区民众的生活相当拮据，因此免不了在买米时欠款赊账。为了及时回收米款，并避免给顾客造成不便，同时也给自己省去不必要的麻烦，王永庆总是先打听好顾客领薪的日子，然后再在次日登门送米时收账。

举例来说，当时服务于“铁道部”的顾客每月21日领薪水，他就在当天晚上或隔天去收款，因为这些顾客比邻而居，不但收款方便顺利，顾客对这种收款方式也很满意。如此一来，王永庆的米既卖得快又口碑好，生意自然蒸蒸日上。更重要的是，所谓“质优价廉”和“顾客导向”的经营策略也就由此在他的心中扎下了根。这种建立“顾客档案”的做法对台塑后来的“表单化”经营管理方式起到了至关重要的指导作用。

项目任务分解

客户关系管理的真正内涵就是首先找到并获得价值客户，然后为客户提供价值，从而提高顾客的满意度，进而培养客户的忠诚度，提升客户的价值，达到企业的经营目标，这是一个双赢的过程。因此，客户关系管理就是价值创造与交换的过程，这一过程使企业与客户双方追求得到的价值最大化，双赢是CRM实施的最佳结果，也是使这样的过程循环往复的源泉和动力。所以企业对顾客的价值管理就分为两个方面：一是企业如何为顾客带来价值；二是如何让顾客为企业带来价值。

任务一　客户价值的内涵

4.1.1　客户价值理论综述

从顾客的角度认识和研究价值，始于20世纪90年代，对于顾客价值的定义和内涵，不同的学者有不同的阐述。菲利普·科特勒（Philip Kotler）是从顾客让渡价值和顾客满意的角度来阐述顾客价值的，其研究的前提是顾客将从那些他们认为提供最高知识价值的公司购买产品。所谓“顾客让渡价值”，是指顾客价值和顾客成本之差。总顾客价值就是顾客从某一特定产品或者服务中获得的一系列的利益，它包括产品价值、服务价值、人员价值和形象价值等。顾客总成本是指顾客为了购买产品或服务而付出的一系列成本，包括货币成本、时间成本、精神成本和体力成本。效用价值理论则把顾客价值看成是自然属性的“物质有用性”、心理属性的“主观需要”和社会属性的有用物品“数量稀缺性”综合而成；客户生命周期价值（customer lifetime value，CLV）就是指客户在其整个生命过程中为企业所做贡献的总和；Woodruff（1997）从客户的角度对客户价值的定义是：客户价值是客户对产品属性、属性效能以及使用结果（对实现客户目标和初衷的促进或阻碍）的感知偏好和评价。

综合多种观点，且考虑企业经营管理的实际，笔者将价值理解为：

（1）价值概念的主体与客体

认识价值概念的主体（承受者）和客体（对象）是研究价值问题的前提。价值概念的主体或客体均可以是人或组织或事务对同一价值问题，主、客体不同，其含义可能会完全不同。

企业实施CRM给顾客带来价值。这时顾客是价值的主体，而企业则是价值的客体。由于顾客得到了较高的价值，因而对企业或其产品与服务满意、忠诚，则重复购买企业产品与服务，企业因而获得较高的顾客盈利。此时企业是价值的主体，而顾客则为价值的客体。如在企业为顾客创造价值的过程中，顾客是价值的承受者，企业一定要明确顾客的需求，了解其对产品和服务的价值取向，从而提供给他们个性化的产品与服务，从而为其创造价值。

（2）价值具有相对性、主观性和动态性

价值对应的主体和客体可以是多样的，因此价值也就是相对的。对于有用性的判断，判断者的立场、角度、动机、追求、知觉、经验、信念、态度等不同，其结果也不同，也就是说不同人对同一事物的价值的认识是不同的。此外，即使是同样的主体和客体，随着时间场景的变化，事物的价值也会随之改变。

（3）研究价值必须从分析价值主体的需要入手

价值表现在对主体的有用性上是由客体满足主体需要的属性决定的。因此，研究事物的价值就必须首先站在价值主体的角度，分析主体需要什么？如对企业而言，在明确目标顾客的前提下，站在顾客的角度充分认识目标顾客真正的需求，获得产品信息和产品本身的可能途径，以及掌握产品的使用方法的程度，才可能充分有效地为顾客创造和传递价值。

案例链接

密密麻麻的小本子

几年前，山东省有一个电信计费的项目，A公司势在必得，系统集成商、代理商组织了一个有十几个人的小组，住在当地的宾馆里，天天跟客户在一起，还帮客户做标书、做测试，和客户关系处得非常好，大家都认为拿下这个订单十拿九稳，但是一投标，却输得干干净净。

中标方的代表是一个其貌不扬的女子，姓刘，事后，A公司的代表问她："你们是靠什么赢了那么大的订单呢？要知道，我们的代理商很努力啊!"刘女士反问道："你猜我在签约这个合同前见了几次客户？"A公司的代表就说："我们的代理商在那边待了整整一个月，你少说也去了20多次吧"刘女士说："我只去了3次。"只去了3次就拿下2000万元的订单？肯定有特别好的关系吧，但刘女士说做这个项目之前，一个客户都不认识那到底是怎么回事呢？

她第一次来山东，谁也不认识，就分别拜访局里的每一个部门，拜访到局长的时候，发现局长不在，到办公室一问，办公室的人告诉她局长出差去了，她就问局长去哪出差了？住在哪个宾馆？马上就给那个宾馆打了个电话说："我有一个非常重要的客户住在你们宾馆里，帮我订一个果篮，再订一束花，写上我的名字，送到房间里去。"

然后又打了一个电话给她的老总，说这个局长非常重要，已经去北京出差，无论如何要到北京把他的工作做通。

她马上订了机票，中断拜访行程，赶了最早一班飞机飞回北京，下了飞机直接就去这个宾馆找局长，等她到宾馆的时候，发现她的老总已经在跟局长喝咖啡了。

在聊天中得知局长会有两天的休息时间，老总就请局长到公司参观，局长对公司的印象非常好！参观完之后大家一起吃晚饭，吃完晚饭她请局长看话剧，当时北京在演《茶馆》，为什么请局长看《茶馆》呢？因为她在济南的时候问过办公室的工作人员，得知局长很喜欢看话剧。

局长当然很高兴，第二天她又找了一辆车把局长送到机场，然后对局长说："我们谈得非常愉快，一周之后我们能不能到您那儿做技术交流？"局长很痛快地就答应了这个请求，一周之后，她的公司老总带队到山东做了一次技术交流，她当时因为有事没去。

老总后来对她说，局长很给面子，亲自将所有相关部门的有关人员都请来，一起参加了技术交流。在交流的过程中，大家感觉到了局长的倾向性，所以这个订单很顺利地拿下来了。当然后来又去了两次，第三次就签下来了。

A公司的代表听后说："你可真幸运，刚好局长到北京开会。"

刘女士掏出了一个小本子，说："不是什么幸运，我所有的客户的行程都记在上面。"打开一看，密密麻麻地记了很多名字、时间和航班，还包括他的爱好是什么，他的家乡是哪里，这一周在哪里，下一周在哪儿出差。

（资料来源：丁兴良.大客户销售策略与项目管理［M］. 北京：机械工业出版社，2007）

4.1.2 客户价值的分类

（1）基于客户选择行为的划分

在客户价值类型的划分中，流传最为广泛的是美国著名学者赛斯（Sheth）等人基于消费者选择行为的划分。他们根据消费者的选择行为，将有形产品的客户价值分为功能性价值、社交性价值、情感性价值、认知性价值和条件性价值五类。

1）功能性价值

功能性价值是产品或服务的基本使用价值，是客户对产品或服务在功能性、实用性以及使用绩效等方面的感知。例如，电脑能够帮助客户提高工作效率，某种软件能帮助客户分析庞杂的调研数据。这类价值是产品与服务必须具备的价值。客户在选择产品与服务时，往往比较关注产品与服务的功能性价值。

2）社交性价值

社交性价值是指客户在使用产品或消费服务的过程中获得的社交方面的满足。例如，如果客户感觉购买、使用、消费某一产品或服务能够获得他人的尊重，得到他人的羡慕，受到别人的称赞，从而增强了客户的自尊心、自信心，帮助客户获得社会认同，提升了自我形象，那么，客户就会觉得该产品或服务是有价值的。人们的品牌消费行为往往就是受到这种自我形象价值的驱动，这类价值并非产品或服务固有的内在价值，是客户在消费过程中获得的附加利益。

3）情感性价值

情感性价值是客户在使用产品或消费服务的过程中产生的高兴、放松、兴奋等情感或情绪。这类价值也不是产品或服务本身固有的、内在的价值，而是客户在消费过程中获得的附加价值。

4）认知性价值

认知性价值是指客户在使用产品或消费服务的过程中产生的好奇心、新鲜感和获得的某些新知识。这类价值也是产品或服务的一种附加价值。

5）条件性价值

条件性价值是指产品或服务在某种特定情境下使用或消费具有的价值。这类价值很不稳定，因人而异，并且随着外部条件的变化而变化。

任何产品或服务所提供的价值无外乎就是这几种价值的组合，不同的是在不同的具体状态下哪种价值类型所占的比重更多一些，或是所包含的价值类型更全一些。例如，客户买一本百科全书所获得的价值就是以认知性价值为主，而买一辆名贵的奔驰轿车所获得的价值除了功能性价值外，更多的可能还是社交性价值，也可能兼有情感性价值。客户往往会根据自己最重视的客户价值来选择某种产品或服务。在不同的消费情境下，各种价值对客户选择行为的影响各不相同，并且对客户的选择产生叠加作用。

（2）基于客户体验过程的划分

对于无形的产品（即服务），美国消费者行为学家霍尔布鲁克（Holbrook）提出一种基于体验的观点，将客户价值定义为一种互动、相对且具偏好性的体验。那么，基于体验的过程，客户价值就可以被分为八大类。这也是一种影响比较大的分类方式，由于服务产品的无形性特点，服务领域更加需要强调客户价值概念的这种扩大属性。

①效率价值。效率价值指客户的投入与产出之比。

②卓越价值。卓越价值指客户对服务的质量与满意感的评价。

③地位价值。地位价值指客户通过自己的消费行为，表明自己的地位与成就，影响他人对自己的看法。

④尊敬价值。尊敬价值指客户因消费服务，提高了自己的声望。

⑤娱乐价值。娱乐价值指客户对娱乐、安逸、享乐需求的满足。

⑥美感价值。美感价值指服务设计带给客户悦目、时尚、美丽的享受。

⑦伦理价值。伦理价值指客户要求公正的消费行为，在道德上具有优良的品质和道义。

⑧心灵价值。心灵价值指客户因消费服务得到心灵上的满足，如信念、高尚、沉迷、神圣等感觉。

（3）基于客户价值层次的划分

客户价值对客户而言并不是一个很笼统和抽象的概念，实际上，客户会在不同的层次上分别形成感知价值，即客户价值具有清晰的层次特征。客户价值多元性要求客户价值创造必须同时把握多种不同的价值属性，客户价值的层次结构决定了客户价值创造必须适应客户不同的层次价值需要。根据伍德鲁夫的“手段—目的”（Means-End）模式的客户价值层次模型（customer value hierarchy model），产品或服务及其使用者之间的关系可以划分为属性层、结果层和最终目的层三个层次，同时结合客户价值的不同需要层次，可以把客户感知的客户价值划分为属性层价值、结果层价值和最终目的层价值。

1）属性层价值

产品或服务是由很多属性或属性集合构成的。在属性层这个最具体的层次上，客户习惯用属性来定义产品或服务：产品或服务就是它们的特征、它们的主要组成部分以及相关的活动。客户常常会考虑到产品或服务的具体属性与属性的效能，从而得到对其价值的初步感知。对于一辆车的属性，客户不仅会提到车本身具有的物理要素，如开关的位置、工具的布局、空间的大小、内部装修的豪华程度、耗油率等，也会考虑到车的销售与保养等与服务方面有关的抽象特性，如销售人员的知识、维修人员的技能、服务部门的响应等。

2）结果层价值

结果层价值是客户在购买和使用产品、消费服务过程中对消费结果与经历（包括正面的和负面的）的较为主观的判断。产品或服务为客户提供了什么利益以及有哪些客户期望的和非期望的结果皆是客户在结果层对实际价值的感知。属性层的价值感知与结果层的价值感知不同，在属性层，客户常常通过描述产品或服务的属性来感知价值，但在结果层，客户拥有产品和消费服务的经历与结果便成为客户对价值的感知的重要方面。因此，在属性层，企业可能只需要了解客户对产品或服务本身属性的描述，但在结果层，企业更关注客户本身的经历，会询问客户诸如“你怎样使用这种产品?”“你使用产品或消费服务时，出现过什么情况?”或“这类产品或服务给你带来了什么?”之类的问题。

结果层价值在本质上比属性层价值更抽象，同时掺杂着客户的主观看法。例如，两位消费者可能对同一款笔记本电脑的键盘设计（属性）有相同的意见，但他们可能会对这种设计的用户友好性（结果）的看法完全不同。属性与结果之间可能存在一一对应的关系，但同样也会有一个结果对应多种属性的组合的情况。

3）最终目的层价值

最终目的层价值是指客户使用产品和消费服务所希望获得的核心价值，是客户通过消费所希望达到的最终目的，也是客户购买产品和消费服务最基本的驱动力。相较于产品的属性和客户期望的结果来说一个人的价值观念是一个人所拥有的最持久、最稳定的一些特征，他们会随着时间的推移而改变，但这个过程却十分缓慢。因此，最终目的层价值在价值层次结构中是最抽象。最稳定的一个层次。最终目的层价值不仅仅包括使用产品和消费服务所带来的直接利益——满足客户的生理需要与安全需要，还包括客户通过使用产品和消费服务可以获得的间接利益，如满足客户的社交需要、自尊需要和自我实现的需要。正是由于最终目的层价值是客户希望通过消费达到的最终目的，因此，最终目的层价值会有意识地影响客户的购买和消费决策。

（4）对价值进行区分

对价值进行区分的目的，不是要对历史情况进行了解，而是要对今后的行动进行一个提前的安排。图4-1从客户创造价值和客户获得价值两个维度对客户进行了分类。

1）明星客户，也是最有价值的客户（most valuable customers，MVCs）

通过企业的产品和服务获得了很高的价值，这些客户也通过高额的边际利润、强烈的客户忠诚和长期的保留时间为企业创造了高价值。例如，一个最有价值的客户也许并不经常坐飞机，但他总是付全款购买头等舱机票。这种关系是平衡的、公平的，而且是互惠互利的。这显然是一个双赢的局面，客户获得了较高的价值，而企业也获得了客户忠诚和较高的利润。对这些最具价值的客户，企业的明确目标就是要保留他们，因为正是这些客户的存在，才使得企业能够在业内保持一种领先的地位。

2）注定失败的客户，或零点以下客户

这类客户并没有通过企业的产品和服务获得多少价值。他们的主要价值来自大量销售所创造的规模经济，如减少成本和提高促销效率。因此，企业需要做出决定，是通过培养

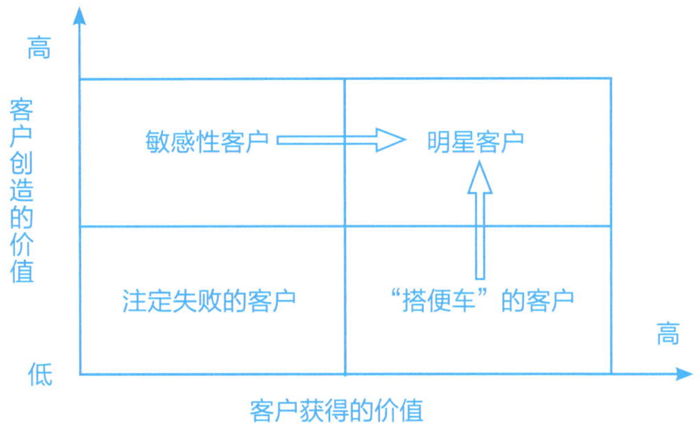

图 4-1　客户价值的分类

从而将这些客户迁移到具有高成长潜力的客户群中去，还是在认为不能将其转为高利润的客户的情况下减少针对这些客户的投资，或者直接放弃这些客户。

3）敏感性客户，或最有增长潜力的客户

这类客户的真实价值和潜在价值存在一个很大的缺口，其为企业创造较高的价值，但本身没有从企业获得太多的价值。包括可能新获得的客户群体，他们的经验也许还不稳定，而且可能正在考虑为什么要首先选择该企业的产品；也可能是长期未定的客户，由于惯性而对企业保持忠诚。从某种意义上说，最具有潜力的客户，也许在事实上就是竞争对手最好的客户。对这类客户应该采取正确的措施，如通过有效的交叉销售、附加的服务和相关的活动对这些客户进行投资，否则因其敏感性也许会转向竞争对手。

4）“搭便车”的客户

这类客户从公司那里获得了超值的产品和服务，但他们为公司创造的价值并不大。无论企业做什么、采取何种战略，这类客户都利用与企业的关系，获得大部分的价值。例如，超级市场每周会通过促销特定的产品来吸引客户。超市把这些商品称为“吸引客户的特定商品”，并不指望从这些商品中赚钱，而是希望以这些商品的低价格来吸引更多的客户。一旦客户走进店里，超市就希望他们能够购买其他有利可图的商品。然而，许多客户只购买那些促销的商品，而超市会为那些购买少量商品的客户提供专用的通道，而那些购买许多商品的客户则需要排很长的队。如果为那些有利可图的客户开辟专用通道，情况会不会更好呢？因此，对于这类客户，企业的战略就应该进行一种敏感性的选择，要么通过成功的运作提高该类客户为企业创造的价值，要么动员这类客户离开，让他们到竞争对手的不盈利客户中去。

知识链接

建立客户关系管理系统

1. 建立需求感知系统

在营销活动的早期，应建立客户信息管理系统，及时准确地掌握客户的信息是合理科学营销的前提。建立客户需求感知系统可以对来自顾客的信息保持高度敏感，全面捕捉客户对企业的感受、需求和心理预期。具体用数据仓库技术和数据挖掘技术实现。

（1）客户识别和数据仓库的建立。客户识别是指企业确定目标客户的类别，这一过程企业需要根据顾客价值分类识别目标顾客是谁，他们的价值状态、他们的生命周期效价，以及在不同的发展阶段如何有针对性地寻找有价值的客户。在实践中，任何企业都清楚其没有绝对的VIP顾客和普通顾客，必须要做的是不断地、持续地关注顾客价值的转换和发展。同时，运用数据库技术，对产品的信息和顾客的信息进行记载和调用。这包括了历史数据的获取、当前数据存储和信息访问与管理。

（2）数据挖掘技术。数据挖掘是指从大量的、不完全的、有噪声的、模糊的、随机的实际应用数据中，提取隐含在其中的、人们事先不知道的但又是潜在有用的信息和知识的过程。从商业角度来看，数据挖掘技术是一种新的商业信息处理技术，其主要特点是对商业数据库中的大量业务数据进行抽取、转换、分析和其他模型化处理，从中提取辅助商业决策的关键性数据。

人们已经证明，数据发掘技术能够发现和跟踪数据集合中潜在的模式。因此，有人认为，在数据库中，在处理隐藏的知识、不可预料的模式和新规则的发现的使用方法中，数据挖掘是最有效的。如果没有数据挖掘技术，许多数据就很可能停留在未使用的阶段。数据挖掘能够为企业提供全面、深入的分析和了解客户及其行为特征的重要助臂；也正是由于其创造客户价值的能力，数据挖掘技术已经被越来越多的企业作为一个重要的竞争工具使用。

2. 顾客需求的满意系统

企业在获取顾客需求信息之后，应针对不同的顾客类别实施“一对一”的适合产品和服务的个性化战略。顾客个性化是根据顾客分类分别建立价值高、中、低不同类别的客户档案，并尽可能从竞争对手中获得新客户的重要环节，个性化是顾客满意能否向顾客忠诚转换的关键。进而及时地通过企业各个职能部门，将顾客关系与顾客信息整合起来。企业通过采取一系列手段和方法留住现有顾客的营销活动，主要的重心是在确立顾客满意度，并且有效地提高顾客忠诚度。大量的研究表明：维持一个老客户只是开发一个新客户成本的25%，顾客的识别、个性化与有效整合是延长顾客生命周期与提高企业价值中值得关注的重要环节。

3. 顾客满意的反馈系统

为了更好地实现顾客满意度，需要对为提高顾客满意所付出的行为做出评价。此时，建立客户服务中心系统就很重要。利用Internet功能完备的呼叫中心、电子商务网站、E-mail、Fax等高科技手段，企业可做到与客户跨时空的交流和互动，将企业与客户的距离缩短或取消。对于不同类别的客户，公司需要与其进行持续的交流。同时运用经过集成的客户短信进行个性化促销，使产品以最快的速度进入市场，从而实现企业直接面向客户的营销目标。建立客户满意反馈系统，实现与顾客实时互动，为企业的营销、销售和服务渠道提供了自然的扩展，使客户在任何时间、任何地点都能与企业方便地建立联系。

4.1.3 客户价值的含义

客户能为公司带来什么价值？对于我们来说，客户对于企业的价值，应该被视为同其任何其他形式的经济资产所代表的价值，是同一种类型，是一个根据未来因素变化而变化的变量。因此，我们只能根据客户过去的行为和所能收集到的数据进行分析，可以通过同客户的交谈来预测客户未来的行为倾向，但客户对企业的真正价值却难以把握。

除了菲利普·科特勒和伍德鲁夫的客户价值理论外，国内外还有许多学者沿着感知价值、期望价值和关系三个方向进行研究。尽管对客户价值的理解有所不同，但以下四点是大家公认的。

①客户价值与客户对产品或服务的使用紧密联系。也就是说，产品或服务是客户价值的载体，客户只有在使用或消费产品或服务之后才能感受到客户价值的存在。这一特点也使客户价值不同于个人或组织的价值，后者主要是对与错、好与坏的信念或观念。

②客户价值是客户对产品或服务的一种感知效用，这种效用由客户来判断，而不是由企业来决定。因此，客户价值的评估实质上是客户对产品或服务效用的主观评估，每个人会因为自身的偏好、价值观、需求、经历和人口特征等因素的不同而对价值形成不同的判断标准。即使同一客户在不同的时间其价值判断标准也会有所不同。

③客户价值是客户感知利得与感知利失之间的权衡。这里的“得”可能是产品或服务的质量，也可能是客户在消费过程中获得的各种利益，也可能两者都有；而这里的“失”可能仅仅指产品或服务的价格，也可能指客户购买、消费产品或服务付出的时间、精力等，也可能两者都有。不管“得”与“失”的具体含义如何，客户对客户价值的评估都是在“得失”比较的基础上做出判断的。

④客户价值受企业竞争对手的影响。客户价值并不仅局限于客户对该产品或服务的感知，而是客户把对企业提供的价值感知与企业竞争对手提供的相关价值相比较，从而做出价值判断。从这个角度上说，客户价值具有相对特性。

知识链接

“客户终身价值”（customer lifecycle value，CLV）由Reichheld（雷克海）于1990年提出。该概念的提出，提醒着对客户当前价值和未来价值的关注，避免短期、狭隘的视图。Roland Rust（2000）认为，客户的终生价值是某机构的客户在其一生中为了享受和使用该机构提供的产品和服务而付出的给该机构的回报总和。从企业给客户所带来的价值来看，是客户整个生命周期中与企业的交易行为给企业带来的净利润或亏损（Berger and Nasr，2002）。客户终身价值本质上是企业与客户之间的长期关系中，基于交易关系给企业带来的净现值（net value）。每个客户的价值都由三部分构成：历史价值（到目前为止已经实现了的顾客价值）、当前价值（如果顾客当前行为模式不发生改变的话，将来会给公司带来的顾客价值）和潜在价值（如果公司通过有效的交叉销售可以调动顾客的购买积极性，或促使顾客向别人推荐产品和服务等，从而可能增加的顾客价值），见图4-2。

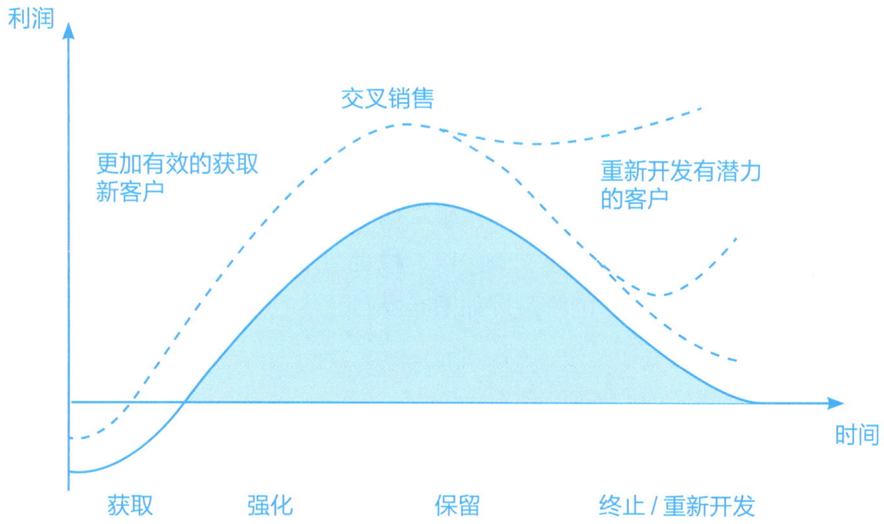

图 4-2　客户终生价值

任务二　客户生命周期

作为企业的重要资源，客户具有价值和生命周期。客户生命周期也称客户关系生命周期，是指从企业与客户建立业务关系到完全终止关系的全过程，是客户关系水平随时间变化的发展轨迹，它动态地描述了客户关系在不同阶段的总体特征。

4.2.1　客户生命周期的含义

生命周期理论由卡曼（A. K. Karman）于1966年首先提出，后来赫塞（Horsey）与布兰查德（Banchard）于1976年发展了这个理论。生命周期理论是一种非常有用的工具，经常被用于分析市场、行业、企业、产品的生命周期。典型的生命周期被划分为四个阶段，例如，将市场生命周期划分为发展期、成长期、成熟期和衰退期四个阶段，产品生命周期划分为引入期、成长期、成熟期和衰退期。根据研究对象的不同，四个阶段的表述存在某些差异，但其实质都是关于某一种事物或现象的诞生、成长、成熟和消亡的理论。客户生命周期是企业产品生命周期的演变，但对商业企业来讲，客户的生命周期比企业某个产品的生命周期重要得多。客户生命周期描述的是客户关系从一种状态（一个阶段）向另一种状态（另一个阶段）运动的总体特征。

4.2.2 客户生命周期各阶段的划分

客户生命周期可分为考察期、形成期、稳定期和退化期四个阶段。考察期是客户关系的孕育期，形成期是客户关系的快速发展阶段，稳定期是客户关系的成熟期和理想阶段，退化期是客户关系水平发生逆转的阶段，如图4-3所示。

（1）考察期

考察期，关系的探索和试验阶段。在这一阶段，双方考察和测试目标的相容性、对方的诚意、对方的绩效，考虑如果建立长期关系双方潜在的职责、权利和义务。双方相互了解不足、不确定性大是考察期的基本特征，评估对方的潜在价值和降低不确定性是这一阶段的中心目标。在这一阶段，客户会下一些尝试性的订单，企业与客户开始交流并建立联系。因客户对企业的业务进行了解，企业要对其进行相应的解答，某一特定区域内的所有客户均是潜在客户，企业投入是对所有客户进行调研，以便确定可开发的目标客户。此时企业有客户关系投入成本，但客户未对企业做出大的贡献。

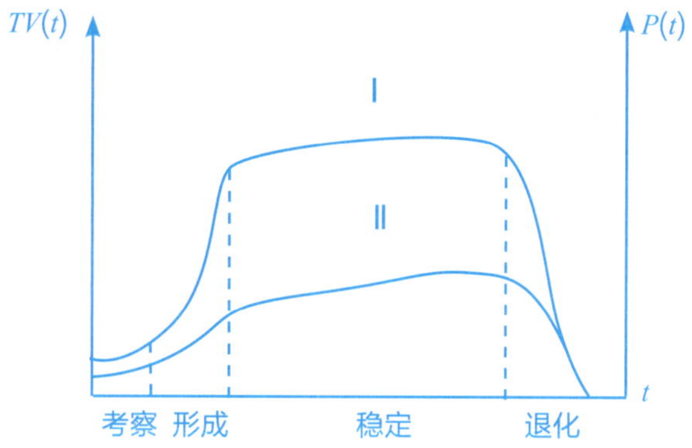

图 4-3　客户生命周期各阶段

（2）形成期

形成期，关系的快速发展阶段。双方关系能进入这一阶段，表明在考察期双方相互满意、相互信任和相互依赖。在这一阶段，双方从关系中获得的回报日趋增多，相互依赖的范围和深度也日益增加，逐渐认识到对方有能力提供令自己满意的价值（或利益）和履行其在关系中担负的职责，因此愿意承诺一种长期关系。在这一阶段，随着双方了解和信任的不断加深，关系日趋成熟，双方的风险承受意愿增加，由此双方交易不断增加。当企业对目标客户开发成功后，客户已经与企业发生业务往来，且业务在逐步扩大，此时已进入客户成长期。企业的投入和考察期相比要小得多，主要是发展投入，目的是进一步融洽与客户的关系，提高客户的满意度、忠诚度，进一步扩大交易量。此时客户已经开始为企业做贡献，企业从客户交易中获得的收入已经大于投入，开始盈利。

（3）稳定期

稳定期，关系发展的最高阶段。在这一阶段，双方或含蓄，或明确地对持续长期关系作了保证。这一阶段有如下明显特征：

①双方对对方提供的价值高度满意；

②为能长期维持稳定的关系，双方都做了大量有形和无形投入；

③大量的交易。

因此，在这一时期双方的相互依赖水平达到整个关系发展过程中的最高点，双方关系处于一种相对稳定状态。此时企业的投入较少，客户为企业做出较大的贡献，企业与客户交易量处于较高的盈利时期。

（4）退化期

退化期，关系发展过程中关系水平逆转的阶段。关系的退化并不总是发生在稳定期后的第四阶段，实际上，在任何阶段关系都可能退化。引起关系退化的可能原因很多，如一方或双方经历了一些不满意、需求发生变化等。

退化期的主要特征有：

①交易量下降；

②一方或双方正在考虑结束关系，甚至物色候选关系伙伴（供应商或客户）；

③开始交流结束关系的意图等。

当客户与企业的业务交易量逐渐下降或急剧下降，而客户自身的总业务量并未下降时，说明客户已进入衰退期。

此时，企业有两种选择：一种是加大对客户的投入，重新恢复与客户的关系，进行客户关系二次开发；另一种做法便是不再做过多的投入，渐渐放弃这些客户。企业两种不同的做法自然就会有不同的投入产出效益。当企业的客户不再与企业发生业务关系，且企业与客户之间的债权债务关系已经理清时，意味着客户生命周期的完全终止。此时企业有少许成本支出而无收益。

总之，在整个生命周期中，各个环节的各个因素是互相作用和影响的，对客户产生着综合的作用。无论是内部还是外部的信息，都会对客户是否持续他的生命周期有影响，客户是从整体的效果和发展状况来考虑持续的必要性和营利性的，只有在客户认为这是个双赢的状态和服务满足需求的情况下，客户的生命周期才可以延续下去，使得企业降低成本、获得盈利。面对激烈的市场竞争，企业必须了解和掌握客户生命周期不同阶段客户的消费行为和特点，从而推出适合不同阶段的个性化服务，提高客户的忠诚度和满意度，为企业带来丰厚的利润和发展空间。

知识链接

在电信行业，所谓的客户生命周期，指的就是电信客户从成为电信公司的客户并产生业务消费开始，消费成长、消费稳定、消费下降，最后离网的过程。

更为准确地说，所谓"客户生命周期管理"，即从客户考虑购买哪一家运营商的服务，到入网后对其收入贡献和成本的管理、离网倾向的预警和挽留，直到客户离网后进行赢回的整个过程。这个过程包括了11个关键的价值创造环节：客户的购买意向，新增客户的获取，客户每月收入贡献的刺激与提高，客户日常服务成本的管理，交叉销售/叠加销售，话费调整，签约客户的合同续签，客户在品牌间转移的管理，对离网的预警和挽留，对坏账的管理，对已流失的客户进行赢回。这些环节实际上包括了运营商日常经营工作的各个重点。11个环节环环相扣，形成一条营销价值链，也是运营商制定客户策略的入手点。客户生命周期管理是围绕着这11个关键价值创造环节，利用丰富的客户数据进行深入分析，设计针对单个客户的个性化策略，继而通过运营商与客户间大量的接触点，执行这些策略。

电信企业的客户生命周期可以划分为以下5个阶段：

阶段A：客户获取。发现和获取潜在客户，并通过有效渠道提供合适的价值定位以获取客户。

阶段B：客户提升。通过刺激需求的产品组合或服务组合把客户培养成高价值客户。

阶段C：客户成熟。使客户使用电信新产品，培养客户的忠诚度。

阶段D：客户衰退。建立高危客户预警机制，延长客户的生命周期。

阶段E：客户离网。该阶段主要是赢回客户。

4.2.3 客户生命周期各阶段客户与企业的关系

在客户生命周期不同阶段，客户对企业收益的贡献是不同的（表4-1）。

在考察期，企业只能获得基本的利益，客户对企业的贡献不大。

在形成期，客户开始为企业做贡献，企业从客户交易中获得的收入大于投入，开始盈利。

在稳定期，客户愿意支付较高的价格，带给企业的利润较大，而且由于客户忠诚度的增加，企业将获得良好的间接收益。

在退化期，客户对企业提供的价值不满意，交易量回落，企业利润快速下降。

根据客户生命周期理论，客户关系水平随着时间的推移，从考察期、形成期到稳定期依次增高，稳定期是理想阶段，而且客户关系的发展具有不可跳跃性。同时，利润随着客户生命周期的发展不断提高，考察期最小，形成期次之，稳定期最大。

客户成熟期的长度可以充分反映出一个企业的盈利能力。因此，面对激烈的市场竞争，企业借助建立客户联盟，针对客户生命周期的不同特点，提供相应的个性化服务，进行不同的战略投入，使企业获得更多的客户价值，从而增强企业竞争力。

表 4-1 客户生命周期各阶段不同因素的变化情况

变量	考察期	形成期	稳定期	退化期
价格	为吸引客户，一般为较低的基本价格	有上升趋势，形成期后期变得明显	价格继续上升，具体取决于公司增值能力	开始下降
成本	最高	明显降低	继续降低至一个最低限度	回升，但一般低于考察期
间接效益	没有	后期开始有间接效益，并有扩大趋势	明显，且继续扩大	缩小，但滞后于关系的退化速度，如客户传递坏的口碑，则有负的间接效益
交易额	很小	快速上升，形成期后期接近最高水平	稳定在一个高水平上	开始下降
利润	很小甚至负利润	快速上升	继续上升，但后期减缓，最后稳定在一个高水平上	开始下降

4.2.4 客户生命周期理论的客户关系管理

同其他事物一样，企业与客户的关系要经历一个由相互陌生到开始接触，再到日益成熟的发展过程，一般先后经历潜在客户、新客户和忠诚客户3个发展阶段。

1）潜在客户

潜在客户是指虽然没有购买过企业产品，但有可能在将来与企业进行交易的客户。当客户对企业产品产生兴趣，并通过某种渠道与企业接触时，就成为企业的潜在客户。与此同时，客户生命周期就开始了。此时，重要的是帮助潜在客户建立对企业及其产品的信心。潜在客户对企业及其产品的认同度，是其能否与企业创建交易关系的关键，因此，向潜在客户详细介绍产品特性、耐心解答他们提出的各种问题、使他们树立交易信心是企业在此阶段的主要任务。

2）新客户

潜在客户在建立与企业进行交易的信心之后，就会购买企业的某项产品，进而转变为企业的初级现有客户（即新客户），开始为企业创造收入。与此同时，企业也开始收集和记录与新客户有关的各种信息，以便与他们保持联系，或在今后分析他们的商业价值。新客户与企业的关系仍然处于整个客户生命周期的初级阶段。虽然新客户已经对企业有了初步的认同，接受了企业的产品，但是，企业还必须继续培养客户对企业及其产品的信任感和忠诚感。应保持与新客户的联系，呵护和关心他们，这是让新客户再次与企业交易的基础。另一方面，客户在与企业交易过程中的体验以及对所购买产品的价值判断，将会影响到他们今后是否能够继续与企业进行重复的交易。

3）忠诚客户

如果有良好的交易体验以及对企业产品的持续认同，一个新客户就会反复地与企业进行交易，成为企业的忠诚客户，他们与企业的关系也随之进入成熟阶段。这时候，客户的满意度和信任度应该是企业关注的焦点。同时企业应该了解他们是否有新的需求，以便将企业的相关产品介绍给他们。因此，保持与忠诚客户原有的业务关系，努力与他们建立新的业务关系，将他们培养成为新业务的客户，扩展他们的营利性，是企业在这一阶段的工作重点。

客户生命周期分析如图4-4所示。

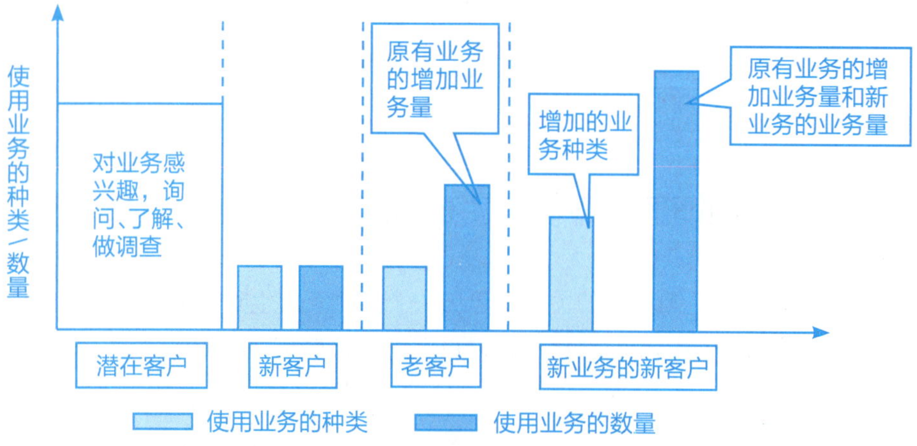

图 4-4　客户生命周期分析

案例链接

工商银行客户生命周期管理

中国工商银行（全称：中国工商银行股份有限公司）成立于1984年1月1日，是中国五大银行之首，世界五百强企业之一，拥有中国最大的客户群，是中国最大的商业银行。中国工商银行是中国最大的国有独资商业银行，基本任务是依据国家的法律和法规，通过国内外开展融资活动筹集社会资金，加强信贷资金管理，支持企业生产和技术改造，为我国经济建设服务。

企业生命周期管理的目的

（1）从广大的消费群体中甄别出目标客户，帮助企业的管理人员更清楚地认识到客户关系的长期价值，以及有效地配置有限的资源，实现客户利润的最大化。

（2）围绕目标客户关系的开发、成长、成熟（维系）和衰退这一生命全过程，采取相应的市场营销组合策略，对目标客户资源进行动态管理，一起实现企业和客户长期的价值互动，达到双赢。

（3）随着电子商务的发展和市场格局的进一步调整，竞争将进一步加剧，客户的个性化需求更加多样，在这种情况下，客户生命周期管理的科学管理方法将无疑是适应环境变化的有力工具。将客户资料建立起了动态管理，提炼出生命周期阶段的有效资料，使得整个客户管理工作更加精确有效。

客户生命周期阶段分析

潜在期：发现和获取潜在客户，并通过有效渠道提供合适的价值定位以获取客户。客户借助于一定渠道了解工商银行的业务，工商银行通过一定的投入成本开发某一区域的客户。这一时期，客户只是对工商银行提供的产品或服务感兴趣，并没有对工商银行做出贡献。

开发期：经过工商银行营销人员的多方努力，原先对工商银行产品或服务感兴趣的预期客户作出了首次购买决策，双方实现了交易，客户关系随之建立。在这一阶段，目标客户为工商银行所做的贡献很小甚至没有。

成长期：工商银行对目标客户开发成功与否取决于客户满意度、忠诚度的提高，当客户开始信任工商银行，与工商银行频繁发生业务往来表明此时已进入成长期。这一阶段，客户已经开始为工商银行做贡献，工商银行从客户交易获得的收入已经大于投入，开始盈利。

成熟期：工商银行与目标客户进入蜜月期，彼此之间达到了最大信任，成熟期的客户给工商银行带来了最大限度可能获得的市场份额，成熟的标志主要看客户与工商银行发生的业务占其总业务的份额。这一阶段，双方的交互依赖水平达到整个关系发展过程中的最高点，双方关系处于一种相对稳定状态。

衰退期：衰退期是客户关系的回落阶段。出于竞争者的挑战（如外资银行的进入）和客户自身经营因素的影响（如不能及时为客户量身定做他们所需要的金融产品）等原因，致使工商银行与客户业务交易量开始下降。

终止期：客户基本上不再与工商银行发生业务关系，工商银行与客户之间的债权债务关系已经理清时，这意味着客户关系生命周期的完全终止。

客户生命周期各阶段的营销策略

潜在期：工商银行潜在期的营销策略主要是针对潜在客户群体的细分及识别，确定其金融产品和服务目标的阶段。在此阶段，工商银行必须做大量的市场调研工作，根据其目标客户的偏好、习惯、倾向等来对自己的金融产品和服务进行界定。

开发期：工商银行开发期的策略主要有提供基础产品和服务、品牌形象的树立、业务创新与引导。这一阶段工商银行应扩大宣传力度，强调产品的具体功能和用途，为新产品标新立异，突出说明工商银行所提供的产品相对于其他同类产品的差异和优势所在。同时，工商银行要善于运用口碑原理，利用客户对金融产品认同和信赖的目标消费者进行传播，加快传播速度，提高传播质量和效率。客户开发的方法：资料查阅法、广告开拓法、连锁式介绍法、中心开花法、向导协助法。市场咨询法、竞争替代法、逐户访问又称“地毯式寻找客户法”。

成长期：由于客户购买并使用了工商银行的产品之后感到满意，即达到了客户的价值预期，从而出现了重复购买行为，这样工商银行与客户的关系得到了迅速发展。此时工商银行应积极地与客户进行沟通和交流，同时也应该明确它所负有的职责、权利和义务，为下一步给客户提供个性化的服务做好准备。

成熟期：为了尽可能延长成熟期的时间跨度，商业银行应采取提高产品质量，提高产品的功能，降低成本，以低价渗透策略争取顾客购买以提高客户的满意度，建立客户的态度忠诚。

衰退期：工商银行可以根据客户衰退的原因制定4种营销策略：一是急救策略，二是应对策略，三是完善策略，四是放弃策略。此外，采取降低售价的办法来促进销售，如果金融产品仍然滞销，则要当机立断，转向开发新产品，尽快地使产品更新换代。

终止期：针对终止期的客户，其营销策略就是针对诱导因素来合理设置壁垒因素，同时采取竞争的应对措施，如开发针对性的产品，同时采取竞争的应对措施，从而消除诱导因素对客户的影响。

掌握客户关系生命周期的不同特点有效实施工商银行CRM

保留老客户，并努力促使工商银行的已有客户向成为银行客户生命周期的成熟期客户过渡。

让更多的优质客户成为保证银行利润的稳定来源。保留忠诚和创利客户，尤其是大客户，才能保证银行利润的稳定来源。

获取更多的有价值客户。客户获取是指获取对银行有贡献、具有价值的客户。

任务三　客户终生价值

客户终生价值在客户管理中具有重要作用，它是企业长期、持续、稳定发展的基础。

4.3.1　客户终生价值的含义

客户终生价值（customer lifetime value，CLV），又称客户生命周期价值，是指一个客户在未来所能给公司带来的直接成本和利润的期望净现值。简言之，就是考虑未来客户产生的利润、现在客户对企业的价值。研究表明，如同某种产品一样，顾客对于企业利润的贡献也可以分为导入期、快速增长期、成熟期和衰退期。

每个客户的价值都由三部分构成：

①历史价值：到目前为止已经实现了的客户价值。

②当前价值：如果客户当前行为模式不发生改变的话，在将来会给公司带来的客户价值。

③潜在价值：如果公司通过有效的交叉销售、调动客户购买积极性或客户向别人推荐产品和服务等，从而可能增加的客户价值。

知识链接

几家公司对其客户终生价值的预测

可口可乐公司预测：其一位忠诚客户50年能给公司带来的收益是1.1万美元。

万宝路公司预测：其一位忠诚的烟民30年能给公司带来的收益是2.5万美元。

AT&T公司预测：其一位忠诚客户30年能给公司带来的收益是7.2万美元。

4.3.2 客户终生价值的三维结构

事实上，顾客终生价值不是一个单维的矢量，它是一个立体的概念，具有三维结构。

（1）顾客维持时间维度

企业通过维持顾客的长期关系，建立高的顾客维持率，从而获得较高的顾客终生价值。

（2）顾客份额维度

顾客份额维度是指一个企业所提供的产品或服务占某个顾客总消费支出的百分比。要获得最大的顾客终生价值，不仅需要有高的顾客维持率，更要有高的顾客份额。顾客份额应该是衡量顾客终生价值的一个重要指标。

（3）顾客范围维度

显然企业总的顾客终生价值的大小与它的顾客范围直接相关。从顾客范围维度出发，要求企业必须清楚它的现有顾客是谁，同时注意开拓潜在顾客。

4.3.3 分析客户终生价值的主要步骤

（1）收集顾客资料和数据

公司需要收集的基本数据包括个人信息（年龄、婚姻、性别、收入、职业等）、住址信息（区号、房屋类型、拥有者等）、生活方式（爱好、产品使用情况等）、态度（对风险、产品和服务的态度，将来购买或推荐的可能）、地区（经济、气候、风俗、历史等）、客户行为方式（购买渠道、更新、交易等）、需求（未来产品和服务需求等）、关系（家庭、朋友等），这些数据以及数据随着时间推移的变化都将直接影响顾客的终生价值测算。

（2）定义和计算终生价值

影响终生价值的主要因素有：所有来自顾客初始购买的收益流；所有与顾客购买有关的可变成本；顾客购买的频率；顾客购买的时间长度；顾客购买其他产品的喜好及其收益流；顾客推荐给朋友、同事及其他人的可能；适当的贴现率。

（3）顾客投资与利润分析

可以直接基于交易成本或资金投入进行计算，或者根据过去类似客户的行为模式，利用成熟的统计技术预测客户将来的利润。国外的汽车业这样计算顾客的终生价值：把每位上门顾客一生所可能购买的汽车数，乘上汽车的平均售价，再加上顾客可能需要的零件和维修服务而得出这个数字。他们甚至更精确地计算出加上购车贷款所带给公司的利息收入。

（4）顾客分组

从第三个步骤中，企业可以看出如何在顾客终生价值中赢得最大的利润，随后企业可以根据这些数据将顾客分成具有不同特征、不同行为模式和不同需求的组。比如，企业可以用聚类分析法将顾客分成苛刻的顾客、犹豫不决的顾客、节俭的顾客和久经世故的顾客，根据每个组制定相应的措施。

（5）开发相应的营销战略

衡最“顾客终生价值”的目的不仅仅是确定目标市场和认知消费者，而是要设计出能吸引他们的交叉销售方法（Cross-Selling），向上销售方法（Up-Selling）、附带销售方法（Add-on selling）、多渠道营销（Multi-Channel Marketing）和其他手段。这些手段都能够帮助企业运用RFM模式来提高客户的价值，尽可能地将客户的潜力开发出来。

4.3.4 测量客户终生价值的方法

客户终生价值的复杂性和变化性，使得采用何种方法准确地测量和计算成为企业面临的挑战之一。目前，比较流行和具有代表性的顾客终生价值预测方法为DWYER方法和顾客事件预测法。

（1）DWYER方法

该方法将客户分为两大类：永久流失型和暂时流失型。

永久流失型客户要么把其业务全部给予现在的供应商，要么完全流失给予另一供应商，原因或者是其业务无法分割，只能给予一个供应商；或者是其业务转移成本很高，一旦将业务给予某供应商则很难转向其他供应商。这种客户一旦流失，便很难再回来。暂时流失型指的是这样一类客户，即他们将其业务同时给予多个供应商，每个供应商得到的只是其总业务量的一部分（一份）。这类客户的业务转移成本低，他们可以容易地在多个供应商之间转移业务份额，有时可能将某供应商的份额削减到零，但对该供应商来说不一定意味着已经失去了这个客户，客户也许只是暂时中断购买，沉寂若干时间后，有可能突然恢复购买，甚至给予更多的业务份额。

DWYER方法的缺陷是，它只能预测一组客户的终生价值或每个客户的平均终生价值，无法具体评估某个客户对于公司的终生价值。

（2）顾客事件预测法

这种方法主要是针对每一个客户，预测一系列事件发生的时间，并向每个事件分摊收益和成本，从而为每位顾客建立一个详细的利润和费用预测表。

顾客事件预测可以说是为每一个顾客建立了一个盈亏账号，顾客事件档案越详细，与事件相关的收益和成本分摊就越精确，预测的准确度就越高。但是，顾客未来事件预测的精准度并不能完全保证，主要有两个原因：

其一，预测依据的基础数据不确定性很大，顾客以后的变数、企业预计的资源投入和顾客保持策略，以及环境变数等都具有很多不确定性。

其二，预测的过程不确定性很大，整个预测过程是一个启发式的推理过程，涉及大量的判断，需要预测人员具有丰富的经验，所以预测过程和预测结果因人而异。

思考与训练

一、选择题

1. 影响客户终生价值的第一要素（　　）。

   A. 生命周期　B. 贴现率　C. 维系成本　D. 被提及率

2. 客户关系生命周期从动态角度研究客户关系，可以分为四个阶段，其中（　　）关系的发展是最高阶段。

   A. 考察期　B. 形成期　C. 稳定期　D. 退化期

3. 根据每个客户的当前价值和客户长期价值，企业的所有客户可以分为四类，其中（　　）对企业最有价值，为企业创造的利润最多。

   A. 铅质客户　B. 铁质客户　C. 黄金客户　D. 白金客户

4. （　　）阶段不属于客户关系生命周期阶段。

   A. 潜在期　B. 调整期　C. 成长期　D. 成熟期

5. （　　）是客户与企业关系开始到结束的整个客户生命周期的循环中,客户对企业的直接贡献和间接贡献的全部价值总和。

   A. 客户终身价值　B. 创造价值
   C. 获取价值　D. 让渡价值

6. 在客户关系管理里，可以根据不同的维度去细分客户群，可以根据客户的价值进行划分，可以根据客户与企业的关系划分，可以根据客户的状态划分，以下四个选项中哪个跟另外三个是不同类的？（　　）

   A. 企业客户　B. 内部客户
   C. 渠道分销商和代理商　D. VIP客户

7. 在客户关系管理理念里，客户价值的预测通常采用哪个方式进行？（　　）

   A. 客户的长期价值或者是终生价值
   B. 客户消费量最高的时期所产生的价值
   C. 客户从新客户到流失客户期间所产生的价值
   D. 客户从潜在客户到真正的企业客户期间所产生的价值

8. 客户价值的衡量标准是（　　）。

   A. 客户利润　B. 客户成本

C．客户终生价值　　　　D．客户让渡价值

9．客户期望的服务质量可以用（　　）来表示。

A．公司价值　　　　B．客户让渡价值

C．客户忠诚度　　　　D．客户关系价值

10．客户价值在（　　）生命周期阶段中,客户关系处于上升的阶段，客户利润快速增加，而随着客户关系的逐步建立和客户忠诚度的提高，客户流失率会逐渐减少。

A．考察期　B．形成期　C．稳定期　D．衰退期

11．（　　）越大，客户满意度就越高。

A．公司价值　　　　B．客户让渡价值

C．客户忠诚度　　　　D．客户关系价值

12．根据客户的价值将客户细分，下列划分正确的是（　　）。

A．一般客户；企业客户；渠道、分销商和代理商；内部客户

B．零售消费者；企业客户；代理商；内部客户

C．VIP客户；主要客户；普通客户；小客户

D．屈从型；关怀型；适应型；冷漠型

二、问答题

1．简述客户生命周期各阶段客户与企业的关系。

2．举例说明客户价值的内涵。

3．简述分析顾客终生价值的主要步骤。

4．一个企业应该从哪些方面提高客户的感知利得?又应该从哪些方面减少客户的感知利失?

5．要想在竞争中获胜，企业就必须对顾客的价值进行价值创新。请联系企业管理实践，谈谈“价值创新”的途径有哪些。

实训

【实训目的】通过本次实训，获得客户关系管理应用的感观体验，进而更深入地理解CRM的功能，了解目前CRM在国际社会上的普及程度以及对企业的重要性。

【实训内容】设想8位总经理是客户群，请以最快的速度画出一辆漂亮的车子卖给他们，教师现场评出销售效果最好的一幅作品，并加以奖励。

【实训流程】

（1）画车：精心设计，精湛绘画。（15分钟）

（2）设计特点，优点及卖点。（每组5分钟）

（3）评比：评出第一名。

【思考】怎样做才是真正体现了客户价值?

案例分析

爱普生的“创造客户价值”服务理念

在爱普生的整体服务理念中，服务其实是一种能“创造客户价值”的产品，那么，在业务范围不断扩大，客户的要求也变得多样化的今天，爱普生究竟是如何“创造客户价值”的呢?

简单来说，要想提供有价值的服务，首先就要了解用户的需求。而在这方面，爱普生“客户呼叫中心”可谓是功不可没。据了解，爱普生在世界各地的销售公司均设有呼叫中心，通过这种直接和用户沟通的方式，同时借助共享的企业内部网，客户的意见会以最快的速度反映到企业服务、生产甚至是最高领导者那里。

同时，为了消除客户的“打不通”等不满情绪，呼叫中心在每个区域都会根据客户的咨询人次，调整呼叫中心的人员配置，致力于向最佳状态改善。尤其值得称道的是，2005年，爱普生热线呼叫中心在互联网上开发了互动服务，开通了网络呼叫中心Web Call Center，借助音频和视频为客户提供服务。在这种服务模式下，呼叫中心把很多复杂的服务操作制作成 Flash 动画和视频影像，放在爱普生网站，用户一看就知道该如何去做。而对于复杂服务，用户可以进入爱普生用户俱乐部，这时爱普生提供的是以互动形式为主、为用户量身定制的服务。如果用户有摄像头，工程师可以看着用户操作，并做出正确的指导，从某种程度而言，爱普生的呼叫中心已经成为企业服务体系核心所在。通过这条“绿色通道”，爱普生能够更为全面地了解客户需求，从而制定符合用户需求的服务措施。

了解需求之后，爱普生并不是仅仅改善自己的服务条款就完事，而是会进一步更加积极地提供相关行业的主动服务。比如，从2007年度开始，爱普生针对银行、教育等大型行业客户推出了一种保修期内免费预防性巡检服务。爱普生通过大客户，专业系统了解行业大客户用户的机器以及维修信息、热线支持信息、客户维系信息，针对大客户的特点和状况，向符合标准的大客户提供免费乡镇级别网点上门清洁、保养、维修和培训等一条龙服务，并不断完善大客户服务档案，充分了解大客户需求和使用状况，不断推出大客户期望的特色服务。

针对高端行业客户，爱普生还提供了“心加心”的特色服务。考虑到高端客户对于保修期后的设备维修的担心，爱普生在标准保修服务基础上提供了所谓的“心加心”升级服务。用户可根据需求选择超值维修服务，通过事先购买此服务，将保修期延长至2～3年。这期间，用户的任何服务无须再支付维修费用。同时，针对不同高端客户的个性化需求，爱普生的“心加心”服务还会提供“1小时快修服务”，保证1小时内修理完毕用户送修的产品，这种高响应速度极大地满足了终端客户的服务需求。另外，“心加心”服务还提供独特的以旧换新的Trade-in服务。用户以旧机器按照市场价以旧换新购买新机器的同时，可以得到不同程度的免费服务或者礼品赠送。从更为直观的角度来理解“心加心”服务计划实际就是在预售一种“保险”，而客户为购买这一“保险”所需支付的费用则是相对低廉的。某种程度上而言，爱普生用“心”为客户制定的特色服务，为爱普生赢得了更多新老用户的“心”。“心加心”让爱普生的服务品牌家喻户晓。

思考题

1. 爱普生公司从哪些方面创造客户价值?
2. 爱普生公司为什么要创造客户价值?

项目五 客户服务质量管理

能力目标

通过完成本任务的教学，具备以下基本能力：

1. 判断客户服务质量优劣；
2. 能够检查控制、审核和评估客户服务质量；
3. 掌握提高客户服务质量的方法。

职业素养

在本任务的教学中，重点关注如下职业素养的培养：

1. 具备良好的服务质量意识；
2. 认真细致的工作态度；
3. 具备自我学习的能力。

知识目标

通过完成本任务的教学，具备以下基本知识：

1. 掌握服务质量的含义；
2. 了解客户服务质量的评价标准；
3. 掌握客户服务质量不佳的根源。

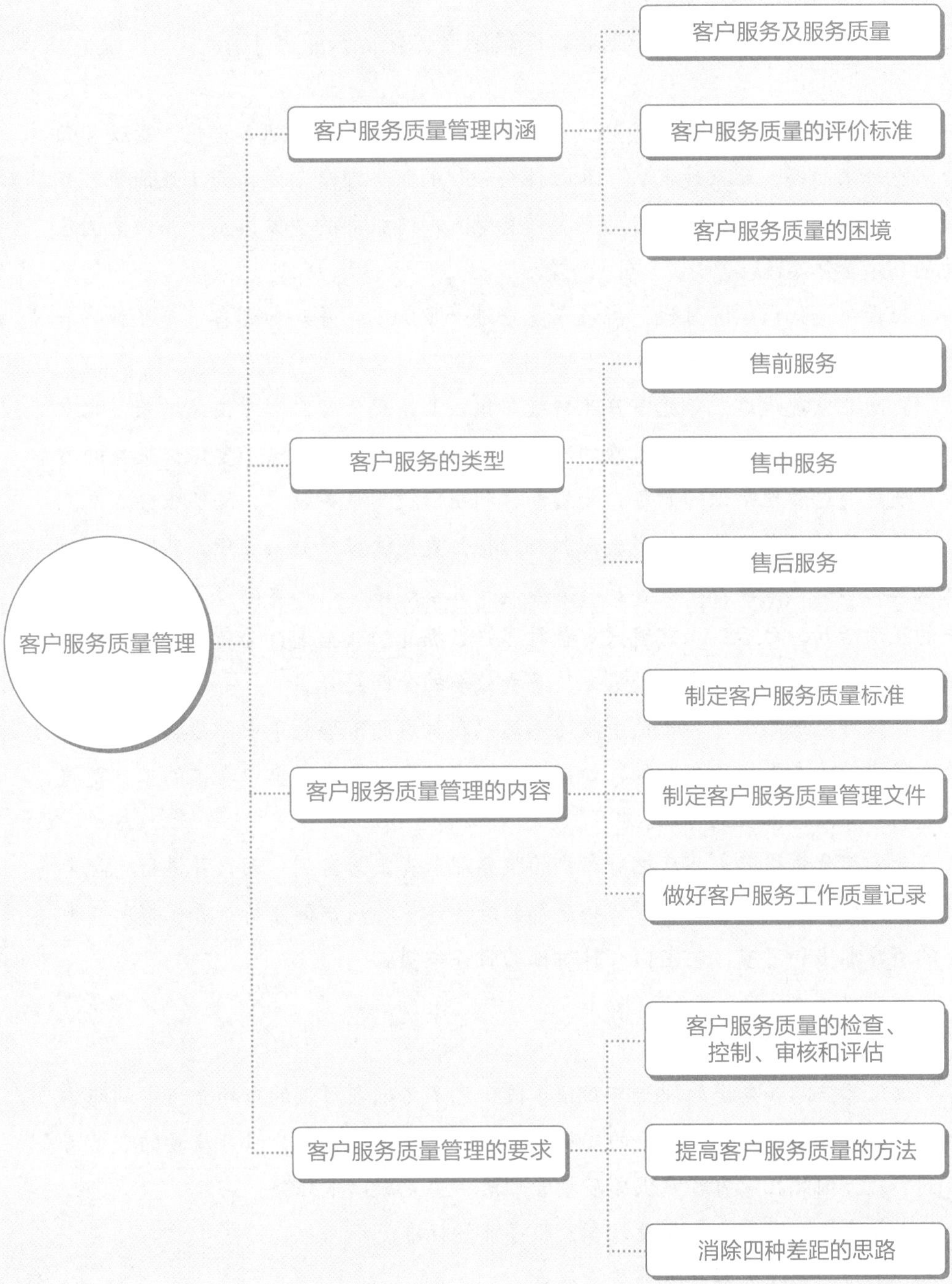
客户服务质量管理
客户服务质量管理内涵
客户服务及服务质量
客户服务质量的评价标准
客户服务质量的困境
客户服务的类型
售前服务
售中服务
售后服务
客户服务质量管理的内容
制定客户服务质量标准
制定客户服务质量管理文件
做好客户服务工作质量记录
客户服务质量管理的要求
客户服务质量的检查、控制、审核和评估
提高客户服务质量的方法
消除四种差距的思路

项目导入

北京现代通过4S店网络信息一体化提升服务水平

随着中国汽车市场逐渐成熟，汽车用户的消费需求越来越多样化，对服务的要求也越来越高，北京现代从“真心伴全程”的服务理念出发，为了让消费者开放心车，游天下景，把消费者的所有信息纳入网络服务的整体体系，并由全国各地的4S店具体实施。

21世纪是知识经济时代，当汽车竞争进一步加剧，并延伸到各汽车品牌4S店时，知识管理显得尤为重要。

伴随北京现代这几年旗下产品持续热销，北京现代客户群在快速增长，北京现代接待车主保养、检测、维修的次数自然也在增加。4S店除了要保证服务的质量，还要通过管理知识的储备、开发和再利用以提高服务效率、降低服务成本。

基于这种思考，北京现代总部和4S店将会更关注客户关系管理。其实北京现代成立之初就已经倾力建设客户数据库，并且基于这个数据库举办了一系列与客户的互动活动。之后，北京现代重新对客户数据库的数据进行全新整理，进行数据的开发和再利用，以此促进服务质量和效率的全面提升。

仅仅有先进的理念和营销手段还不足以在激烈的市场竞争中站稳脚跟。目前北京现代的汽车保有量在增加，如何提升客户服务满意度？重中之重的工作是将先进的服务理念落实到行动。

北京现代严格要求4S店把对客户的服务理念真正落实到行动，并进行定期考核，在严格的要求下，北京现代4S店都要进行详尽的用户群分析，并根据所在地区的消费水平和习惯，制定出有针对性的服务举措。

项目任务分解

仅仅靠产品和先进的理念与营销手段，已不足以在激烈的市场竞争中站稳脚跟。客户服务质量是企业竞争的发展方向，更需要企业将客户服务质量的理念落实到实处。因此在学习客户服务质量管理时，要完成以下任务：

（1）选择一家企业为其设计客户服务质量标准。

（2）为企业改进客户服务质量献策。

任务一　客户服务质量管理内涵

5.1.1　客户服务及服务质量

（1）客户服务的概念

客户是企业经营的基础，也是维持企业存在的基础。当企业已经认识到不能只在价格上进行竞争时，服务的地位和作用凸显出来。正是在这些非价格领域，许多组织通过高度关注客户需求而使他们的产品和服务更加多样化，形成竞争优势。

那么什么是服务呢？人们一般是从区别于有形的实物产品的角度来进行研究和界定的。菲利普·科特勒认为服务是“一方提供给另一方的不可感知且不导致任何所有权转移的活动或利益”。美国市场营销学会认为服务是“不可感知，却使欲望获得满足的活动，而这种活动并不需要与其他的产品或服务的出售联系在一起”。可见，服务是个人或社会组织为消费者直接或凭借某种工具、设备、设施和媒体等所做的工作或进行的一种经济活动，是向消费者个人或企业提供的旨在满足对方某种特定需求的一种活动和好处，其生产可能与物质产品有关，也可能无关，是对其他经济单位的个人、商品或服务增加价值，并主要以活动形式表现的使用价值或效用。

在客户关系管理中，客户服务（customer service）是指一种以客户为导向的价值观，任何能提高客户满意度的内容都属于客户服务的范畴。客户服务是一种以无形的方式在客户与服务职员、有形商品和服务系统之间发生的，可以解决客户问题的一种或一系列行为，它不仅是一种活动，而且是一个过程，还是某种结果。例如，个人电脑的维修服务，它既包括维修人员检查和修理计算机的活动和过程，又包括这一活动和过程的结果——客户得到完全或部分恢复正常的计算机。

与有形产品相比，客户服务具有以下特征：

1）不可感知性

不可感知性是服务最为显著的一个特征，也是客户服务的最为显著的一个特征。我们可以从三个不同的层次来理解：第一，服务的很多元素看不见、摸不着；第二，客户在购买服务之前往往不能肯定他能得到什么样的服务，因为大多数服务都非常抽象，很难描述；第三，客户在接受服务后通常很难察觉或立即感受到服务的利益，也难以对服务的质量做出客观的评价。

2）不可分离性

有形的工业品或消费品在从生产、流通到最终消费的过程中，往往要经过一系列的中间环节，生产和消费过程具有一定的时间间隔，是分离的。而客户服务则与之不同，它具有不可分离性的特点，即服务的生产过程与消费过程同时进行，也就是说服务人员向客户提供服务时，也正是客户消费服务的时刻，两者在时间上不可分离。客户服务的这一特性表明，客户只有加入而且必须加入到服务的生产过程才能最终消费到服务。例如，只有客户在场时，理发师才能完成理发的服务过程。

3）差异性

差异性是指客户服务无法像有形产品那样实现标准化，每次服务带给客户的效用、客户感知的服务质量都可能存在差异。这主要体现在三个方面。第一，由于服务人员的原因，如心理状态、服务技能、努力程度等，即使同一服务人员提供的服务在质量上也可能会有差异。第二，由于客户的原因，如客户的知识水平和爱好等，也直接影响服务的质量和效果。例如，同是去旅游，有人乐而忘返，有人败兴而归；同听一堂课，有人津津有味，有人昏昏欲睡。消费者的知识、经验、诚实和动机等影响着服务业的生产力。第三，由于服务人员与客户间相互作用的原因，在服务的不同次数的购买和消费过程中，即使是同一服务人员向同一客户提供的服务也可能会存在差异。

4）不可贮存性

产品是有形的，因而可以贮存，而且有较长的使用寿命；服务则无法贮存。理发、外科手术、酒店住宿、旅游、现场文艺晚会以及其他任何服务都无法在某年生产并贮存，然后在下一年进行销售或消费。

5）缺乏所有权

缺乏所有权是指在服务的生产和消费过程中不涉及任何东西的所有权转移。既然服务是无形的又不可贮存，服务产品在交易完成后便消失了，消费者并没有实质性地拥有服务产品。

从上述五个特征的分析中不难看出，“不可感知性”大体上可被认为是服务产品的最基本特征，其他特征都是从这一特征派生出来的。

知识链接

以前有一家印刷公司，有一个牌子：“速度、质量、价格，请选择一个。”如果你选择价格，就别跟我谈速度和质量。如果你选择质量，就别跟我谈价格，也不要跟谈速度。如果你选择速度，别跟我提价格、提质量。你只能选择一个，这种观念过去人们是认可的。举一个例子，上学的时候都要照一寸免冠照片，以前只能去照相馆，照完有两种洗印的方法：一种慢，一种快。慢的很便宜，一元钱八张，等十天或一个星期；快的第二天取，价格就变四五元钱。要快，就要多交钱；想便宜，那你就等着。这种观念在企业当中也是根深蒂固的。很多企业都觉得这很正常，但现在却不一样。现在的竞争逼迫企业要同时满足客户的这三个要求：速度、质量、价格。即使这样，依然面临着竞争的严峻挑战。如果说服务等于利润，就需要创造一种服务的个性。衡量企业发展的标准不仅是资产的回报，还有一个重要的标准是客户满意度的回报。所谓服务的个性，就是使客户感到企业服务能满足他们的特殊要求。这样企业就获得了竞争优势，这种竞争优势就是服务个性，也就是有别于其他企业的独特的客户服务手段。

企业客户服务水平越高，就会有更多的客户光顾，也会吸引更多的忠实客户，而企业也能相应获取更多的利润。所以，把客户服务和销售分开谈是不对的。什么叫服务营销？它是一种整合。销售就是服务，服务就是销售。只有通过服务才能拉动销售，因为竞争越来越残酷，你好，就会有人比你更好。

（2）服务质量的概念

不同于有形产品，服务产品的质量水平并不完全由企业决定，而是与客户的主观感受有很大关系，它取决于客户对服务的预期质量和其实际感受到的服务水平（即体验质量）的对比。可以认为服务质量是一个主观范畴。客户通常从技术和功能两个层面来感受服务质量，因此，服务质量也就包含技术性质量、预期性质量和功能性质量三项内容。

1）技术性质量

技术性质量是服务条件的质量，是客户从服务过程中能看到的东西。它是指服务本身的质量标准、环境条件、网点设置、服务设备以及服务项目、服务时间等是否适应和方便客户的需要。技术性质量通常能得到许多客户比较客观的评价，企业比较容易掌握这一质量标准。

不少企业在提供服务时，重视改进技术，如采用“服务工业化”措施，用心设计的服务体系（软技术）和现代化设备（硬技术）取代人工服务，以此提高服务质量。技术性质量确实很重要，它能使企业取得一定成功，如果客户认为技术性质量非常重要，采用技术性竞争策略的企业往往能取得竞争优势。但是，其局限性也很明显，如果竞争对手的技术实力都很强，这类企业就很难取得长期竞争优势。

2）预期性质量

客户对服务的预期质量通常要受四个方面因素的影响，即市场营销沟通、客户口碑、客户需求和企业形象。由于接受服务的客户通常能直接接触企业的资源、组织结构和运作方式等，企业形象不可避免地影响客户对服务质量的认知和体验。客户心目中的企业形象较好，会谅解服务过程中的个别事务；如果原有形象不佳，则任何细微的失误都会造成很坏的影响。因此，企业形象被称为客户感知服务质量的过滤器。

3）功能性质量

功能性质量是服务过程的质量，是客户在接受服务的过程中亲身体验到的质量。功能性质量是指服务推广的过程，即客户与服务人员打交道的过程，服务人员的行为、态度、穿着等都直接影响客户的感知。显然，功能性质量难以被客户客观地评价，它更多地取决于客户的主观感受，与客户的个性、态度、知识、行为方式等因素有关。客户对功能性质量的看法，还会受到其他客户的消费行为的影响。所以，客户对功能性质量的评价是一种比较主观的判断，企业较难掌握。

5.1.2 客户服务质量的评价标准

由于服务产品具有无形性和差异性等特征，服务产品的质量很难像有形产品的质量那样进行科学的测定和评价。根据美国学者帕拉苏拉曼、约曼和贝瑞等所提出的服务质量模型，归纳出评价服务质量的五个评价标准。

（1）可靠性

可靠性是指服务供应者准确无误地完成所承诺的服务。客户认可的可靠性是最重要的质量指标，它与核心服务密切相关。许多以优质服务著称的服务企业，正是通过强化可靠性来建立自己声誉的。可靠性要求避免服务过程中的失误，如果企业在向客户提供服务的过程中，因某种原因而出现差错的话，不仅会给企业造成直接的经济损失，而且更重要的是损害企业的形象，使企业失去潜在的客户，而这种损失是无法估计的。

（2）可感知性

可感知性是指服务被感知的部分，即“有形部分”，如提供服务用的各种设施等。由于服务的本质是一种行为过程，而不是某种实物形态，因而具有不可感知的特征。因此，客户正是借助这些有形的、可见的部分来把握服务的实质。有形部分提供了有关服务质量本身的线索，同时也直接影响到客户对服务质量的感知。

（3）反应性

反应性主要指反应能力，即随时准备为客户提供快捷、有效的服务。对客户的各项要求能否予以及时满足，表明企业的服务能力的高低，也体现企业的服务导向，即是否把客户利益放在第一位。服务传递的效率是企业服务质量的一个重要反映，客户往往非常重视等候服务时间的长短，并将其作为衡量服务质量好坏的一个重要标准。因此，企业应尽可能缩短客户的等待时间，提高服务传递的效率。

（4）保证性

保证性是指服务人员良好的服务态度和胜任服务工作的能力，会增强客户对企业服务质量的信心和安全感。服务人员良好的服务态度会使客户感到心情愉快，自然会影响客户的主观感受，从而影响客户对服务质量的评价。服务人员具备渊博的专业知识，能够胜任服务工作会使客户对企业及其提供的产品产生信心，并对获得满意的服务感到愉快。

（5）移情性

移情性是指企业和客服人员能设身处地为客户着想，努力满足客户的要求。这便要求客服人员有一种投入的精神，想客户之所想，急客户之所急，了解客户的实际需要，甚至特殊需要，千方百计予以满足，给予客户充分的关心和体贴，使服务过程充满人情味，这便是移情性的体现。

美国论坛公司的调查研究还发现，服务质量的五个指数中，客户认为信赖度和反应度是最重要的。这说明客户更希望企业或客服人员能够完全履行自己的承诺并及时地为其解决问题。由此，我们也可以看出客户对服务质量满意度的高低与客户对服务的期望值是紧密相连的，企业需要不断地通过服务质量的五大评价指标来检讨自己所提供的服务。只有在提供的服务超出客户的期望值时，企业的客户服务质量才是优良的。

5.1.3 客户服务质量的困境

（1）客户服务质量不佳的表现

从客户服务质量评价标准来看，客户服务质量不佳主要表现在两个方面：一是服务体系的设计和服务标准的制定不能很好地体现客户的需要；二是客户服务质量管理不到位，导致实际提供的服务劣于服务承诺。

1）服务设计方面存在不足

①企业或客服人员没有意识到客户服务需求的多样性，试图以同样的服务方式和标准去满足不同的客户。

②企业或客服人员凭主观想象制定服务战略，未能深入了解客户的期望和需求。

2）客户服务质量管理实施方面存在不当

①企业或客服人员不重视服务质量。

②企业把客户服务看作是客服部专业人员的事情。

③部门和员工角色不清晰，客服部和客服人员不清楚自己哪些事该管，哪些事不该管，从而出现同一件事很多人在管，有的事情又没人管的尴尬局面。

④难以保持长期的努力。

（2）客户服务质量不佳的根源——四种差距的存在

以上对客户服务质量的评价标准和客户服务质量不佳的表现进行了分析，但这还不足以帮助我们了解客户服务质量不佳的关键问题在哪里。美国著名营销学家柏拉·所罗门和他的同事通过长期研究，制定了一个模型。该模型非常清楚地揭示出了客户服务质量不佳的根源在于四种差距的存在（图5–1）。

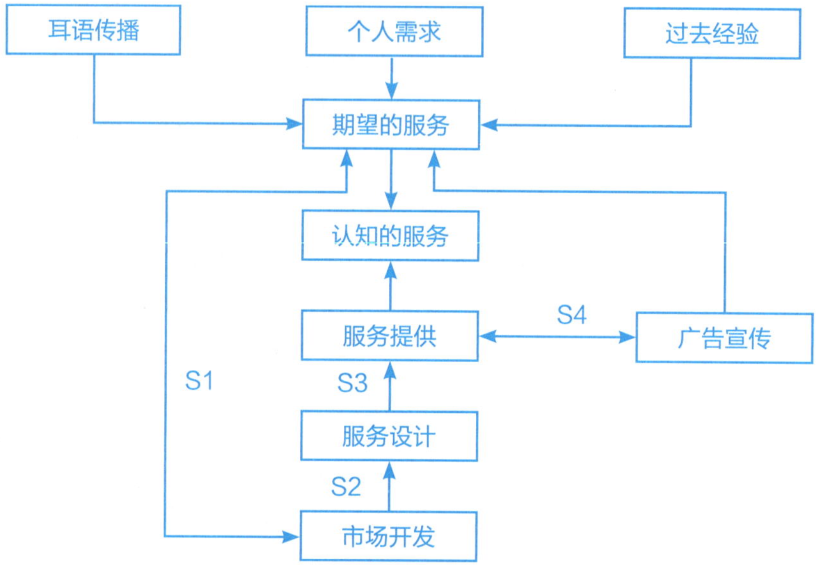

图 5–1　顾客期望与服务差距图

1）第一种差距S1——客户的期望与管理层所认知的客户期望之间的差距（不了解客户期望）

企业管理者对客户期望和需求未做深入调查和了解，仅凭主观想象制定服务战略，从而导致认识上的偏差。其结果是企业的服务设计与客户期望的服务之间产生差距，企业提供的服务是客户不需要的，客户需要的服务企业却未能提供。形成这一差距的原因主要有以下几个方面：

①企业管理者客户服务意识不强，过于注重企业经济效益。

②上下沟通的质量和效果低劣，一线市场人员所了解的客户期望不能准确传达到企业高层。

③企业管理层级过多，造成信息沟通失真。

2）第二种差距S2——管理层对客户期望的认识与服务设计之间的差距（未选择正确的服务设计和标准）

客户服务部门进行服务方案设计时主要基于其自身所掌握的客户需求信息，但对服务设计所应考虑的资源限制、市场状况、管理基础等情况却掌握不全面，而这些信息主要为管理层所掌握。这种信息的不对称性直接导致管理层对客户期望的认识与服务设计之间的差距。概括起来，第二种差距的产生主要源于两个方面：

①管理层对服务质量管理工作不够重视，造成企业服务质量管理工作无章可循，从而形成管理漏洞。

②管理者对于如何满足客户需求缺乏必要的认识，导致设计方案不可行。

3）第三种差距S3——服务设计与服务提供之间的差距（未按标准提供服务）

由于企业缺乏必要的人力资源支持，服务设计方案所规定的标准得不到很好的贯彻，在实行过程中出现偏差。企业在执行服务标准时在人力资源支持方面表现得力不从心，主要包括以下几个方面：

①企业凝聚力弱，在客户服务观念方面无法达成共识。制定好的标准成了“仁者见仁，智者见智”的游戏。

②客服人员知识、能力和性格等不适合目前的岗位。

③企业评价客服人员的绩效标准不科学、欠全面，导致考核的指标与客户最关心的方面不能很好地对接。

④角色模糊与冲突。

4）第四种差距S4——企业所提供的服务与外界沟通之间的差距（服务绩效与服务承诺不相匹配）

企业为吸引客户购买，往往在广告媒体和人际传播中夸大其服务承诺，而客户却以此为据来对企业的服务质量进行评价，很容易造成第四种差距。此外，还有以下几点原因也会导致第四种差距的产生：

①广告代理商或与一线服务人员缺乏沟通，从而导致宣传过度。

②其他职能部门与客户服务部门沟通不够，协调不好，导致客服人员对客户的承诺在执行过程中大打折扣。

③客户服务管理政策与管理流程不一致。

案例链接

海尔的售后服务承诺：对外一站到位，对内一票到底，全程无忧服务

真诚到永远，实现“用户百分百满意”是青岛海尔空调电子有限公司始终如一的服务宗旨。本公司在全国设有3000余个售后服务网点，保证及时为用户提供优质的售后服务。

（1）保修期限保证。海尔商用空调整机保修一年，主要零部件保修一年半，压缩机保修三年；海尔大型中央空调（水机系列）的保修期为货发18个月或调试后

12个月（以先到期者为准）。

（2）技术支持保证。安装过程中我公司将派专业人员进行现场安装；机组开机调试前，公司专业技术人员将对机组进行全面检查，包括对电气部分及机械部分的全面检查测试，确保安全开机。工程验收结束后，公司将派专业技师为贵公司中央空调操作人员进行现场操作培训，直至操作人员能够熟练操作为止，如在以后的操作过程中，遇到任何问题，随时可向我公司专业技师进行咨询，我公司专业技师将对提出的问题进行详细的解答。

（3）服务响应速度保证。完善的电话中心呼叫系统和备件响应系统，保证在接到贵公司的故障通知后，我公司服务人员将在2小时内做出响应，一般故障24小时内解决，重大故障72小时内修复，特殊情况将与贵公司协调解决。

（4）质量保证期外的保养服务。保证机组保修期结束后，我公司仍会为您提供各种有偿保养服务，确保您所使用的设备能够正常运行。机组保修期结束后的服务仍严格按照海尔商用空调售后服务要求和标准执行，提供机组所需的备品、备件，按我司的备件收费标准及服务的收费标准收取费用。

24小时服务热线：4006999999。

任务二　客户服务的类型

按照服务时间可以将客户服务分为售前服务、售中服务和售后服务。

5.2.1　售前服务

售前服务是指在产品销售前阶段，即产品相关信息获取、产品选择和产品试用等过程中所提供的服务，既有企业主动提供的服务，也有潜在客户要求的服务。它的关键是树立良好的第一印象，目的是尽可能地将商品信息迅速、准确和有效地传递给客户，沟通双方感情，同时也要了解客户潜在的、尚未满足的需求，并在企业能力范围内尽量通过改变产品特色去满足这种需求。从服务的角度来说，售前服务是一种以交流信息、沟通感情、改善态度为中心的工作，必须全面、仔细、准确和实际。售前服务是企业赢得客户良好印象的最初活动，所以企业的工作人员对待客户都应该热情主动、诚实可信，富有人情味。

（1）售前服务的内容

1）提供咨询服务

无论何种商品，客户在购买前都会存在或多或少的疑虑，这就需要企业的相关部门为客户提供综合咨询服务，对方便客户购买会有很大的帮助。

2）提供配套销售服务

提供配套销售服务就是将某些具有连带性的商品或者配套使用的商品，按照客户的需要组合在一起，以便客户一次购买。例如，一些商家针对新婚夫妇的特点，推出了各种型号、各种价格档次的家具和电器设备的组合类型，打消了客户的犹豫，促进了他们的购买决心。

3）提供缺货代购服务

一般来说，商家比客户掌握的商品信息要多，应该随时为客户提供代购服务。为了做好这项服务工作，可以建立一定的代购服务制度，如缺货登记，将客户需要购买而暂时没有的商品登记下来，代为客户购买。

4）请客户参与产品设计

售前服务的任务之一就是挖掘客户的需求。客户的需求是产品设计开发的重要出发点和考察因素。为了使产品或服务更加符合客户的口味，在设计开发阶段，有的企业便邀请客户参与产品的设计与开发。据哈佛大学商学院的一项调查，在上市的新产品中，有57%是直接由消费者创造的。美国斯隆管理学院调查结果则表明：成功的民用新产品中，有60%~80%来自用户的建议，或是采用了用户使用过程中的改革。

此外，售前服务的方式还有：举办免费培训班，免费试用，参观商品生产过程和使用实态，赠送宣传资料，开展产品的宣传活动，上门介绍，商品质量鉴定展示，调查客户需要情况和使用条件，等等。

（2）售前服务的重要性

优质的售前服务不仅可以满足客户的购物需求，而且可以满足客户的心理和精神需求，还能有效地避免和减少售后服务。其实与售后服务相比，售前服务就是在为自己服务，因为它不直接面对客户，但同时也就是因为这一点，它总是被很多企业忽视。售前服务具有以下优势：

1）可以扩大产品销路，提高企业的竞争能力

优质的售前服务是产品销售的前提和基础，是提高企业经济效益的关键。企业只需要多花些精力把这些已经出现或将会出现的隐患在产品出厂前消灭掉，就可以为自己在售后环节免去很多麻烦。对于消费者来说，终身免修的产品较终身保修的产品更会受到他们的青睐，毕竟谁都不愿意去给自己添麻烦。

此外，企业还可以通过让消费者参与产品设计的方式满足其个性化消费，提高设计水平，增强与消费者的互动。企业赢得消费者的支持、赢得市场，也就是提高了自身的竞争能力。

2）售前服务是企业经营决策之一

如果没有售前服务，企业就会相对缺乏消费者信息，造成市场信息不完全，企业的经营决策不理想。随着行业竞争的加剧，售前服务将成为越来越多的企业关注的焦点，只有切实将其做好，才会在竞争中胜出。

过去名牌与非名牌的区别体现在质量与售后服务上。今后，名牌还要做好售前服务工作。海尔等名牌家电厂商耗巨资建成电子商务系统，在网上接受各国消费者的订单。哪怕是只生产一台，海尔也能快速地拿出设计图纸，在网上与客户交流看法后，用最快速度生产，用最快的物流渠道送达客户。

综上所述，应该把售前服务看作关系企业生存与发展的大事，认真做好售前服务。做好售前服务工作，好处很多，难度也很大，对企业成本控制也不利。但是，有远见的企业应当打“价值战”，而非“价格战”，把售前服务及售中、售后服务都做好，即使价格高一点，消费者也是会支持的。

案例链接

某一外国客人入住北京新世纪日航饭店第二天到酒店餐厅吃早餐。出示房卡后，餐厅服务员居然说：“亨利先生，您上次坐在窗边第二张桌子，这次还坐在那里吗？”客人非常惊喜，餐厅服务员居然认识自己，还记得自己上次的位置。“好，就在那里。”点单员走过来说：“亨利先生，您上次吃的烟熏火腿三明治、红茶加鲜奶，这次和上次一样还是换样？”后来亨利知道，这些服务员认识自己，不是因为自己是会说中文的外国人，而是自己上次的所有要求都被记在客户档案中，而自己一旦再次来酒店，相应信息被激活后各个部门将共享。亨利记得这样的礼遇在全球知名的六星级酒店——泰国东方饭店才会享有，而这家中国酒店也做到了。以后再到北京出差，亨利只住新世纪日航饭店，因为这里让他享受到中国酒店的人文关怀。

（案例来源：王淑翠．赵晓燕．王春晓．客户服务案例［M］．北京：中国经济出版社，2013．）

5.2.2 售中服务

售中服务是指企业向进入销售现场或已经进入选购过程的客户提供的服务。售中服务主要由企业的销售人员提供。企业应事先对销售人员予以培训，保证其专业性。售中服务与客户的实际购买行动相伴随，是促进商品成交的核心环节。售中服务的目标是为客户提供性价比最优的解决方案。针对客户的售中服务，主要体现为销售过程管理和销售管理。销售过程是以销售机会为主线，围绕着销售机会的产生、销售机会的控制和跟踪、合同签订和价值交付等一个完整销售周期而展开的，是既满足客户购买商品欲望的服务行为，又不断满足客户心理需要的服务行为。售中服务的主要内容包括以下几个方面。

（1）现场导购

企业销售人员应热情地为消费者介绍，详细说明产品使用方法，耐心地帮助消费者挑选商品，解答消费者提出的问题等。如果需要，销售人员还应对如何使用产品进行演示。

（2）现场演示

现场演示是指企业、制造商、经营者为推广或销售某种商品而进行的各种说明、示范活动，旨在向客户宣传商品、近距离接触商品，从而让消费者接受并达成交易。

目前，比较常见的演示商品主要集中在一些外形小巧、功能单一的商品上，如蒸汽熨斗、榨汁机、扫地机、手提式吸尘机、保健器材、食品等。但随着整个社会消费水平的进步，越来越多的商品加入了现场演示的行列当中。适合于现场演示的商品一般都有效果明显、卖点独特的特点。此外，在演示中要掌握一定的技巧，既要突出演示的重点，又要有一定的趣味性，具备良好的卖场氛围。如某品牌的榨汁机示范表演，推广员为了演示其榨汁杯的摔不烂等特点，经常邀请客户拿起杯子往地上摔、用脚踩，并承诺如发现裂纹，当场赠送一台榨汁机。随着“乒乒乓乓”的声音不断响起，杯子任客户怎么摔也碎不了，围观的客户纷纷点头称赞。接着，推广员又拿出一个大塑料杯，将满满的一杯水朝榨汁机泼了下去，在客户的一片惊讶声中，推广员打开电源开关，湿淋淋的榨汁机照样正常运转。客户彻底信服了，纷纷购买。

（3）技术指导和培训服务

客户在产品使用过程中可能会存在种种疑问，如果企业能向用户提供产品的技术指导和咨询服务，就可以有效防止客户因产品使用不当而导致事故或遭受损失，同时也保护了企业的声誉。因此在销售过程中，企业应主动向客户提供知识性指导和技术咨询服务，做到防患于未然，不要等到客户提出问题或出现纠纷时，才想办法去解决。企业应通过指导咨询，争取主动把问题消灭在萌芽状态，预防客户情绪的对立，防止加大解决问题的难度，避免问题扩大化对企业及其产品的消极影响。为了让客户能熟悉产品性能、正确操作及维修，使产品可靠运行，企业应对用户进行技术、业务训练。特别是新产品，如不经训练、指导，极易发生操作故障；相反，企业通过提供培训服务，帮助用户掌握一些业务及维修技术，就会产生良好的使用效果。

（4）免费送货服务

对一些体积和重量较大的商品，消费者一般需要借助外力才能将它们运回家。企业如果能安排专人为消费者送货，一方面可以使企业获得竞争力；另一方面，消费者也会心存感激，增强对企业的好感。

（5）免费调试安装

对一些技术含量较高的商品，如计算机、空调等，消费者由于缺乏相应的技术和工具，没有能力将商品在使用前自行进行安装。在此种情况下，企业应为消费者安排上门安装调试服务。售中服务的主要形式还有：提供舒适的购物现场，照看婴儿，现场培训，礼貌待客，热情回答，等等。

优秀的售中服务将为客户提供享受感，从而可以增强客户的购买决策，融洽而自然的销售服务还可以有效地消除客户与企业销售、市场和客户关怀人员之间的隔阂，在买卖双方之间形成一种相互信任的气氛。销售、市场和客户关怀人员的服务质量是决定客户是否购买的重要因素，因此，对于售中服务来说，提高服务质量尤为重要。

5.2.3 售后服务

售后服务是指企业向已购买商品的客户所提供的服务。它是商品质量的延伸，也是对客户感情的延伸。这种服务的目的是增加产品实体的附加价值，解决客户由于使用本企业产品而带来的一切问题和麻烦，使其放心使用，降低使用成本和风险，从而增加客户购买后的满足感或减少客户购买后的不满情绪，以维系和发展品牌的目标市场，使新客户成为回头客或者乐意向他人介绍推荐企业产品。售后服务管理的关键是坚持、守信、实在，售后服务项目是企业在设计服务项目中最有潜力可挖的一个方面。售后服务的内容包括以下几个方面。

（1）建立消费者档案

企业建立消费者档案不仅便于以后以上门拜访、打电话、寄贺年片等形式的回访，与消费者建立经常性的联系，增进双方的感情，提高消费者的重复购买率，而且可以借以了解消费者的需求变化和消费心理，增加服务内容和项目，满足市场需求，吸引消费者购买。例如，日本某食品公司开业不久，精明的老板向户籍部门索取市民生日资料，建立客户生日档案。每逢客户生日，该公司派员工把精制的生日蛋糕送到其家中。这一举措让客户惊喜不已，与之相应，该公司的社会知名度越来越高，生意越来越红火。

（2）及时回访消费者

在消费者购买本企业的产品或服务后，企业要及时对消费者进行电话或信函回访。这样一方面可以监督本企业销售人员和为消费者服务的其他人员的工作；另一方面，可以了解消费者在使用本企业的产品或服务后的感受和建议，以备以后进行改进。重视客户回访，说明企业在客户服务意识方面的增强，但不容忽视的是，大部分企业并不能够充分发挥客户回访的真正价值，很多只是为了回访而回访。

当客户通过来信、来电等方式向零售企业寻求信息和帮助时，零售企业应认真对待，及时回复，详细解答客户的问题，让客户感到自己被重视和尊重，从而增强对企业的认可和信赖。如果客户所需要的服务在回复中难以尽述，零售企业应派有关人员及时回访客户。回访的目的是尽可能消除客户的不满情绪，为客户解决问题。这不仅可以赢得客户对企业的信赖，而且同时带回有价值的信息，为零售企业今后产品的销售和改进打下良好的基础。

（3）对产品实行“三包”

企业应按国家规定对产品实行“三包”，或者自行与消费者约定“三包”内容。“三包”服务是指对售出商品的包修、包换和包退的服务。

包修服务是指对消费者购买的本企业的产品，要在保修期内实行免费维修，超过保修期限收取维修费用。包修制度是售后服务的主要内容之一。有无保修对于客户来讲是非常重要的。客户购买有保修承诺的商品，就如同吃了一颗“定心丸”，对销售的促进作用十分显著。

包换服务是指对消费者购买的不合适的商品予以调换。

包退服务是指如果消费者对购买的商品感到不满意，或者质量有问题，企业保证消费者有退货的权利。客户一旦认识到销售者是诚心诚意为客户服务，退换反过来又会大大刺激企业销售。若零售企业只顾眼前利益，不顾企业信誉而拒绝退换货则无异于捡了芝麻丢了西瓜。当然，退换也要讲原则，必须按规定退换。

对在“三包”期内出现的问题，企业应当负责修理、更换和退货。如在“三包”期限内两次修理仍不能正常使用，企业应该负责更换或者退货。《中华人民共和国消费者权益保护法》第48条规定：依法经有关行政部门认定为不合格的商品，消费者要求退货的，经营者应当负责退货。如果是这种情况，企业应负责换货和退还由消费者支付的合理费用。

（4）妥善处理客户的投诉

当客户购买商品时，对商品本身和企业的服务都抱有良好的愿望和期盼，如果这些愿望和要求得不到满足，就会失去心理平衡。由此产生的抱怨和想讨个说法的行为，就是客户的投诉。

有交易的地方就会有投诉，投诉是客户因不满而向提供产品或服务的企业采取的一种对抗形式，实质上是一种企业与客户的冲突形式。但即使是最优秀的企业，也难免因出现失误引起客户不满而发生客户投诉现象。一方面，企业和销售人员应尽可能地减少这种情况的发生；另一方面，在遇到消费者投诉时要运用技巧妥善处理，使消费者由不满意转变为满意。服务上存在一种叫作“服务补救悖论”的现象，说明了妥善处理客户投诉的重要性。如果员工以积极正面的方式回应了服务失败，客户将会满意地记住这次服务接触。因此，即使服务接触产生了服务失败，客户回忆起来仍会是一次愉快的消费经历。事实上，如果发生了服务失败并且员工成功地弥补了失败，较之服务交付第一次就成功，客户会对服务绩效有着更高的评价。

企业可提供的售后服务还有用户现场交流、用户联谊活动等。在市场激烈竞争的今天，随着消费者维权意识的提高和消费观念的变化，消费者在选购产品时，不仅注意到产品实体本身，在同类产品的质量和性能相似的情况下，更加重视产品的售后服务。因此，企业在提供物美价廉产品的同时，向消费者提供完善的售后服务已成为现代企业市场竞争的新焦点。

案例链接

热情服务培育忠诚客户

英国裤袜国际连锁公司的主人米尔曼开始只经营男士领带，且营业额不大。后来她发现不仅是男士，而且妇女也要求购物方便、快捷，她们往往不愿为购买一双长筒袜而挤进百货商场，而愿意只花几分钟在一家小店购得。米尔曼对顾客的这种心理摸得很清楚，十分注重经营速度、方便顾客和周到服务。尽管价格上略高于百货商场，但周到的服务足已弥补价格较高的不利因素，而且还绰绰有余。米尔曼1983年4月在伦敦一个地铁站创建第一家袜子商店时，资金不足10万美元，经过几年的经营，现已成为世界上最大的妇女裤袜零售专业连锁公司，在英国已有上百家分店，在欧美其他国家有30多家分店，销售额已近亿美元。米尔曼的公司的发展，靠的就是向顾客提供快捷、方便和周到的服务。

在美国德克萨斯州利昂时装店有一名叫塞西尔·萨特怀特的女销售员，已经67岁了，她一年销售的鞋子价值60万美元，她自己的年收入达10万美元。由于她的出色服务质量而被称为传奇人物。

顾客总是慕名而来，也满意而去。走进这家商店，经常看到不少妇女在等她。她的顾客中，有政府女职员，有在公司工作的女职员，也有女律师、女医生，还有政府官员和企业界巨头的夫人。她们不仅每隔一定时间就到塞西尔那里去买鞋，而且当准备出差或旅行时也去她那里，以觅一双舒适美观的鞋。妇女们喜欢去她那里买鞋并非那里的鞋特别时髦，也不是店里的设施特别讲究，而是塞西尔给予她们的那种特殊的、情意绵绵的关注和服务。她接待顾客时，会使顾客感到好像她生活中除你之外再没有任何人似的。如果这双鞋你穿着不合适，她是不会让你买的；如果另一双鞋穿在你脚上不好看，她也绝不会卖给你；她进库房为你拿出来挑选的鞋，有时可多达30双。每次你试穿一双，她都陪你照镜子，而且，她有时会跪在你脚下，帮你穿上脱下。塞西尔这样做，自有她的服务观念，人们都希望生活中有些令人高兴的事，而大部分妇女到她那里，所需要的正是热情、周到的服务。这种服务观念像一块强大的磁石，吸引了众多忠实的顾客。

任务三　客户服务质量管理的内容

5.3.1　制定客户服务质量标准

制定客户服务质量标准的步骤包括以下几个方面。

（1）识别客户接触关键点和客户期望

客户服务部应全面、深入地调研企业与客户接触的关键点和客户对这些关键点的服务期望。

（2）将客户期望转换成客户服务行为标准和质量标准

客户服务部根据客户期望的服务质量标准，将其转换成每个服务接触点的行为标准和质量标准。制定客户服务行为标准和质量标准应遵循以下原则：

①客户服务标准应基于对客户最重要的行为和行动。

②客户服务标准应反映需要改进或维持的行为表现。

③为客户服务人员能够改进的行为和行动设立客户服务标准。

④制定客户服务人员可以接受的客户服务标准。

⑤客户服务标准要为客户预期而立而不是被动反应。

⑥客户服务标准既有挑战性又切合实际。

（3）选择合适的服务标准

根据客户的需求，客户服务部应制定合适的服务标准。

（4）为客户服务标准的评估制定反馈机制

制定反馈机制至关重要的一个方面是要确保从客户的角度而不是企业的角度控制服务过程。

（5）建立客户服务标准的指标和目标

①按客户服务标准进行评估；

②为客户服务人员提供绩效反馈信息；

③服务目标水平和评估尺度的升级更新。

制定客户服务质量标准工作流程图，如图5-2所示。

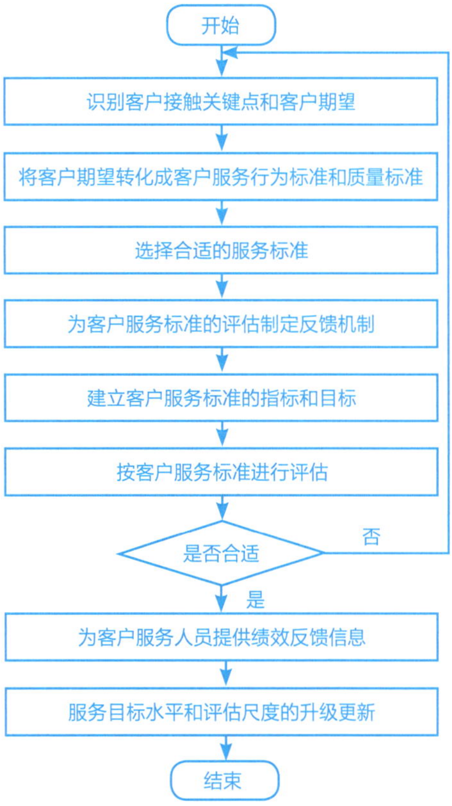

图5-2　制定客户服务质量标准工作流程

5.3.2 制定客户服务质量管理文件

为确保客户服务质量，企业应建立一个完善的服务质量文件体系，以满足服务质量管理和服务质量体系有效运行的需要。所有文件都应清晰明了，并注明制（修）订或实施的日期。

（1）服务质量管理文件的内容

企业的服务质量文件主要有：

①服务质量手册；

②服务质量标准；

③服务规范；

④服务管理标准；

⑤服务管理制度；

⑥服务质量计划等。

（2）编制服务质量管理文件的方法及步骤

1）编制服务质量管理文件的方法

①自上而下依次展开的编写方法。根据服务目标、服务质量手册、服务程序文件、服务质量标准、服务质量记录的顺序编写。

②自下而上的编写方法。按服务质量标准、服务程序文件、服务质量手册的顺序进行编写。

③由服务程序文件开始，向两边扩展的编写方法。先编写服务程序文件，再进行服务质量手册和服务质量标准的编写，此方法可缩短文件编写时间，一般可在2~3个月内完成。

2）编制服务质量管理文件的具体步骤

①由客户服务部负责成立服务质量文件编制小组；

②指定专人负责编制服务质量文件的培训工作；

③制订服务质量文件编制的总体计划；

④进行服务质量管理过程的策划；

⑤制订服务质量文件编制的实施计划；

⑥服务质量文件的起草；

⑦服务质量文件的审核批准；

⑧服务质量文件的改进和完善。

上述编制服务质量管理文件的步骤可用图5–3来表示。

服务质量文件的管理流程如图5–4所示。

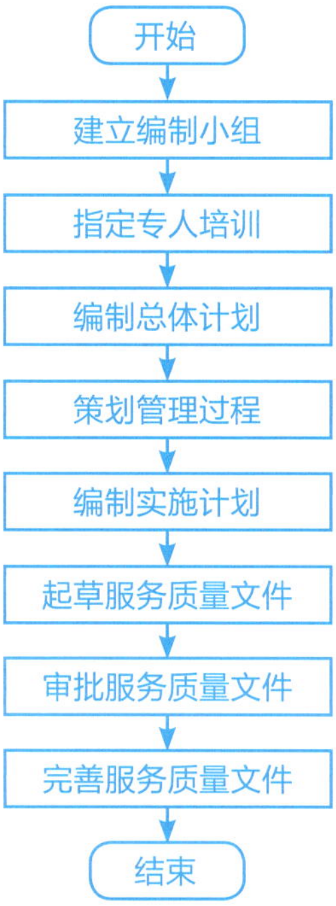

图 5-3　编制服务质量管理文件的步骤

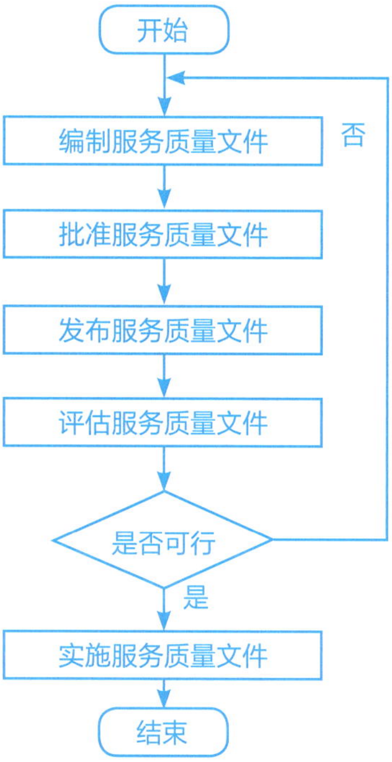

图 5-4　服务质量文件的管理流程

5.3.3　做好客户服务工作质量记录

（1）服务工作质量记录的内容

服务工作质量记录是阐明所取得的结果或提供所完成活动的证据文件。记录可以是纸面的，也可以是其他方式储存的资料。客户服务部门与其他部门所涉及的质量记录问题是不同的，服务工作质量记录包含以下内容。

①服务的内容；

②服务标准；

③服务监督人员；

④服务传递程序；

⑤服务质量记录归档要求等。

（2）服务工作质量记录的管理流程

服务工作质量记录的管理流程如图5-5所示。

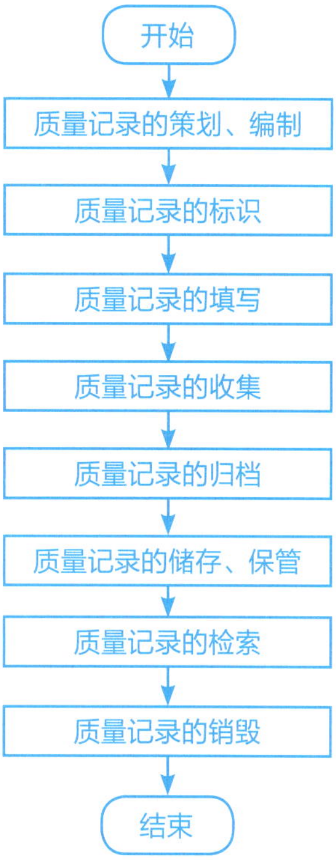

图 5-5　服务工作质量记录的管理

案例链接

洗衣机可以洗地瓜吗？

海尔的维修服务人员接到客户的抱怨，说他们的洗衣机不经用，刚用没多长时间就坏了。维修人员上门一看，原来北方的农民用洗衣机洗地瓜，地瓜的泥土太多，堵塞了排水口。维修人员并没有指责客户使用不当，而是维修好洗衣机后，表示会把顾客的意见反馈给公司。公司员工就想，如何才能满足北方农民洗地瓜的需求。于是公司马上开始研发了一种既能洗衣服又能洗地瓜的洗衣机。

任务四　客户服务质量管理的要求

5.4.1　客户服务质量的检查、控制、审核和评估

（1）服务质量检查

1）服务质量检查的原则

为了使服务质量检查发挥作用，客户服务部须遵循以下原则：

①实事求是的原则。

②注重实效的原则。服务工作规范的每个过程都应得到有效控制和适当的评估。

③逐项检查的原则。将检查内容、服务内容和征求意见内容分项细化，逐项检查和征求意见。

④严查严办的原则。专项检查后要对服务人员中那些素质差、实际服务水平低、服务工作问题多的服务人员进行相应的处理。

⑤自主检查的原则。服务人员要对所从事的服务活动进行自检，并将自检结果作为评估活动的一个组成部分。

⑥实时检查的原则。客户评价是一个重要的方面，在服务提供过程中，客户的随机性评价将被记录作为评价服务质量的参考标准，定期的调查将采用调查表、询问式调查、客户座谈会等方式进行，这些调查将通过分析作为客户满意度的一种评价。

⑦动态检查的原则。

2）服务质量检查的步骤

①熟悉和掌握服务标准，制订服务质量检查计划。把有关的服务标准转换成具体、明确的质量要求和检查方法，通过标准的具体化，使有关人员熟练掌握服务标准。

②采用各种检查方法，对各种服务人员特性进行定量或定性的测量，以获取所需信息。

③比较。把检查结果与服务标准进行比较，看是否符合规定的标准。

④判定。根据比较的结果，判定被检查人员是否合格。

⑤处理。处理阶段包括以下内容：对合格人员予以放行，对不合格人员给予警告并进行跟踪管理。

上述服务质量检查的步骤可用图5-6表示。

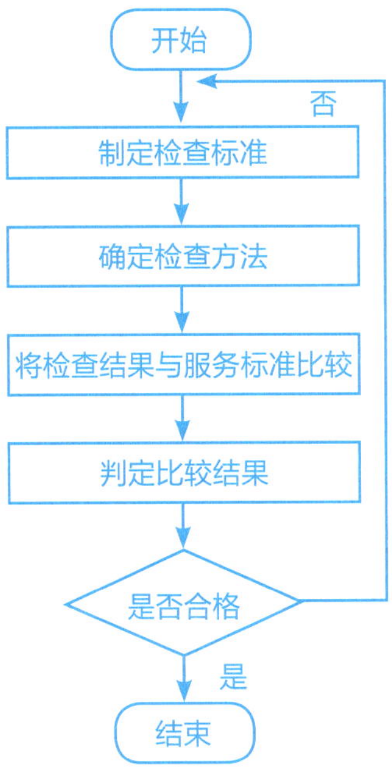

图 5-6　服务质量检查的步骤

（2）服务质量控制

为了使客户服务质量控制发挥作用，客户服务部须遵循以下原则：

1）凡影响到客户服务质量要求的各种客户服务技巧和活动，都要制订计划和程序。

2）保证客户服务计划和程序的实施，并在客户服务实施过程中进行连续的评价和验证。

3）对不符合计划和程序的客户服务活动进行分析，并对异常活动进行处置及采取纠正措施。

4）客户服务部还需注意客户服务质量控制的动态性。由于客户服务质量要求随着时间的进展而不断变化，为了满足新的客户服务质量要求，对客户服务质量控制要不断更新要求。

5）劝客户服务部应通过不断提高客户服务设计水平、客户服务检查标准，不断开发新客户服务产品，改进旧客户服务产品，以满足不断更新的客户服务质量要求。

（3）服务质量审核

1）服务质量审核的内容

根据服务质量的要求，结合企业营销实际情况，编制确定下列服务质量审核要素，以指导企业全面服务质量管理的深入开展。

①服务需要调研与评定。包括服务需要调研与评定的程序；服务需要调研范围；服务需要调研方式；服务设想报告。

②服务设计。依据评定的客户需要和服务设想报告，进行服务设计以满足客户需求。具体内容包括：服务环境设计；服务设施配置；服务规范编制。

进行服务设计时，首先要按岗位编制营业员的服务规范，其次要编制企业其他服务人员的工作（作业）规范及相关的管理标准（即服务过程中的服务质量控制标准）。

③服务提供。包括不合格服务的纠正措施；不合格服务的处理；服务质量考核与奖惩；服务质量的检查与考核；客户评价。

④服务绩效分析与改进。服务绩效分析是对服务全过程作业进行连续性评价，作为识别和改进服务质量的机会。因此，企业客户服务部应定期或不定期地进行服务绩效分析和改进活动。

2）服务质量审核的步骤

服务质量审核的步骤如图5-7所示。

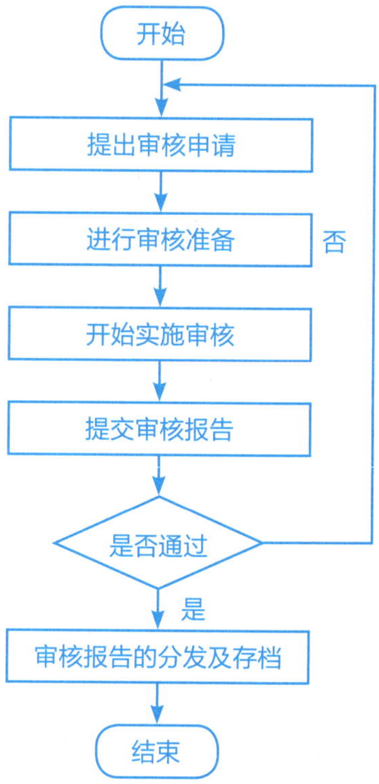

图 5-7　服务质量审核的步骤

（4）服务质量评估

1）服务质量评估的原则

在对服务质量进行评估时，要谨记以下三项原则：

①以客户满意度评估为中心。客户满意度评估必须成为整个评估过程中不可缺少的部分，并且留意过程评估与产品评估是否满足客户的期望。

②采用合适的激励方式。

③让评估工作对各级服务人员有重大影响。

2）服务质量评估的步骤

服务质量评估的步骤如图5-8所示。

3）服务质量评估的方法

对服务质量的评估可以同时从两个方面进行：一是由公司内部组织评估；二是通过客户评价来发现服务质量问题，并加以改进。将内外评估结果结合起来，确定服务质量的优劣。

①客户评估。包括：服务质量特性分类；客户调查问卷设计；客户评价调查。

②公司内部组织评估。公司内部组织对服务质量的评估应该有组织、有计划地进行，主要包括以下步骤：

a. 评估决策，准备进行评估，根据评估的目的确定评估的范围和深度，使其达到预期评估目的。

b. 建立评估小组。确定评估小组的规模和组成人员，通常由领导或有代表性的人员参加。必要时还可以邀请技术专家和观察员参加。

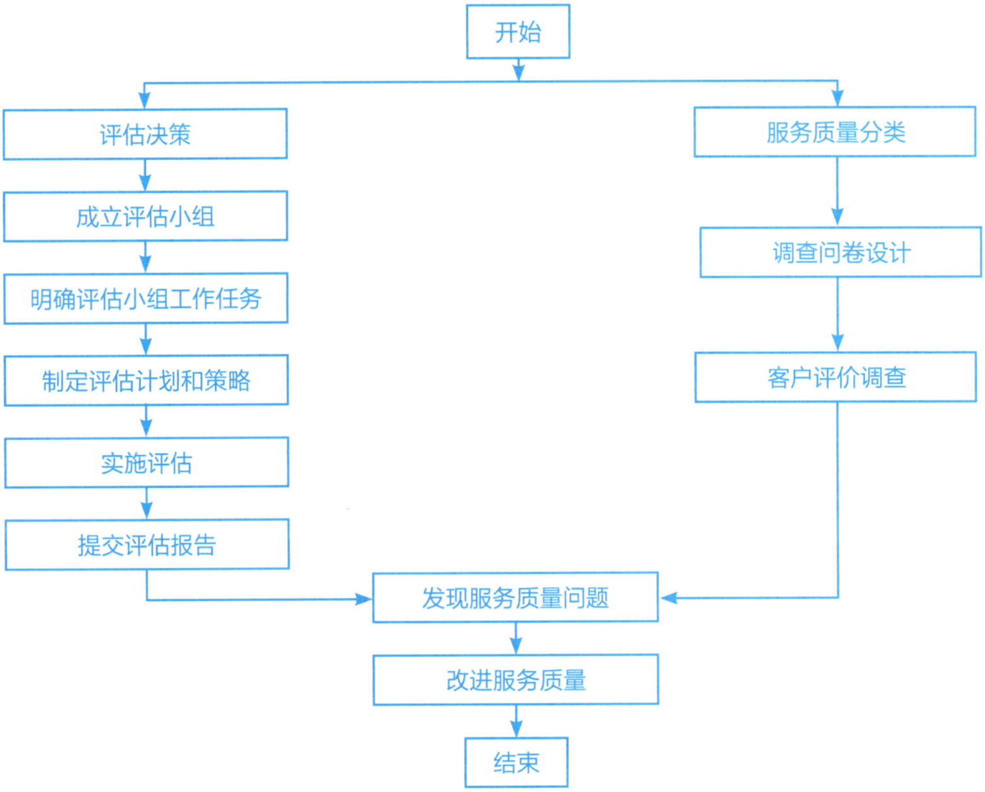

图 5-8　服务质量评估的步骤

c. 明确评估小组任务。评估小组建立之后，应由评估组长召开评估组会议，向评估小组成员分配任务，明确评估组长和评估人员的职责，随之进行各种必要的准备工作。

d. 制定评估计划和策略。选择评估指标体系，制定评估的计划及应对策略。

e. 实施评估。评估人员根据指标体系，对每一个指标进行详细调查、评估。一般采用专家调查法。

f. 提交评估报告，将最终的评估成果提交给有关部门。

g. 发现服务质量问题。

h. 改进服务质量。

5.4.2　提高客户服务质量的方法

（1）以客户为关注焦点

任何企业都依存于客户，企业失去了客户，就失去了存在和发展的基础。因此，企业必须时刻关注客户潜在的需求和期望及其对现有服务的满意程度，根据客户的要求和期望改进工作，以取得客户的信任，稳定地占领和扩大市场。

（2）全员参与客户服务过程

提高服务水平需要企业全体员工的参与，首先要使员工了解他们在岗位中的作用及他们工作的重要性，明确目标和责任。然后给他们创造提高知识技术和经验的机会，使他们对客户服务工作负有使命感，并愿意做出贡献。

（3）持续改进客户服务

持续改进是增强企业满足客户要求能力的循环活动。市场是变化的，客户会不断地提出新的要求，如果企业不能随之持续改进，就会失去客户，进而失去市场。任何企业服务的充分性都是相对的，企业要根据变化不断地调整服务内容和服务措施，为客户提供满意的服务。

（4）提供个性化服务

在传统的观念中客户是具有相似需求的一个群体，企业所提供的产品或服务只是满足目标市场客户的相似需求而不能满足每一个客户自身个性化的需求。要真正达到客户满意就必须实施个性化的服务，也就是要根据每一位客户的年龄、身份、职业、过去的购买行为和购买偏好等因素，因人而异地提供独特的产品和服务。如海尔推出的“我的冰箱我设计”活动，在不到一个月时间内，就收到100多万台定制冰箱的订单，创造了行业奇迹。海尔集团把满足消费者个性消费需求作为追求的经营目标，从设计洗地瓜的洗衣机、六角形的冰箱等大个性化产品，到定制冰箱的小个性化产品，其个性化经营策略创造了一个又一个令人称叹的市场奇迹。定制冰箱的服务中，能感受到强烈的个性化消费气息，能感受到企业个性化的服务给客户带来的个人价值的体现。

（5）沟通响应要及时

企业应该与每个客户进行对话，并让这种对话成为一种学习的关系。客户会说出他们需要的服务，企业则为他们提供所需的东西。客户在这种合作关系中会提供建议，并具体说明需要什么样的新服务。企业应从培养客户的忠诚度出发，全面了解客户所需，包括他们需要什么、何时需要、怎样需要，从而提供合适的、个性化的、即时的、具备竞争力的产品和服务，锁定客户的使用习惯，建立服务品牌忠诚。

5.4.3 消除四种差距的思路

由于客户对服务质量的满意度与四种差距的存在密切相关，因此从根本上提高客户服务质量就要从消除四种差距着手。而要消除四种差距，既关系到客户管理理念的更新，又关系到客服管理机制的完善，还关系到客服管理技术的创新。其中理念是灵魂，机制是大脑，技术是肌体，三者的关系如图5-9所示。

首先，企业上下应该达成共识，树立“客户是企业生存之本”的客服管理理念。尤其是管理层，应该将这种观念植入脑髓，然后向员工灌输，塑造一种“对客户负责，为客户着想”的企业文化。这既是客户服务管理质量评价标准中同理度的要求，也是消除第一、第二种差距的直接保证。

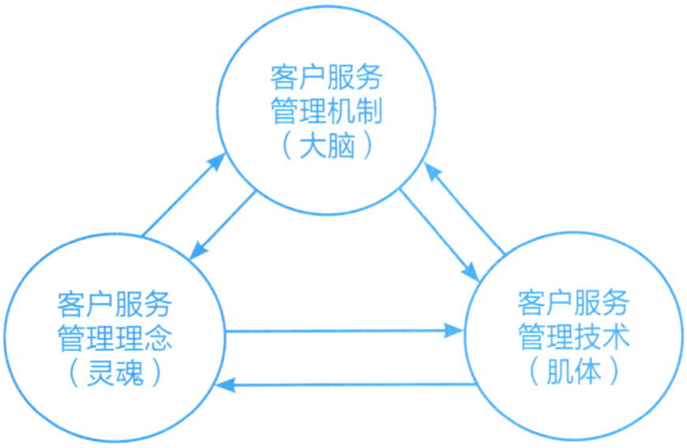

图 5-9　客户服务管理理念、机制和技术三者之间的关系

其次，企业应形成完善的客服管理机制，做到客服管理的组织结构专业化、工作方式标准化、管理制度化和员工职业化。

同为碳元素，钻石却比石墨坚硬、值钱得多，这是为什么呢？原因就在于结构的不同。同样的员工，通过建立专业化的客服管理组织结构，明确岗位需求和岗位职责，然后将合适的人放到合适的岗位上，去从事合适的工作，就能较好地消除第三种差距。

将所有的服务工作标准化，并以流程图的形式表现出来，同时建立相匹配的管理制度，也会为第三种差距的消除产生积极的影响。同时，这也是客户服务管理质量评价标准中可感知性的具体体现。

职业化的员工是企业取信于公众和客户的重要保证，这既是客户服务管理质量评价标准中信赖度和专业度的要求，也是消除第四种差距的人力保障。

最后，客服管理技术的创新是提高客服质量可靠性的重要保障。如电信、保险、金融、物流等行业通过呼叫中心、数据仓库和数据挖掘等技术为客户提供自动化解决方案，极大地提高了企业客户服务管理质量的专业度和反应度。

案例链接

顾客想吃家乡菜

一天，一个由32位台湾老人组成的旅游团来到某高星级饭店，要求尝一尝地道的家乡菜。可是，饭店管理人员并不知道他们到底要吃哪儿的菜，喜欢什么口味，有什么特殊要求等。于是，饭店经理一连打了十几个电话，终于了解到这批台湾老人入住的酒店，通过与那家酒店联系，通过传真要到这些客人在这个城市所有用过餐的菜单，掌握了许多非常有价值的信息。

饭店经理了解到这些客人都是从浙江宁波去台湾的。当服务员为客人们送上一桌地道的宁波菜时，老人们仿佛孩童一般地欢呼起来。不一会儿，这些菜就被一扫而光，老人们非常满意。他们说，这是他们到大陆后吃到的最香、最满意、最开心的一顿饭，并向饭店表示诚挚的感谢。

点评：真正超值的服务并不是简单地满足顾客的要求，而是在满足他们要求的同时给他们意外的惊喜。台湾老人团要求吃家乡菜，估计很多人以为是台湾菜，但是这个饭店的经理通过了解调查发现他们是从宁波去的，家乡自然就是宁波。所以才有最后的感谢。

思考与训练

一、选择题

1. 客户服务质量的RATER标准是指（　　）。

A．信赖度　　B．专业度　　C．有形度

D．同理度　　E．反应度

2. 下列不属于客户服务质量检查原则的是（　　）。

A．实事求是　　B．注意时效

C．快速检查　　D．动态检查

3. 下列选项属于客户服务质量评估原则的是（　　）。

A．以客户满意度为中心　　B．采用合适的激励方式

C．让评估工作对各级服务人员有重大影响

D．实事求是

4. 以下哪种客户服务工具不属于电子商务环境下的客户关系管理在前端实施的服务功能？（　　）。

A．个性化网页服务功能　　B．在线客服

C．订单自助跟踪服务　　D．客户状态分析

5. 著名经济学的2：8原理是指（　　）。

A．企业80%的销售额来自20%的老顾客

B．企业有80%的新客户和20%的老客户

C．企业80%的员工为20%的老客户服务

D．企业的80%的利润来自于20%的老顾客

6. 在大客户管理中，（　　）是客户服务的最高层次。

A．个性化服务　　B．个性化产品

C．主动性服务　　D．提供战略上的支持与合作

7. 企业实施客户关系管理的最终目的是（　　）。

A. 把握客户的消费动态

B. 针对客户的个性化特征提供个性化服务，极大化客户的价值

C. 做好客户服务工作

D. 尽可能多地收集客户信息

8. 一般认为，最早在美国20世纪80年代初兴起的（　　）是CRM产生的萌芽。

A. 客户服务　B. 接触管理　C. 营销管理　D. 客户联盟

9. 企业业务流程的起点是（　　）。

A. 客户服务　B. 客户的需求　C. 客户满意　D. 以上均对

二、简答题

1. 简述客户服务质量管理的意义。

2. 简述客户服务质量不佳的表现。

3. 简述制定客户服务质量标准的步骤。

4. 简述客户服务质量文件的内容。

实训

选择一家企业，通过小组讨论的方法总结该企业在客户服务质量管理方面的成功之处和不足之处，并给出改进意见。

案例分析

一只小虫子引起的风波

某三星级饭店一行15人由总经理率领慕名来到本市一家饭店用晚餐。他们此行的主要目的是想学习该饭店的管理和服务，看看菜肴如何。晚7时他们来到单间“春”厅，虽有预订，因多来了几个人，使得服务员和领班手忙脚乱地加椅子和餐

具。人们还没有坐下，一位客人指着墙上那幅字，问服务员写的是什么？服务员答："不清楚。"又问领班，答："不知道。"入座后，客人点菜，问："最近咱们餐厅推出什么特色菜没有？"领班回答："不清楚，我到厨房问一下告诉你。"客人点完菜，领班把菜牌一收离开了。15分钟后才开始上凉菜。客人们发现转盘底下爬出一只蚂蚁，叫服务员赶快处理；同时，一位客人从啤酒杯里打死一只小虫子后，让领班换一只杯子，换后，客人觉得更换的这个杯子似乎就是刚才那个杯子，因为发现杯子里有手拿过的痕迹，要求再重新换一个。领班不情愿地拿来一个与原来杯子不同的高脚杯，往桌子上"砰"地一放，客人讲："怎么是这种杯子？"领班答："杯子没有了，这才是喝啤酒的杯。"

席间，客人流露出对领班的不满，就对服务员讲："你服务得不错，你们那个领班真不像话。"后来领班也就没有出现了。结账时客人提出要打折，一位自称是部长的小姐讲："我做不了主，得上报。"客人中的主人（即总经理）对那个部长小姐开玩笑地讲："你可得注意，这个人不好惹（指要求打折的同事），他是黑社会的头儿。"部长小姐回敬道："没关系，我们敢开这么大一个店，就不怕有人来捣乱。"10分钟后，部长小姐把投诉客人叫出去了。餐饮部经理（一个老外，会讲中文）出面说："可以考虑打折，但只能打八五折。"客人讲："不行，你们服务出现这么多问题，菜肴也不好，怎么也得打六折。"餐饮部经理讲："我做不了主，得上报。"这样僵持不下，10分钟又过去了。最后值班经理（是饭店的人力资源总监）来了，听了投诉经过后说："你们讲的那个领班服务不好我知道，她不代表我们饭店。""你们不能指责服务员，你们是人，他们也是人。"最后，以八折达成协议。可是，客人一看账单觉得价格不对，打折下来应为3200多元，怎么是3600多元？仔细一算，发现将基围虾和另一个菜按两份结账。这下客人火了，客人说："本来是想来考察，学习学习，没想到不仅没学到东西，反而让人生气。""钱不在多，关键是要争一口气。"

思考题

这家饭店管理和服务质量问题多多。服务过程出现了哪些问题？应该如何提高该饭店的服务质量？

项目六

客户体验管理

能力目标

通过完成本项目的教学，具备以下基本能力：

1. 能够依据客户体验法则实施客户体验；
2. 能够独立设计客户体验方案；
3. 能够利用客户体验的平台建立与维护客户关系。

职业素养

在本项目的教学中，重点关注如下职业素养的培养：

1. 培养耐心服务的态度；
2. 团队合作的精神。

知识目标

通过完成本项目的教学，具备以下基本知识：

1. 熟悉客户体验原则；
2. 客户体验方案设计方法；
3. 建立客户体验平台的步骤；
4. 掌握客户体验的模式。

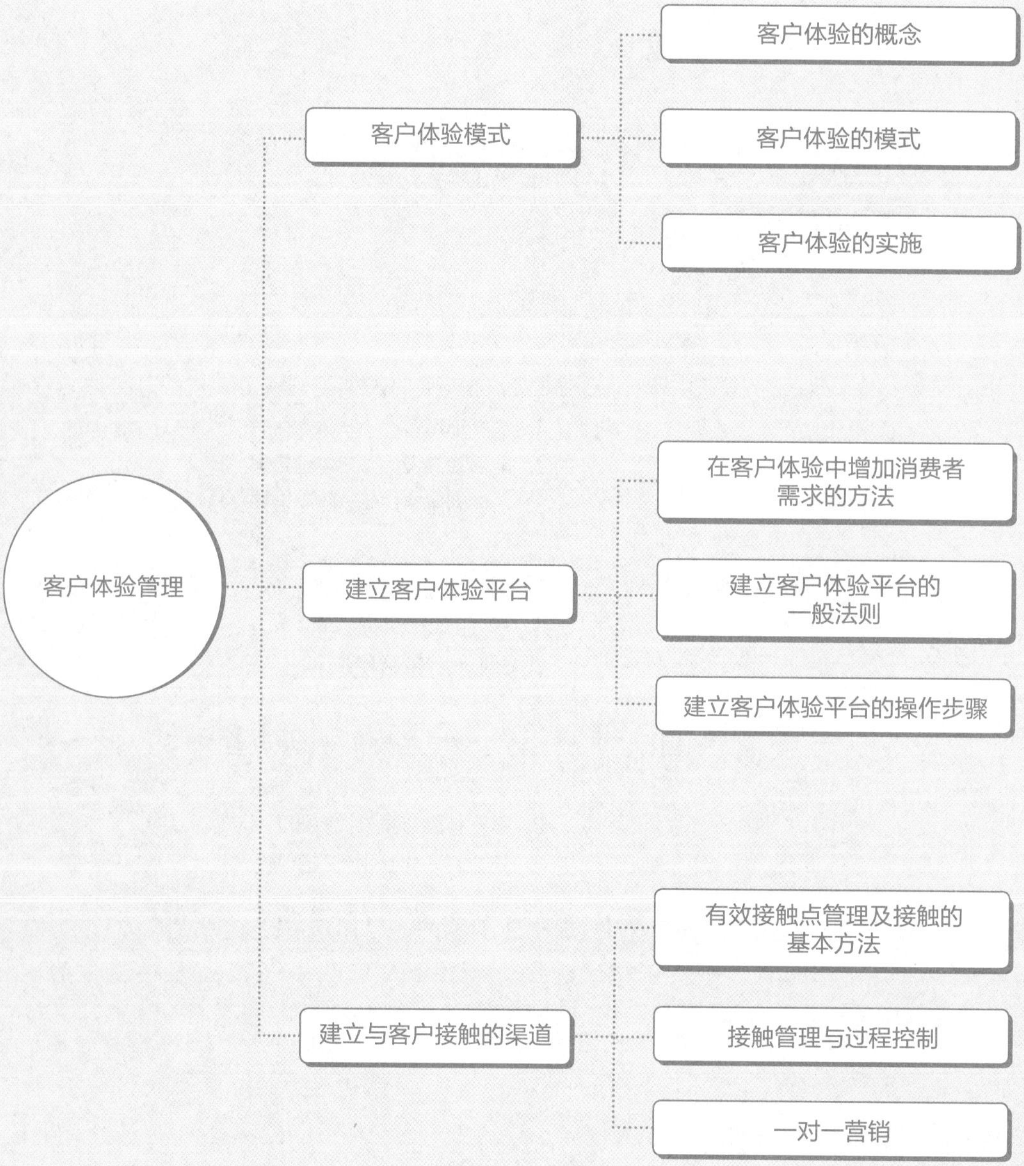
客户体验管理
客户体验模式
客户体验的概念
客户体验的模式
客户体验的实施
建立客户体验平台
在客户体验中增加消费者需求的方法
建立客户体验平台的一般法则
建立客户体验平台的操作步骤
建立与客户接触的渠道
有效接触点管理及接触的基本方法
接触管理与过程控制
一对一营销

项目导入

客户体验——世界电信业最佳实践案例分享

由于土耳其政府对移动通信市场管制的放松，移动通信市场竞争越来越激烈，多家移动通信公司价格下降、利润降低，客户却仍然流失严重。土耳其大型移动运营商Turkcell决定另辟蹊径，把重点放在保留高价值客户上，为客户提供卓越的客户体验。他们作了一个大胆的决策：将营销中影响客户的部分转移到客户服务外包商那里，从而把自己打造成一个纯粹的客户管理企业。外包商的报酬来自开发客户价值而不是降低服务成本。所有流程都以客户事件为基础而非内部任务。这样，绩效度量反映的就是客户体验而不是内部效率。每一次与客户打交道都被看作一个学习和改善客户体验的机会，让客户参与到企业的改善和改革流程之中：亲爱的客户，您还记得您最后一次要求客户服务代理机构（不是营销调研）给出反馈是什么时候吗？您要求改善您得到的服务并告知您将采取哪些改善措施是否得到回复？Turkcell是否按时实施改善了您的服务？还有哪些新的问题出现吗？Turkcell确保客户的问题迅速得到有效的控制。

Turkcell取得的成果有目共睹。在市场开放和竞争加剧导致价格一路走低的情势下Turkcell却逆势而上。2016年，Turkcell净利润增长54%，达到14亿美元，年收入增长35%，达到63亿美元。Turkcell并没有什么高人一等的举动，他们只是非常清楚自己的客户策略，同时贯彻于整个企业，保持其一致性。他们所用的CRM技术和别人并无区别，ROI却比别人高，因为它们都被用来支持客户策略，并且与企业内部其他业务之间是完全和谐的。

项目任务分解

现在你就正在进行的CRM项目体验，从客户关系管理营销规划，到潜在客户寻找、客户信息登记等，你努力地保持与客户的沟通与联系，为此你在此节中的任务就是体验和客户的沟通与服务过程。

任务：体会客户沟通与服务的体验重要性。

任务一　客户体验模式

6.1.1　客户体验的概念

客户体验管理是近些年兴起的一种崭新的客户管理方法和技术。伯尔尼·H.施密特（Bernd H. Schmitt）在《客户体验管理》一书中将客户体验管理（customer experience management，CEM）定义为“战略性地管理客户对产品或公司全面体验的过程”，它以提高客户整体体验为出发点，注重与客户的每一次接触，通过协调整合售前、售中和售后等各个阶段，各种客户接触点或接触渠道，有目的地、无缝隙地为客户传递目标信息，创造匹配品牌承诺的正面感觉，以实现良性互动，进而创造差异化的客户体验，实现客户的忠诚度，强化感知价值，从而增加企业收入与资产价值。通过对客户体验加以有效把握和管理，可以提高客户对公司的满意度和忠诚度，并最终提升公司价值。

（1）体验

体验，也叫体会。是用自己的生命来验证事实，感悟生命，留下印象。经过亲身体验，使我们感到真实，并在大脑记忆中留下深刻印象。使人们可以随时回想起曾经亲身感受过的生命历程，也因此对未来有所顶感。一个以色列企业家开了一家咖啡店，名为“真假咖啡店”，店里没有任何真正的咖啡，但是穿戴整齐的侍者仍有模有样地装作为客人倒咖啡、送糕点。让消费者体验到咖啡厅交朋友、聊天的社交经验。

例如，位于美国拉斯维加斯的论坛购物中心，铺设着大理石地板，偶尔还有古罗马士兵行军穿过白色的罗马式列柱，让消费者以为回到了古罗马集市。

（2）客户体验

客户体验就是企业以服务为舞台，以商品为道具，围绕着消费者，创造出值得消费者回忆的活动。这其中商品是有形的，服务是无形的，而所创造出的体验是令人难忘的。与过去不同的是，产品、服务对消费者来说都是外在的，但体验是内在的、存于个人心中，是个人在形体、情绪、知识上参与的所得。

在客户体验中，企业提供的不再仅仅是商品或服务，它提供的是最终体验，并充满了感情的力量，给客户留下了难以忘却的愉悦。记忆的威力就在于使客户个人以个性化的方式参与其中的事件，通过体验对品牌产生情感寄托，从而成为品牌的忠诚客户。

（3）客户体验管理

客户体验管理根据Bernd H. Schmitt在《客户体验管理》一书中的定义，客户体验管理

（customer experience management，CEM）是“战略性地管理客户对产品或公司全面体验的过程”，它以提高客户整体体验为出发点，注重与客户的每一次接触，通过协调整合售前、售中和售后等各个阶段、各种客户接触点或接触渠道，有目的地、无缝隙地为客户传递目标信息，创造匹配品牌承诺的正面感觉，以实现良性互动，进而创造差异化的客户体验，实现客户的忠诚，强化感知价值，从而增加企业收入与资产价值。通过对客户体验的有效把握和管理，可以提高客户对公司的满意度和忠诚度，并最终提升公司价值。

企业实施客户体验从每个接触点入手，在明白客户的期望和体验需求的基础上，整合一线操作部门（市场营销、客户服务）与后台支持部门（HR、财务、IT等），设计每个接触点的体验标准，创立企业内部统一的服务规范，并将这些体验标准和规范与企业的培训，薪酬奖励制度挂钩，使企业有效地解决服务瓶颈；通过对服务流程中每个接触点的逐渐改进或变革创新，使企业能够缩小客户的需求和期望与企业实际表现的差距，为客户创造无缝的、一致的和愉悦非凡的服务体验。

知识链接

提升客户体验的7个方法

1. 了解你的客户

客户知道什么是好的服务。他们希望通过自己喜欢的渠道，在每次与企业的交互中都得到好的服务。根据美国市场研究机构Forrester的调查数据，客户通常喜欢通过电话来与企业沟通，其次是电子邮件和网络自助服务。同样，我们也通过客户统计数据发现，就沟通渠道而言，不同的人有不同的偏好。例如，年轻人更喜欢使用点对点的交流方式、社会网络和类似于聊天性质的即时服务渠道，所以企业必须提供这些技术支持。你要了解客户的特征和偏好，确保可以用他们喜好的方式与之进行沟通。在这点上，美国航空（American Airlines）是个典范。公司在经过一系列技术评估后发现，41%的乘客更喜欢用手机上的短消息和无线网络功能，还有29%时刻“眼观六路耳听八方”的乘客对其移动设备上几乎所有功能都了如指掌。美航根据这一调查结果，改变了其移动策略，为它的大部分客户提供电子邮件和短消息提醒，为那些时刻“眼观六路耳听八方”的客户提供一个移动网址，方便他们进行更复杂的活动。这些创新举动令客户与航空公司的联系更为紧密。

2. 服务要与品牌相符合

忠诚于自身品牌很重要。你给客户提供的服务体验也要支持你公司自身的价值定位。在这个信息爆炸的世界里，让客户了解你的企业定位格外重要。有两家公司在这方面表现非凡。苹果的产品设计时尚，价格不菲。它提供的客户服务与其品牌相呼应，并且按客户所需“量身订造”。例如，你可以根据自己的需求和时间，安排与苹果公司的技术专家通话，他能将你的疑问处理妥当。他们甚至还会主动打电话给你。同样，你也可以通过给他们发邮件，或浏览苹果的知识库来寻求问题解决方案。宜家的产品也很“时髦”，但多是需要客户自己动手组装。对于这种“自己动手、丰衣足食”的理念，客户也都感觉自如：他们自己从货架上取货、付钱、组装。宜家没有所谓细致周到的服务，但是客户并不会对此感到失望，因为他们并没有这方面的期望，他们也知道这不是宜家的运作模式。

3. 整合交流渠道

在企业的服务体系内，客户与企业的交流不应仅限于某单一渠道，要能通过某一个交流渠道开始，再通过另一个交流渠道完成。例如，客户可以从打电话询问开始，而后从邮件中得到更多相关的细节信息。要想让客户有这样的体验，企业所提供的交流渠道必须相互贯通，不可相互独立。这样客服代表既能通过传统渠道，也能通过社会渠道，完整把握客户与企业的交流。并且，如果客户最早是在网络自助服务系统提出服务要求的，客服代表也应该能看到整个处理的历史记录，这样他们就不用重复询问或调查，从而不致降低客户满意度。

4. 整合客户服务体系与其他应用程序

客服代表必须要在差不多二十个不同的应用程序中检索客户所需要的信息，这样一来，增加处理问题的时间肯定就不可避免了，结果就是客户相当不满。客户服务体系不应仅仅只是一个为客户提供信息、解决问题的数据库的前台，而是应该与后台的应用程序整合在一起的。这样客服代表才可以更快、更准确地回答客户的疑问。

5. 明确何为优质的服务体验

客服代表常常不按相同的客户服务应用程序行事，这样就影响了客服代表之间的一致性，导致了很高的人事变动率。有一个解决的方法，就是将业务流程管理应用到客户服务中。客服代表根据屏幕上的信息行事，屏幕上面会显示与客户需求相符的信息，并能保证其服务与企业政策相符合。有一家国际性的银行，它的23家客服中心都“不走寻常路”，各出奇招，结果客户都大为不满。于是，这家银行就采用了这种方法。客服代表现在都使用一种程序驱动的电脑，能提供客户所需的全部信息，在单次交互中就能解决客户的多重疑虑。结果非常可喜，首次沟通的问题解决率提高了30%，呼叫转接率也降低了20%。

6. 客户体验至上

让客户对服务有一定的期望值，并提供相应的、能达到该期望值的服务，这一点很重要，因为这能建立客户对企业的信任感。同样，企业也应该积极主动地为客户提供服务，如主动发送服务提醒和解决常见问题的方法，让客户自己确认在哪些情况下他们希望被告知。这种沟通能让客户群更稳定。关注企业的知识战略一个好的知识流程是优质服务的核心因素。网络自助服务是必需的，并且，客户通过各个交流渠道联系到的客服代表必须保持一致的“口径”，这可以保证解答的连贯和准确。将相关的知识联系在一起是一件任重而道远的工作。方法一就是让客服代表标记出不准确、不完整的内容，或者是用自动化的工具将最常碰到的内容放到常见问题表（FAQ）的最顶部。TurboTax软件制造商Intuit公司就用这个方法将大量的免税代码信息联系起来。

7. 用2.0网络工具来管理客户群

还有一个常见的策略就是建立论坛，从而建立起点对点的交流，让客户可以进行自助服务，同时缓解客服中心那边的压力。至于没有得到解决的问题，客户可以继续向客服代表提出。除了知识库以外，在论坛上出现的各种讨论帖也是很好的资源。电脑生产商联想就用论坛为客户提供服务。论坛里的大量信息起到了很大的帮助作用，联想的笔记本售后电话呼叫率因而降低了20%，解决问题的周期时长也减少了。倾听客户的声音聪明的企业会在每次沟通后收集客户的反馈，并通过一些开放性的问题征求他们的真实意见。它们会在所有用户可见的知识库中附上反馈表格，让用户来评价这些解决方案，然后用收集到的反馈来优化自身的服务。并且，通过类似于Twitter和Facebook之类的社会媒体来关注客户“一颦一眸”背后的深意也是必不可少的。根据他们的意见审视自己的产品、服务、流程是否还有提升的空间。美国有线系统公司Comcast的“小帮手”Comcast Cares Twitter，对其在市场中的表现大有帮助。

6.1.2 客户体验的模式

置身于客户体验，把产品作为道具，让客户作为演员，挖掘和提炼产品的核心内涵和所处的社会背景。通过企业销售、服务人员为“导游”，在引导中将客户置身于其中，从而使客户获得切身的美好体验。

譬如在阿迪达斯推出的“街头篮球挑战赛”上，把篮球架放低，在街头鼓励人们参与成为“灌篮高手”。他们摆好一个潇洒的乔丹姿势把篮球扣进篮筐时，引来一阵喝彩……参与者和旁观者们此时的感受可想而知。试想，时尚青年和篮球迷们谁不想有机会亲身体验一把当“NBA飞人”的感觉呢？这就是所谓的使客户切实获得的美好体验才是推动销售和客户管理的硬道理。

客户体验要站在消费者的感官（sense）、情感（feel）、思考（think）、行动（act）和关联（relate）五个方面，重新定义、设计营销的思考方式。

（1）感官体验

感官体验的目标是创造知觉体验的感觉，包括视觉、听觉、触觉、味觉与嗅觉。希尔顿饭店的一个做法是在浴室里放置一只可爱的小鸭子；超市海鲜区不仅销售食用海鲜，而且还提供盛放于精美小鱼缸中的观赏鱼，方便顾客爱不释手时带回家；此外，还提供饮品试饮、熟食试吃等。

（2）情感体验

创造情感体验其范围可以是一个温和、柔情的正面心情，也可以是欢乐、自豪甚至是强烈的激动情绪。制造情感体验，常用的联系纽带有友情、亲情、恋情。缘于血统关系的亲情，如父爱、母爱、孝心等可以说是任何情感都无法替代的。“喝杯清酒，交个朋友”这句广告词，让你在宴请宾朋的时候多一份“友情”的体验。一位清纯、可爱、脸上“写满”幸福的女孩子，依偎在男朋友的肩膀，品尝着他送给她的“水晶之恋”果冻，就连旁观者也会感受到那种“美好爱情”的体验。

（3）思考体验

思考体验是以创意的方式引起客户的惊奇、兴趣、对问题集中或分散的思考，为客户创造认知和解决问题的体验。对于高科技产品而言，思考活动的方案是被普遍使用的。在其他许多产业中，思考营销也已经被用于产品的设计、促销和与客户的沟通等方面。

（4）行动体验

行动体验的目标是影响客户的有形体验、生活形态与互动。行动体验简单说就是“互动”。根据Schmitt（2003）在《客户体验管理》一书中所提出的，客户管理是战略性地管理客户对产品或企业全面体验的过程。认为客户关系的本质由一系列个性化的情感交互所组成，需要跟踪检测客户与企业交互过程中各个接触点的动态变化，从而对组织结构进行相应的调整。

以报纸为例，由于报纸与社会的广泛联系，一般互动已经不稀奇。文化产业的核心是改变生活方式，通俗说就是“换个活法”，不管你读书、打游戏、旅游，还是健身、K歌。都是改变生活方式，都是换个活法。而报纸与读者互动，促成行动参与，其实质也是改变生活方式。哪怕是非常简单的打热线求助或报名参赛，都是短暂的“换个活法”。抓住这个关键点，报纸就可以与文化产业结成广泛联盟，创新大量行动体验。

（5）关联体验

关联体验是为了改进个人渴望，要别人（例如，一个人的亲戚、朋友、同事、恋人，或是配偶和家庭）对自己产生好感。让人和一个范围较广的社会系统（一种亚文化、一个群体等）产生关联，从而建立个人对某种品牌的偏好，同时促使使用该品牌的人们进而形成一个群体。关联营销已经在许多不同的产业中使用，范围从化妆品、日用品到私人交通工具等。

以瑞士名表的一张小小附卡为例：表店在其中一款瑞上表上附一小卡片，上面说明100年后回店里调整闰年，其寓意是在说明该表寿命之长、品质之精，即便是拿它当传家宝也不为过。该表店以此“关联”的寓意来传达商品的价值。

案例链接

泰康人寿提升移动微服务客户体验

2014年4月，泰康人寿推出贵宾微服务，近40万名贵宾客户动动手指就可享受到方便快捷的服务。

据了解，贵宾客户只要绑定“泰康人寿”官方微信，点击服务项下的贵宾服务选项，就可获得泰康新生活贵宾俱乐部精彩的活动信息，同时还可以查看“我的贵宾卡”，了解贵宾手册的服务内容。贵宾客户点击“获得高额保障”选项，就可以直接激活贵宾专享的高达100万元的航空及高铁意外险保障。

作为业内首家推出全流程电子化服务的保险公司，泰康人寿创新推出了一系列便捷的移动微服务。所有客户只要关注并绑定“泰康人寿”公众账号，便可获得包括易投保、易理赔、易保全、易查询、易咨询在内的“易”服务，轻松办理保险业务。

（案例来源：http://finance.ifeng.com.）

6.1.3 客户体验的实施

客户体验是基于客户的自身状况，由企业行为所激发的情绪和感受。客户体验产生与否，首先源于客户的需求。不同客户的需求存在差异，虽然经历了相同的过程或环境，仍然会有不同的体验。客户的体验可以发生在商品购买前、中、后各环节，如何获得客户体验是企业客户体验管理的基础，企业与客户建立深层的情感是客户体验管理的目标。因此，规划企业实施客户体验管理的路径包括：企业换位思考、识别消费者需求、创造客户体验、获得客户回购信息、提升客户情感联系。

一家企业（或一个品牌）可以直接或间接让客户体验的各种因素，在不同行业，对不同目标市场与客户，其重要性各异。但最终客户体验的好与坏都离不开这些因素，也是客户为什么光顾（或不光顾）的原因。这些因素包括以下几个：

①产品，包括实物和服务。有即时享用的（如餐饮业），也有以后才使用的（如电子

及耐用消费品）。

②服务，包括基本服务（服务于基本产品）及额外服务于基本服务（如售后、维修和咨询服务）。

③关系，包括各种加强与客户关系的手段（如VIP俱乐部、特殊优惠于长期客户等）。

④便利性，包括在整个客户周期流程（购买消费前、中、后）的便利性，是否容易、省时、省力（如网上/电话银行）。

⑤品牌形象，包括针对各种市场与目标客户的品牌定位。

⑥价格，包括评价、规格、高性价比、客户细分定价等。

任务二　建立客户体验平台

商品有有形与无形之分，而消费者的感知却不因商品是否有形而有所区别。反而，无形商品却因消费者的体验而获得强烈的感知而难忘。特别是商品经济发展到体验经济阶段，企业建立体验平台就显得更为重要。

6.2.1　在客户体验中增加消费者需求的方法

在客户体验中可以采取以下方法增加消费者的需求。

（1）将产品融入带有体验性的品牌之中

将产品融入带有体验性的品牌之中，意味着创造一种品牌形象，强调消费者购买、使用或拥有该产品时的良好体验，耐克鞋、哈雷摩托车都是这样做的。著名的“Intel Inside”营销攻势的目标也是如此。

（2）提供更多刺激感觉的道具

随着消费者对体验需求的增加，他们对能够帮助产品体验的物品的需求也会增加。这时需要提供更多的刺激感觉的道具，如纪念品。

（3）在产品中加入更多的能引发消费者在感觉上产生共鸣的元素

（4）有意造成产品的短缺，激发消费者的占有欲

可以采取推出限量版、时间限制等方式。

（5）组织产品消费者俱乐部

通过组织产品消费者俱乐部，引起俱乐部成员之间的互动。

（6）发起有关产品的特别活动

制造一项白酒打碎的意外事件，以便在“不经意”间让大家闻到酒的浓香；顾客不小心污染衣物，再快速帮其去污，以引起人们对去污剂的注意等活动，从而增加消费者的需求。

6.2.2 建立客户体验平台的一般法则

（1）提醒法则

将产品的有关知识及其延伸的相关内容，用文字的形式传递，使客户持续受信息影响，且使之影响家人进而扩大产品影响面。这一点显得尤为重要。我们称之为提醒法则。

（2）神秘法则

人有探究心理，人们总是对那些他们不了解的东西感到好奇。若当一件事情在人们看来有悖常理的话，甚至能挑起其好胜心理，而价格高往往是消费者拒绝购买、讨价还价最常用的借口。事实上，只有6%的销售是因价格高未成交，而68%的抗拒借口都源于此。利用人们的探究心理，创造神秘感转移抗拒点，从而达到顺利成交的目的，我们称之为神秘法则。

（3）感恩法则

感恩法则是以客户亲身体验产品为导入形式来制造产品价值的一种营销方式。创造客户的购买欲望，制造并满足客户需求，一改营销方式中客户不能体验产品的旧习惯，让客户有了全面的了解。当我们为客户提供超值服务时，客户往往因此而感动，此为感恩法则。

（4）渴望法则

购买欲望永远产生在购买之前，而欲望的强度会降低客户对价格的敏感度，这是销售的原则。购买欲望越强，客户的条件越低；反之，欲望越低，条件越高。为了提高客户拥有产品的欲望，往往有意地、善意地制造一些困难，造成其在卖场中使用产品不是那么方便，从而造成其强烈渴望，并最后驱动购买，此为渴望法则。

（5）义工的法则

现实生活中不是每个人都存在自我防御体系，所以人们往往相信第三者，即那些与自己没有利益关系的人。营销人员往往不亲自介绍产品的功能，而让新客户与在店中使用效果非常好，又善于表达且喜欢表达的客户沟通，从而达到影响新客户的目的。有时通过与客户聊天，有意识地引导其说话内容，比如对产品功效的称赞、获得好处的喜悦，其目的是让新客户听到，进而影响新客户，此为义工的法则。

（6）造神的法则

榜样的力量是无穷的。人们对于身上罩着光环的人物，都有一种崇拜的心理，并愿意跟随与效仿。有时好奇心告诉自己：他行我也行。

6.2.3 建立客户体验平台的操作步骤

（1）建立客户体验平台

在科学技术快速发展的今天，客户服务已经成为企业提升竞争力的核心要素。提高服务水平一靠企业文化的渗透，二靠有效的监督和内部支持体系，三靠客户服务管理。因此，构建客户体验平台显得尤为重要。它可以更好地了解客户需求、管理客户体验、提升企业竞争力、树立企业的品牌。

大卫·科波菲尔的梦幻魔术席卷中国各大城市源于梦想成真的体验；中国移动的“动感地带”在中国年轻一代中能赢取市场，源于酷和Q的体验；企业教练一类的培训课程能在中国赚大钱，源于互动激励的体验；电子游戏使人如痴如醉，源于虚拟成功的体验。

抓住客户的体验需求，开展体验营销已经成为中国营销创新的重要课题。在新闻及娱乐业、服务业、旅游业、培训业、网络和高科技业，以及其他专业服务、金融服务、零售业等领域，客户体验模式层出不穷。

（2）在产品中附加体验

对于客户的体验设计，来自于产品的体验所吸引的消费者感觉越有效，它将越值得纪念。美国的一家体育用品公司制造棒球，设计了一种能够使击球变得生动有趣的产品，就是在被称为“雷达球”的棒球内部装上一个集成电路块，能够以数字显示每掷一下球所运行的速度，其零售价超过了30美元。而普通的棒球，每只售价通常不超过5美元，消费者买雷达球的花费要比普通球贵得多，但依然销售火爆。这是因为，雷达球的出现，更增加了游戏的联谊性，使人们在打球时获得了某种新的体验，从而增加需求。

（3）用服务传递体验

服务是企业用以传递体验的天然平台。在服务过程中，企业除了完成基本的要求外，完全可以有意识地向顾客传递他们所看重的体验。服务中的任何错漏或瑕疵都会直接带来负面的体验，这种失望情绪所积蓄的能量，足以摧毁任何客户的忠诚。

（4）通过广告传播体验

由于广告的传播范围广，所以优秀的体验广告更能吸引目标消费者，达到产品销售的目的。例如，孔府家酒，将中华民族五千年的深厚文化情结——“家文化”，赋予品牌，通过刘欢极具深情的演绎和广告画面烘托出来的温暖家庭气氛，使人们在酒中体味到家的温馨和浓浓情意。

设计体验广告时应注意以下几点：

①挖掘新鲜体验元素作为主题；

②使广告感知化；

③使体验品牌化；

④筹划展示体验的活动；

⑤让顾客置身于广告之中。

（5）客户主题体验设计

客户主题体验设计，就是根据客户的兴趣、态度、嗜好、情绪、知识，通过市场营销工作，把商品作为“道具”，将服务作为“舞台”，将环境作为“布景”，使客户在商业活动过程中感觉美好的体验，甚至当过程结束时，体验价值仍长期逗留在脑海中，即创造一项客户拥有美好的回忆、值得纪念的产品及其商业娱乐活动过程的设计。

客户主题体验设计的一般步骤如下。

1）确定主题

看到星际好莱坞、硬石餐厅、雨林咖啡厅这些主题餐厅的名字，就会让人联想到进入餐厅的感受，因为它们都点出了明确的主题。制定明确的主题可以说是经营体验的第一步。

案例链接

拉斯维加斯的古罗马集市主题

在美国论坛购物中心，购物中心铺着大理石地板，有白色罗马柱、仿露天咖啡座、绿树、喷泉，天花板是个大银幕，其中蓝天白云的画面栩栩如生，偶尔还有打雷闪电，模拟暴风雨的情形。在集市大门和各入口处，每隔一小时就有古罗马士兵行军通过，甚至还有凯撒大帝，使人感觉仿佛重新回到了古罗马的街市。

（案例来源：http://www.realestate.cei.gov.cn.）

2）以正面线索塑造印象

主题是体验的基础，但要想塑造令人难忘的印象，还需要制造强调体验的线索，而且每个线索都必须支持主题，与主题相一致。比如，餐厅的接待人员说的“我为您带位”就不是特别的线索。但是，如果雨林咖啡厅的接待人员带位时说“您的冒险即将开始”，这就构成开启特殊体验的线索。芝加哥欧海尔国际机场的停车场则是设计的成功例子。欧海尔机场的每一层停车场，都以一个芝加哥职业球队为装饰主题，而且每一层都有独特的标志音乐，让消费者绝对不会忘记自己的车停在哪一层。

3）减除负面线索

要塑造完整的体验，不仅需要设计一层层的正面线索，而且还必须减除、削弱、违反、转移主题的负面线索。快餐店垃圾箱的盖子上的“谢谢您”两个字，它提醒消费者自行清理餐盘，但这也同样透露着“我们不提供服务”的负面信息。一些专家建议将垃圾箱变成会发声的吃垃圾机，当消费者打开盖子清理餐盘时，就会发出感谢的话，这样就消除了其负面线索，将自助变成了正面线索。

4）充分利用纪念品

纪念品的价格虽然比不具有纪念价位的相同产品高出很多，但因为具有回忆体验的价值，所以消费者还是愿意购买。度假的明信片使人想起美丽的景色；绣着标志的运动帽让人回忆起某一场球赛；印着时间和地点的热门演唱会运动衫，让人回味演唱会的盛况。整合多种感官刺激体验中的感官刺激应该支持、增强主题，而且体验所涉及的感官越多，就越容易成功、越令人难忘。聪明的擦鞋匠会用布拍打皮鞋，发出清脆的声音，散发出鞋油的气味。虽然声音和气味不会使鞋子更亮，但是会使擦鞋的体验更吸引人。

5）建立网络客户体验平台

微软公司将它的新一代操作系统和办公软件命名为XP，意指驱动所有这些现象出现的原因就是XP（experience），即体验。网络客户体验的平台包括：

①创作富有表现力的内容；

②网络购物的体验设计；

③信息或数据的视觉化分析的设计；

④企业内部培训和交流的应用。

6）客户体验相关模式推荐

客户体验模式多种多样。除了前面所展示的模式之外，还可以根据企业特征、产品属性等，灵活设计客户体验模式。

①感情模式：四川饭店、大娘水饺、温州大馄饨等，都是通过感情模式应用。

②节目模式：情人节、母亲节、店庆等。

③文化模式：酒类产品中的福文化。

④美化模式：礼品商品的精美外包装。

⑤个性模式：网络达人设计的恶搞广告类就非常吸引人。

⑥多元化经营模式：许多新建的大型零售企业，吃的、用的、穿的、行的商品齐备，设餐馆、卡拉OK厅、歌舞厅、冷热饮厅、电影馆、儿童乐园等，使消费者在购物过程中也可娱乐休息。多元化经营模式符合“开放经营”政策，显然有利于延长消费者在商店内的滞留时间，创造更多销售机会，同时也使消费者自然而然地进行心理调节，感到去商店是一桩美事。

任务三　建立与客户接触的渠道

客户体验是一个整体的过程，一个理想的客户体验必是由一系列舒适、欣赏、赞叹、回味等心理过程组成，它带给客户获得价值的强烈心理感受；它由一系列附加于产品或服务之上的事件所组成，鲜明地突出了产品或服务的全新价值；它强化了厂商的专业化形象，促使客户重复购买或提高客户对厂商的认可。一个企业如果试图向客户传递理想的客户体验，势必要在产品、服务、人员以及接触渠道设计等方面有上佳的表现，这才是实施客户体验管理的最终结果。

6.3.1　有效接触点管理及接触的基本方法

（1）建立有效接触点

“有效”二字可以从三个方面去理解和评价：一是企业所接触的客户有效，即有客户或潜在客户；二是沟通目的明确、方式有效，沟通内容体现企业需求；二是信息反馈有效，真正反映客户的真实意见或建议。越来越多的客户从仅仅看中便宜价格转变为看中与企业接触所能带来的其他益处。

他们的体验可以从以下六个方面产生。

1）认可

客户希望被当作个体来对待，而不是统一的同质对象，他们希望自己的选择与喜好被重视，其中个性化的称呼就表现了这一点。

2）服务

由高素质的员工提供的高素质的服务。

3）方便

客户有需求时用最方便的方式，如打一个电话或点击网页或IVR上按几个键（而不是无数多个），或拨一个自助传真号码就能找到答案，而不是既要打入呼叫中心，又得跑营业厅，还得带各种材料，找很多部门才能办成事。

4）有益

能让客户的日子过得更轻松、更有意义，客户能通过和企业的接触了解新事物，提高工作效率和生活质量。

5）信息

现在的客户往往需要对大量信息分析以后才做决定，让其在短短的几通电话中，根据即时信息做决定感觉会不好。

6）身份

高端客户更喜欢身份被特别化，不愿被等同于普通客户。专门的身份标志、服务意识与内容往往很重要。

（2）与客户接触的基本方法

1）广告接触

基本是单向沟通，其缺点是沟通的人性化程度不够。

2）公关接触

主要包括大型公众活动、媒体新闻、事件（event）传播等方式，实现与客户的沟通，在很多情况下可以实现双向沟通。

3）人员接触

人员接触包括企业各部门工作人员，如营销人员、服务人员、终端促销员等，通过互动式沟通获得最可靠的信息。

4）会议接触

这里的会议包括产品展销会、产品说明会、招商会、客户座谈会等多种形式，通过集中化的会议接触，获取企业所需要的信息，或满足客户的多种需求。

5）委托接触

如委托专业服务公司负责与客户沟通（如企业流行的服务外包）、委托专业调查公司面向客户开展市场调研、委托公关公司负责危机公关等，第三方负责接触工作可能会更客观、更专业。

6）介质接触

介质类型很多，诸如信函、电子邮件、传真件、光盘等多种沟通形式，要充分利用这些看似不起眼的辅助手段，解决其他沟通方式不便的问题。

7）联盟接触

企业与客户之间完全可以建立长期接触机制，而这种长期接触机制依赖于战略合作、聘用（企业聘请客户做义务监督员、信息员）等纽带链接。这样随时可以为共同的利益目标而互动，实现“双赢”。

8）随机接触

诸如在市场调研中的拦截访问，但这种方式具有工作量大、操作难度大、信息准确率差等缺点。不过，当企业没有现成的数据库或者想得到更多的个人信息时，也不失为一个好方法。

6.3.2 接触管理与过程控制

接触管理又称接触点管理，是指企业决定在什么时间（when）、什么地点（where）、如何（how，包括采取什么接触点、何种方式），接触客户或潜在客户，并达成预期沟通目标，以及围绕客户接触过程与接触结果处理所展开的管理工作。

（1）接触管理的内容

1）接触计划

根据企业既定的接触目标，制订年度客户接触计划，内容包括接触目标、时间、地点、受众、方式、内容、责任部门（人）等项目。

2）接触目标

如企业想知道自己的产品与竞争对手相比有什么优势和劣势，那就应该想办法接触竞争对手的客户，其实他们也是企业的潜在客户，让他们针对产品去对比、去判别、去提议，恐怕要比自己的客户更有说服力。

3）接触受众

除了尽可能在已有数据库中遴选典型的客户以外，还有可能要选择其他接触受众，甚至是从来没有接触过的受众。这就如射箭，找准“靶子”才能提高命中率。

4）接触设计

根据客户接触计划的内容，对每一次接触进行具体的规划设计，设计出适合接触目标、接触受众的客户接触信息卡或客户接触反馈信息卡，内容包括接触目的、时间、频率、地点、客户名称、接触内容、接触评价等，以充分的准备工作确保成功接触而达成目标。

5）接触模式

企业要根据需要建立常规接触模式和临时接触模式。采取常规接触模式的往往是企业的关键客户、重点客户或成长型忠诚客户；临时接触模式则要根据企业的经营管理模式、受众特征等因素加以确定。

6）接触渠道

企业接触客户的渠道有很多，但渠道必须最适合企业并最大化方便客户。

7）接触规范

企业要制定客户接触规范，对于每一个接触点都要有相应的规范，使企业在与客户接触的过程中，让客户满意的同时又最大化维护企业的声誉和形象，确保接触质量。

8）接触激励

企业建立有效的接触激励（可以是物质激励也可以是精神激励），诸如有些企业采取的填写调研问卷回赠礼品、收集系列广告产品优惠等措施，都属于接触激励。

9）接触档案

企业集中管理客户接触信息卡，把该卡作为原始记录和建立数据库的基础资料。

10）接触分析

企业要对客户接触信息卡进行有效性评估，对无效的接触信息予以清除，并对有效信息进行统计、汇总、分析、总结，以供企业参考。

11）接触消化

企业应积极地消化、应用有效接触所获得的信息，并对接触成果所产生的价值进行评估。

12）接触跟踪

企业必须树立持续接触客户的理念，不断接触客户，帮助客户解决问题，支持客户取得成功。

（2）管理过程控制

1）及早发现问题

客户体验管理（customer experience management，CEM）工具可识别并跟踪系统的顾客问题，以便使企业决策者能立即采取措施加以解决，做到防微杜渐，避免因此造成问题的失控和更大的浪费。

2）减少营销活动的疑问

通过收集和报告顾客对具体营销项目的评价，CEM能使营销机构更好地理解顾客反应，从而开发更具个性化、更有效的服务。一个精心策划、量身定制的营销活动可以减少顾客的疑问。

3）增加销售营销活动的反应率

统计资料表明，客户营销活动的反应率平均仅为2%～3%。营销机构从客户联络中心获取顾客真正的需求，以提高反应率。没有CEM，联络中心就不得不耗费更多的时间和财力来收集和报告顾客的主要信息。

4）保留客户CEM工具

以通过快速识别顾客不满意的地方使企业做出必要的改变，避免疏远或丢失顾客，以减少顾客流失。

案例链接

江南农村游

土色土香的农舍，虽没有城市宾馆的豪华设施，但中国庭院式的建筑特色，充满了江南水乡特有的诗情画意。农舍面依小河，河岸柳色依依，饭后茶余漫步河堤，观赏田野风光，秧苗碧绿，菜花金黄，桃花火红，对外国游人来说，富有东方情调。河中鱼虾泛游，随时可以垂钓，其乐无穷。河岸古老的风车在慢悠悠地转动，牛力水车在老牛牵引下拉水，脚踏水车任意比试，到处是欢歌笑语及“嚓嚓”照相机的快门声。到农家手工织布和小车纺纱，特别吸引不少女宾排队等着上机操作，纺纱织布看起来容易，操作起来并不简单，在农妇的尽心指导下，好不容易有点成绩，越试越来劲，久久不愿离去。

晚上，客人们分成若干小组，被农民请到家里做客。主妇端上粽子汤圆、馄饨、鱼虾和农村时令蔬菜，客人们吃得眉开眼笑，都说比五星级宾馆里的山珍海味要好吃得多。饭后，或清茶一杯，或时鲜瓜果，与农村老爷爷老奶奶谈谈话，与孩子们逗逗趣，生活气息像一杯酽酽茶。外国游客特别喜欢宽敞明亮的三间一套的房间。中间是客厅，靠墙摆一张大八仙桌，两边是靠背椅，墙正中挂着寿星图，左右红纸对联，写的都是祝福吉祥一类的内容。卧房摆着三面雕花的大木床，床上有湘绣花布枕头，窗帘是蓝底白花的土布，门窗玻璃上贴着红纸剪成的窗花。游客离开时，依然兴味未尽。

这就是江苏某旅行社为游客推出的乡村生态旅游产品。

（案例来源：张红，李天顺．旅行社经营管理实例评析[M].
天津：南开大学出版社，2000.）

6.3.3 一对一营销

（1）一对一营销的概念

一对一营销（one-to-one marketing），亦称“121营销”“1-2-1营销”或“1对1营销”等，是一种CRM战略，它为公司和个人间的互动沟通提供具有针对性的个性化方案。一对一营销的目标是提高短期商业推广活动及终身客户关系的投资回报率。一对一营销的最终目标就是提升整体的客户忠诚度，关注的是最大价值的客户。“钱包份额”，也就是客户的终生价值，通常用“RAD”（retention保持、acquisition获取、development发展）法来实施，并使客户的终生价值达到最大化。

一对一营销的核心内容是顾客份额或曰客户份额。顾客份额也可以形象地称为“钱袋份额”（share of wallet，SOW），它指的是一家厂商在一个顾客的同类消费中自己所占的比重。这和传统的大众营销有着本质的不同，大众营销注重的是市场份额（market share），而市场份额指的是一家厂商在市场上同类产品销售总额中所占的比重。一对一营销针对的是个体顾客，而大众营销面向的是所谓的市场，即群体顾客。

厂商要想提高自己的顾客份额，就必须与一个一个的顾客建立关系，通过与顾客长期持续的互动沟通，了解顾客的需求，最大限度地满足顾客，提升顾客的忠诚度；而市场份额的提高则主要是通过大众媒体的广告宣传和产品促销，吸引最多数量的顾客购买产品，因此一对一营销聚焦于顾客的终生价值。一对一营销注重的是顾客的质量，而大众营销追逐的是顾客的数量。一对一营销的实施者要千方百计地争取和保持住最有价值顾客和最具增长性顾客，并努力将最具增长性顾客转化为最有价值顾客。同时还要遗弃掉负值顾客。

传统营销经营者认为与单个顾客进行互动是不必要的，而来自某位顾客的反馈也只有当顾客能代表整个市场时才可能有用处，因此用同样的方式为特定市场的每个人生产并交付同样的产品，满足同一种需求。但一对一企业必须与顾客互动交流，根据从互动中获得的顾客反馈来提供量身定制的产品或服务。

（2）一对一营销的步骤

一对一营销的执行和控制是一个相当复杂的机制，它不仅意味着每个面对顾客的营销人员要时刻保持态度热情、反应灵敏，更主要也最根本的是，它要求能识别、追踪、记录个体消费者的个性化需求并与其保持长期的互动关系，最终能提供个体化的产品或服务。

企业可以通过下列四步来实现对自己产品或服务的一对一营销。

第一步，识别顾客。

“销售未动，调查先行”。拥有每一位顾客的详细资料对企业来说相当关键，可以这样认为，没有理想的顾客个人资料就不可能实现一对一营销。这就意味着，营销者对顾客资料要有深入细致的调查和了解。对于准备实行一对一营销的企业来讲，关键的第一步就是能直接挖掘出一定数量的企业顾客，而且大部分是具有较高服务价值的企业顾客，建立自己的顾客库，并与顾客库中的每一位顾客建立良好的关系，以最大限度地提高每位顾客的服务价值。

①深入了解比浮光掠影更重要。仅仅知道顾客的名字、住址、电话号码或银行账号是远远不够的，企业必须掌握包括消费习惯、个人偏好在内的其他尽可能多的信息资料。企业可以将自己与顾客发生的每一次联系都记录下来，如顾客购买的数量、价格、采购的条件、特定的需要、业余爱好、家庭成员的名字和生日等。

②长期研究比走马观花更有效。仅仅对顾客进行某次调查访问不是一对一营销的特征，一对一营销要求企业必须从每一个接触层面、每一条能利用的沟通渠道、每一个活动场所及公司每一个部门和非竞争性企业收集来的资料中去认识和了解每一位特定的顾客。

当然，不能狭隘地认为一对一营销的对象仅指产品或服务的最终消费者。例如，一家专门从事制造业的企业，并不直接销售自己的产品，但是它完全可以遵循一对一营销的原则，与营销渠道中的企业和产品需求链中的每一个成员建立起一对一的关系。

第二步，顾客差别化。

一对一营销较之传统目标市场营销而言，已由注重产品差别化转向注重顾客差别化。从广义上理解顾客差别化主要体现在两个方面：一是不同的顾客代表不同的价值水平；二是不同的顾客有不同的需求。因此，一对一营销认为，在充分掌握了企业顾客的信息资料并考虑了顾客价值的前提下，合理区分企业顾客之间的差别是重要的工作。

顾客差别化对开展一对一营销的企业来说，首先，可以使企业的一对一工作有的放矢，集中企业有限的资源从最有价值的顾客那里获得最大的收益，毕竟企业不可能有同样的精力与不同的顾客建立服务关系，也不可能从不同的顾客那里获取相同的利润；其次，企业也可以根据现有的顾客信息，重新设计生产行为，从而对顾客的价值需求作出及时的反应；最后，企业对现有的顾客库进行一定程度的差别化，将有助于企业在特定的经营环境下制定适当的经营战略。

在这一过程中，企业应该选取几家准备明年与之有业务往来的顾客，将他们的详细资料输入企业的顾客资料库；针对不同的顾客以不同的访问频率和不同的通信方式来探询目标顾客的意见；根据评估顾客终身购买本企业的产品和服务使企业获得的经济收益的现值，将企业顾客划分为A，B，C三个等级，以便确定下一步双向沟通的具体对象。

第三步，与顾客个性化交流。

当企业与渠道成员沟通交流时，这种沟通平台和措施视该成员的级别与价值而定，可以是数字化、网络化的，也可以是电讯化、人工化的。宝洁公司一大批的MBA都在阿肯色州的最大现场办公室工作，因为这里与他们的顶级顾客沃尔玛相邻。在办公室里，一套巨大的网络平台系统与沃尔玛连接，24小时不停地工作：竞品的卖场策略等信息，沃尔玛的存货情况、即时的产品需求、补货数量、时间、顾客的意见反馈都以最快的速度传输到宝洁公司办公室，使宝洁公司能够随机应变，快速地根据市场变化调整策略。

对于级别较低的渠道成员，宝洁公司则采用电话、传真、普通互联网络、邮寄、人员等方式进行沟通和了解。宝洁公司还会指令驻分销商人员或者定期派出市场渗透人员到其他各类终端进行沟通，在助销的同时随时向总部反馈来自各渠道成员和当地市场的信息。

当企业在对个体顾客的规格或需求作进一步了解时，会发生两方面的活动：公司在学习，顾客在教授。而要赢得真正的顾客忠诚，关键在于这两方面活动的互动。一对一营销的关键成功之处就在于它能够和顾客之间建立一种互动的学习型关系，并把这种学习型关系保持下去，以发挥最大的顾客价值。一对一企业善于创造机会让顾客告诉企业他需要什么，并且记住这些需求，把其反馈给顾客，由此永远保住该顾客的业务。

建立学习型关系有以下两个必备的要求：

①企业必须是一个成功的、具有成本效益的量身定制者，具备有效的设计接口和精确的顾客规格记忆。这样可以通过一种方便又准确的方式使顾客能确切地说明他的需求。而且，不得要求顾客为同一件事再一次向你说明。Barista Brava咖啡连锁店的一名领班连续招待了28位顾客，而未曾向其中的任何一位问过他想要什么。因为他知道要把顾客招待好，最简单、最直接的方法就是把顾客的个人口味记住，从而不必烦劳他们再次说明。这就是为什么Barista Brava正在抢夺走星巴克顾客的最重要的原因。

②顾客必须付出努力，才能把这些规格要求提供给公司。如果顾客付出努力提供给公司需求信息的回报是更加个性化的满意的产品或服务，那么这种行为可以促使顾客更忠诚，会更加愿意付出努力来提供给公司他更加个性化的需求。顾客的主动权越大，对话就会变得越丰富和有益。

第四步，业务流程重构。

要实现这一步，企业可以从以下几个方面展开生产过程重构：将生产过程划分出相对独立的子过程，进行重新组合，设计各种微型组件或微型程序，以较低的成本组装各种各样的产品以满足顾客的需求；采用各种设计工具，根据顾客的具体要求，确定如何利用自己的生产能力，满足顾客的需要。一对一营销最终实现的目标是为单个顾客定制一件产品，或围绕这件产品提供某些方面的定制服务，如开具发票的方式、产品的包装式样等。一对一营销的实施是建立在定制的利润高于定制的成本的基础上的，这就要求企业的营销部门、研发部门、制造部门、采购部门和财务部门之间通力合作。营销部门要确定满足顾客所要求的定制规格；研发部门要对产品进行高效率的重新设计；制造与采购部门必须保证原材料的有效供应和生产的顺利进行；财务部门要及时提供生产成本状况与财务分析。

（3）一对一营销方案

一对一营销不仅要求营销人员面对顾客时要时刻保持态度热情，更重要的是，它要求营销人员能识别、追踪、记录并最终能满足个体消费者的个性化需求。所以，一对一营销的基础是企业与顾客建立起一种新型的学习关系，即通过与顾客的一次次接触而不断增加对顾客的了解。利用学习关系，企业可以根据顾客提出的要求以及对顾客的了解，生产和提供完全符合单个顾客特定需要的产品或服务，最后即使竞争者也进行“一对一”的关系营销，你的顾客也不会轻易离开，因为如果离开，他还要再花很多的时间和精力才能使竞争者对他有同样程度的了解。

①识别你的客户。企业在启动一对一营销之前，必须与大量的顾客进行直接接触。重要的是要获取更多的细节，并且牢记这是一个永不停息的过程。企业应该了解的不仅仅是顾客的名字、住址和联系方式，还包括他们的购买习惯、爱好等信息。不要认为发张问卷就完事了，还要通过每一次接触、每一个渠道、每一个地点、企业的每一个部门来获得这些信息。只要顾客可能对你的任何一种产品或服务产生购买欲望，就要将其信息收入数据库。

②对顾客进行差异分析。不同顾客之间的差异主要在于两点：对产品的需求不同；对公司的商业价值不同。试着把你的客户分为A，B，C，D等不同的类别。一个A级顾客的价值也许无法完全用金钱来加以衡量：一流的顾客在帮助你完成业绩方面可能具有关键性的作用。与之相反，C级或D级顾客在和你打交道时或许会为你带来负面的影响。对顾客进行有效的差异分析，可以帮助企业更好地优化配置资源，使产品或服务的改进更有成效。牢牢掌握最有价值的顾客，才能取得最大的效益。

③与顾客保持积极接触。顾客交流是企业成长战略的一个重要组成部分。实施一对一

营销，就要探索顾客过去买了些什么，发现顾客的最终价值，然后开发能够从客户身上获取的递增的业务，也就是通过更全面、具体地了解顾客来挖掘其“战略价值”。通过这一步骤，最好的、最有效的公开交流渠道就被建立起来了。无论使用网站还是呼叫中心，目的都是降低与顾客接触的成本，增加与顾客接触的收效，最终找到与顾客建立学习型关系的办法。顾客的反馈在此阶段非常关键。

④调整产品或服务以满足每位顾客的需要。如果你了解了顾客的需求，就应立即采取行动，并且提供能够为他们带来额外收益的产品或服务。要想把顾客锁定在学习型关系中，因人制宜地将自己的产品或服务加以个性化是必不可缺的。这可能会涉及大量的定制工作，而且调整点一般并不在于顾客直接需要的产品上，而是这种产品“周边”的某些服务，诸如分发产品的方式、产品的包装样式等。向顾客准确地提供他们所需要的东西，顾客的忠诚度就会大大提高。

思考与训练

一、选择题

1. 以创造知觉体验的感觉为目标的体验属于（　　）体验。

A. 情感　　B. 感官　　C. 思考　　D. 关联

2. 影响客户体验的因素包括（　　）。

A. 产品　　B. 服务　　C. 关系　　D. 便利性

E. 品牌形象　　F. 价格

3. 建立客户平台的一般法则是（　　）。

A. 提醒识别　　B. 神秘识别　　C. 感恩识别　　D. 渴望识别　　E. 义工识别

4. 通过大型公众活动、媒体新闻等传播手段，实现与客户的沟通，属于（　　）接触。

A. 广告　　B. 公关　　C. 人员　　D. 委托

二、简答题

1. 简述客户体验管理的概念。

2. 简述客户体验与客户满意的关系。

3. 简述在客户体验中增加消费者需求的方法。

4. 简述建立客户体验平台的步骤。

实训

以小组为单位，调查某家企业，以体验为导向为企业设计产品销售方案。

【实训目标】培养学生应用基本理论策划方案的能力。

【实训组织】以小组为单位，选定熟悉的一家企业，调研企业当前客户体验及产品销售现状，以体验为导向为企业设计产品销售方案。

【实训成果】策划方案、汇报PPT。

案例分析

非凡品牌建立于客户在店内的总体验

星巴克是全球著名的咖啡连锁店，1971年成立，1999年进入中国。星巴克的产品不单是咖啡，咖啡只是一种载体。通过咖啡这个载体，星巴克把一种文化体验传递给了顾客。

那么到底在店内的体验是什么？

1. 从进店前到离开的总体流程

假设你没有去过星巴克，在距离主干道很远时，你就看到一个漂亮的店面牌，你会被美观的店面吸引。而正在需要休息的你，于是走进咖啡馆，首先是浓郁的咖啡香味扑面而来，即使你还不是非常喜欢咖啡的人，咖啡香味同样会吸引你。轻歌曼舞的背景音乐让你进一步得到放松，同时也坚信自己做出了正确的选择。除了满足你的鼻子和耳朵，店内装饰简约，但有浓郁的“咖啡”氛围。你现在只想在如此优雅休闲的环境品一杯咖啡。一套制作咖啡用具的展示，有关咖啡的知识介绍，都在传递一个清晰的信息——这是一家专业的咖啡店。当然，还有店员的热情欢迎，尽管他们与你有一个柜台之隔。

但是，你的愉悦在几秒之后就破灭了，因为你看见一条长队排队买咖啡。而你不情愿花5~10分钟去排队买咖啡。但既然已经来了，你还是坚持等待购买你在此店的第一杯咖啡。等待期间，柜台上大量的菜单，闻所未闻的繁多咖啡品种令你特别吃惊。可是价格是另一个负面因素，你原本没打算为一杯咖啡花20多元，也许这次会买，但心里盘算以同样的价格频繁光顾的概率不大。

现在轮到你了，你得到面带真挚微笑店员的服务，因为你是新客户，她会给你一个满意的答复和专业推荐，你心想她可能只是个别非常优秀的员工。但当你注意到其他的店员也同样提供服务时，用你不甚明白的咖啡用语（你猜测）向制作员工大声愉悦地传递顾客所点品种。此景只传递一个信息——他们懂并钟爱咖啡！接着问你是否使用信用卡或现金付款，同时赠送限期15日内使用的5元现金券，希望你再次光顾。

最后，你从制作咖啡的员工手上拿到新鲜的咖啡，在坐定的柜台，你自己进行自助服务，有牛奶、糖、纸巾等。到达座位时，看起来舒适的沙发，已坐满人，你只好在近门口户外位置找到一个不太理想的硬座。坐稳之后，感觉还不错，伸展一下腰腿，环顾四周，这确实是一个整洁雅净的好地方。

品一口印有商标的瓷杯里的新鲜咖啡，你对咖啡味道的感觉是那么好，几乎打消由于昂贵价格和漫长等待而不再光顾的想法。看看邻座的人，你根本不认识他们，却直觉地认为他们是受过良好教育的中产阶层或是有“品位”的专业人士。你注视到他们，也会被他们注视，这种感觉很好，但难以言喻。通常，在其他咖啡馆你会看一些杂志或浏览互联网。而这里的杂志种类不多，也没有你喜欢的热门杂志，尽管有人使用他们自己的笔记本电脑，但这里没有公共的网络设施。

之后，你去了盥洗室，觉得不好也不差，还行，但能接受。当你回到座位上，一个店员递给你他们的新品咖啡并做以介绍，带给你一小杯品尝。真诚地询问你是否喜欢，你告诉他你真实的感受，如果少一些糖，多一些奶油，味道会更好。停留30分钟后，你决定继续购物，于是离开这里。尽管你没有回头看，但你仍能感受到他们热情真诚的微笑，注视着你并与你道别。几乎很少店能提供这种非机械的真挚道别。你的确很喜欢这种体验，一种远超一杯咖啡的体验。

2. 把整体客户流程分解为二十个子流程

现在我们把整体客户体验流程系统地分解为二十个子流程，以至于“度量”“管理”和“改善”关键的客户体验，建立并累积品牌资产，二十个子流程如下：

①店面的地理位置和外观；②店员的热情欢迎；③店内装饰；④气味和背景音乐；⑤排长队买咖啡；⑥价格颇为昂贵；⑦咖啡品种；⑧友善并对咖啡十分熟悉与专业的店员；⑨接受信用卡付款；⑩赠送限15日内消费的5元代金券；⑪长时间等待咖啡制作；⑫自助牛奶、糖；⑬不容易找到理想座位；⑭座位舒适及环境干净；⑮咖啡味道及整体包装；⑯注视及被注视的心理优越；⑰少量的杂志，无网络设施；⑱盥洗室设施一般；⑲态度友善免费试用新的咖啡品种或小食；⑳注视并带真诚微笑的道别。

3. 星巴克成功的原因

（1）环境文化

从听觉、视觉、触觉三方面来满足每一位星巴克顾客的消费体验，此时喝咖啡只是一个幌子，品味生活、远离喧嚣才是星巴克真正为顾客提供的价值所在。

（2）产品文化

为了让所有星巴克的顾客品尝到一流、纯正口味的咖啡，星巴克从原料、加工、烘焙、配制，到运输、成品都经过严格的流程控制，消费者最终喝到的是具有星巴克全球标准的精致咖啡。

（3）员工文化

作为连锁服务行业，除了幽雅的就餐环境外，一线服务人员的服务态度及水准的优劣也影响着消费者对于品牌的认知。所以在员工招募上，星巴克一定雇用对咖啡怀有热情、激情的人，顾客在星巴克消费的绝不仅仅是美味的咖啡，更是一种贴心的服务享受。

（4）管理文化

标准化、流程化的管理制度，加之严格的店铺管理执行体系是星巴克咖啡文化落地的关键。星巴克独特的“环节管理”模式渗透于经营的各个细节处，商品陈列、标签贴法、人员礼仪等都有严格的标准。

（5）体验文化

星巴克出售的不是咖啡，而是人们对咖啡的独特体验。正如舒尔茨所说的那样：“我们不是提供服务的咖啡公司，而是提供咖啡的服务公司。”星巴克始终将顾客的需求当成自己的任务，在意他们的每一个细节，无形中拉近了顾客与星巴克的精神距离。

思考题

星巴克成功的关键是什么？如何改进客户的体验？

项目七

客户满意度与忠诚度管理

能力目标

通过完成本项目的教学，具备以下基本能力：

1. 进行客户满意度测评；
2. 掌握提高客户满意度的基本技巧；
3. 能够识别忠诚客户，并进行分类；
4. 掌握预防客户流失的基本方法。

职业素养

在本项目的教学中，重点关注如下职业素养的培养：

1. 坚持实事求是的态度；
2. 团队合作精神；
3. 认真细致的工作作风。

知识目标

通过完成本项目的教学，具备以下基本知识：

1. 客户满意的概念；
2. 客户管理的内容；
3. 客户相关理论；
4. 理解客户忠诚的内涵；
5. 掌握预防客户流失的方法。

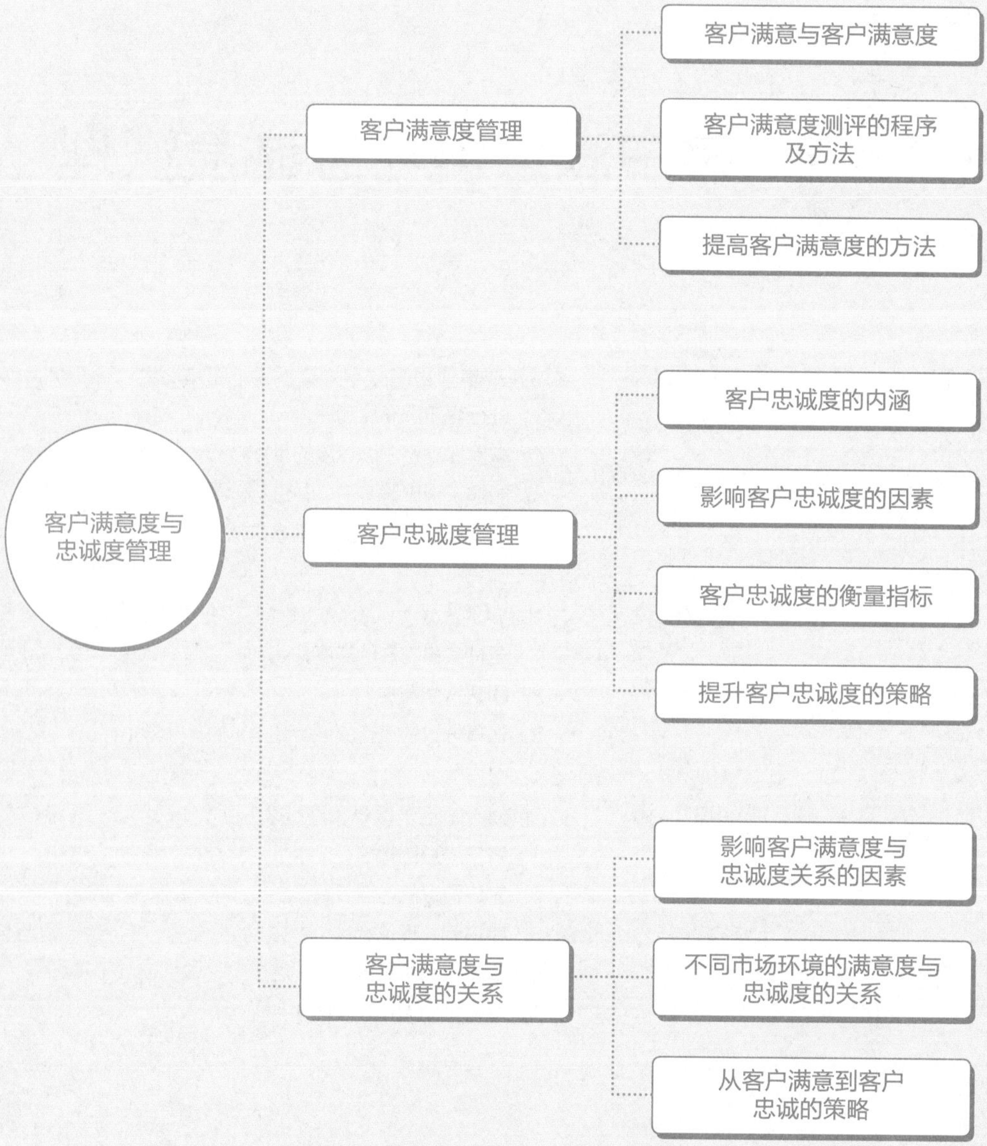
客户满意度与
忠诚度管理
客户满意度管理
客户满意与客户满意度
客户满意度测评的程序
及方法
提高客户满意度的方法
客户忠诚度管理
客户忠诚度的内涵
影响客户忠诚度的因素
客户忠诚度的衡量指标
提升客户忠诚度的策略
客户满意度与
忠诚度的关系
影响客户满意度与
忠诚度关系的因素
不同市场环境的满意度与
忠诚度的关系
从客户满意到客户
忠诚的策略

项目导入

联邦快递的宏伟目标是：每一次交流都要达到百分之百的客户满意，处理每一个包裹都要百分之百地达到要求。早期联邦快递将客户满意度和服务表现定义为准时送达包裹所占的百分数。而后，通过多年的客户投诉记录分析，公司发现，准时送达只是客户满意的一个标准，还有其他因素影响和反映着客户的满意度。

联邦快递总结出，客户满意度包括应该避免的8种服务失败，后来被称为“服务八怕”，具体是：①送达日期错误，②送达日期没错，但时间延误。③发运遗漏。④包裹丢失。⑤对客户的错误通知。⑥账单及相关资料错误。⑦服务人员表现不佳。⑧包裹破损。所以，根据由客户投诉产生的这些分类，对客户来讲，重要的标准不仅仅是准时送达。

除对客户投诉进行分类外，联邦快递每天都跟踪12个服务质量指标，以便从总体上衡量客户的满意度。另外，公司每年都要在多方面进行多次的满意度调查：①每一季度对四个细分市场进行客户满意度调查，即电话通知联邦快递的基础业务、美国以外地区递送客户、专人递送中心客户及快件箱客户。②半年一次的客户满意度调查，即联系曾经使用过联邦快递10项专门性程序如客户服务、开票及发票调整等项目之一的客户。③每年两次的联邦快递中心评价卡的收集、列表，及时反馈给每个中心的管理人员。④对联邦快递的7600个大客户进行自动化调查。⑤每年一次的加拿大客户调查。

思考：1.联邦快递总结出来的影响物流客户满意度的主要因素有哪些？

2. 联邦快递为什么每年都要在多方面进行多次的满意度调查？

项目任务分解

如何让客户满意并且成为企业的忠诚客户是每个成功企业的法宝。客户满意度是衡量客户满意的重要指标，客户忠诚度是企业成功的一个重要标准，所以掌握如何提高客户的满意度及忠诚度是营销岗位上重要的技能。

任务一　客户满意度管理

7.1.1　客户满意与客户满意度

（1）客户满意的概念

菲利普·科特勒认为“客户满意是指一个人通过对一个产品的可感知效果与他的期望值相比较后，所形成的愉悦或失望的感觉状态”。

亨利·阿塞尔也认为，当商品的实际消费效果达到消费者的预期时，就导致了满意；否则，会导致客户不满意。

以上的定义可以看出，满意水平是可感知效果和期望值之间的差异函数。如果效果低于期望，客户就会不满意；如果可感知效果与期望相匹配，客户就满意；如果可感知效果超过期望，客户就会高度满意、高兴或欣喜。

客户满意是指客户对其明示的、通常隐含的或必须履行的需求或期望已被满足的程度的感受。满意度是客户满足情况的反馈，它是对产品或者服务性能，以及产品或者服务本身的评价；给出了（或正在给出）一个与消费的满足感有关的快乐水平，包括低于或者超过满足感的水平，是一种心理体验。

（2）客户满意的内涵

客户满意包括产品满意、服务满意和社会满意三个层次：

“产品满意”是指企业产品带给客户的满足状态，包括产品的内在质量、价格、设计、包装、时效等方面的满意。产品的质量满意是构成客户满意的基础因素。

“服务满意”是指产品售前、售中、售后以及产品生命周期的不同阶段采取的服务措施令客户满意。这主要是在服务过程的每一环节上都能设身处地地为客户着想，做到有利于客户、方便客户。

“社会满意”是指客户在对企业产品和服务的消费过程中所体验到的对社会利益的维护，主要指客户整体社会满意，它要求企业的经营活动要有利于社会文明进步。

（3）客户满意的类型

从理论上说，客户满意可分为三种类型：不满意、一般满意和高度满意。如果可感知效果低于期望值，客户就会不满意；如果可感知效果与期望值相等，客户就会感到一般满意；如果可感知效果超过期望值，客户就会感到高度满意。可以用图7–1来表示这种关系，假设客户对产品和服务的期望值为Q_0，客户对产品或服务所感知的实际价值体验为

Q_1，则客户可感知的效果与期望值比较的结果为不满意、一般满意和高度满意。

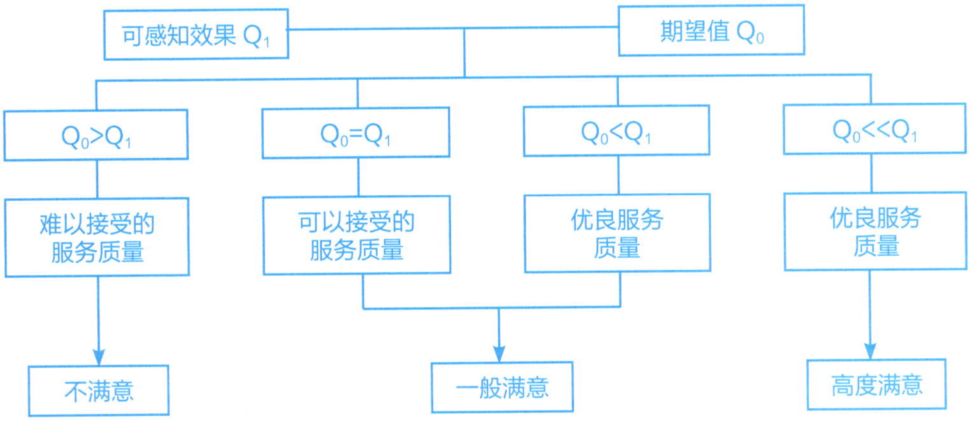

图 7-1　客户满意的类型

（4）客户满意度

1）客户满意度的概念

客户满意度是一个变动的目标，能够使一个客户满意的未必会使另一个客户满意，能使得客户在一种情况下满意的在另一种情况下未必能使其满意。只能对不同的客户群体的满意度因素非常了解，才可能实现100%的客户满意。

客户满意度（consumer satisfaction research，CSR）也称为客户满意指数，是对服务行业的客户满意度调查系统的简称，是一个相对的概念，是客户期望值与客户体验值的匹配程度。也就是客户通过对一种产品的可感知效果与其期望值相比较后得出的指数。即

$$c = b / a$$

其中，c为客户满意度，b为客户的感知值，a为客户的期望值。

①当感知低于期望时，即c小于1时，则客户会感到不满意，甚至会产生抱怨或投诉；如果对客户的抱怨采取积极措施妥善解决，就有可能使客户的不满意转化为满意，直至成为忠诚的客户。

②当感知接近期望时，即c等于1或接近1时，则客户就感到满意。

③当感知远远超过期望时，即c大于1时，客户就会从满意产生忠诚。

2）客户满意度的特征

①主观性。客户满意是建立在其对产品或服务的体验上的，感受对象是客观的，结论是主观的。它既与自身条件如知识和经验、收入、生活习惯和价值观念等有关，还与传媒

新闻和市场中假冒伪劣产品的干扰等因素有关。

②层次性。著名心理学家马斯洛指出，人的需要有五个层次，处于不同层次的人对产品或服务的评价标准不一样，这可以解释处于不同地区、不同阶层的人或同一个人在不同的条件下对某个产品的评价可能不尽相同。

（5）客户满意的影响因素

客户满意是一个人通过对一个产品的可感知效果（或结果）与他的期望值相比较后，所形成的愉悦或失望的感觉状态。消费者的满意或不满意的感觉及其程度受到以下四个方面因素影响：

1）产品和服务让渡价值的高低

消费者对产品或服务的满意会受到产品或服务的让渡价值高低的重大影响。如果消费者得到的让渡价值高于他的期望值，他就倾向于满意，差额越大越满意；反之，如果消费者得到的让渡价值低于他的期望值，他就倾向于不满意，差额越大就越不满意。

2）消费者的情感

消费者的情感同样可以影响其对产品和服务的满意的感知。这些情感可能是稳定的、事先存在的，比如情绪状态和对生活的态度等。非常愉快的时刻、健康的身心和积极的思考方式都会对所体验的服务的感觉有正面的影响；反之，当消费者正处在一种恶劣环境或情绪当中，消沉的情感将被他带入对服务的反应，并导致他对任何小小的问题都不放过或感觉失望。

消费过程本身引起的一些特定情感也会影响消费者对服务的满意。例如，中高档轿车的销售过程中，消费者在看车、试车和与销售代表沟通过程中所表现出来的对成功事业、较高地位或是较好生活水平的满足感，是一种正向的情感。这种正向情感是销售成功的润滑剂。从让渡价值的角度来看，这类消费者对形象价值的认定水平比一般消费者要高出许多，才会有这样的结果。

3）对服务成功或失败的归因

这里的服务包括与有形产品结合的售前、售中和售后服务。归因是指一个事件感觉上的原因。当消费者被一种结果（服务比预期好得太多或坏得太多）而震惊时，他们总是试图寻找原因。而他们对原因的评定能够影响其满意度，例如，一辆车虽然修复，但是没有能在消费者期望的时间内修好，消费者认为的原因是什么（这有时和实际的原因是不一致的）将会影响到他的满意度。

举例来说，如果消费者认为原因是维修站没有尽力，因为这笔生意赚钱不多，那么他就会不满意甚至很不满意；如果消费者认为原因是自己没有将车况描述清楚，而且新车配件确实紧张的话，他的不满程度就会轻一些，甚至认为维修站是完全可以原谅的。相反，对于一次超乎想象的好服务，如果客户将原因归为“维修站的分内事”或“现在的服务质量普遍提高了”，那么这项好服务并不会提升这位客户的满意度，如果客户将原因归为

“他们因为特别重视我才这样做的”或是“这个品牌是因为特别讲究与客户的感情才这样做的”，那么这项优良服务将大大提升客户对维修站的满意度，并进而将这种高度满意扩张到对品牌的信任。

4）对平等或公正的感知

消费者的满意还会受到对平等或公正的感知的影响。消费者会问自己：我与其他的消费者相比是不是被平等对待了？别的消费者得到比我更好的待遇、更合理的价格、更优质的服务了吗？我为这项服务或产品花的钱合理吗？以我所花费的金钱和精力，我所得到的比人家是多还是少？公正的感觉是消费者对产品和服务满意感知的中心。

知识链接

1992年，西尔斯汽车中心收到来自44个州的受骗消费者的指控，因为该汽车中心对他们的汽车进行了不必要的维修。由于西尔斯雇员的报酬来自维修车辆的数量，这就导致了对消费者收取了实际上并不必要的费用。西尔斯公司为平息控诉而花费的2700万美元以及其他额外的商业损失，皆是因为其让消费者对所遭受的不公正待遇的强烈不满。

7.1.2 客户满意度测评的程序及方法

（1）客户满意度测评的程序

客户满意度测评，是指在一定层面上，就某一类产品（服务）或品牌对其客户群体进行调查，取得客户满意状况的数据，通过综合测算与分析，得到客户满意度评价结果。完整的客户满意度测评体系应包含满意度测量和评价两个方面，能够为客户满意度管理提供充足的决策依据。

1）确定问题和目的

问题的定义和目的的明确是进行客户满意度测评的第一步。由于企业的生产经营过程相对稳定，而目标市场却千变万化，因此，企业经营与市场需求往往不相适应。这种不相适应性在经营过程中会逐渐显现出来，而且大多数情况下会经由客户的不满意体会凸显出来，因此，必须找出造成这种不适应性和客户不满意的原因，这就是要研究并解决的问题。问题明确了，目的也就可以确定了。如商业服务企业的客户满意度测评的目的在于：了解某企业或某品牌的客户满意程度；了解某行业整体客户满意度情况。

2）制定满意度测评方案

任何正式的满意度测评活动都是一项系统工程。为了在调查测评过程中统一认识、统一内容、统一方法、统一步调，圆满完成任务，在具体开展调查工作以前，应该根据研究的目的、调查对象的性质，事先对整个实施工作的各个阶段进行通盘考虑和安排，制定出合理的工作程序，也就是提出相应的实施方案。整个调查工作的成败，很大程度上取决于所制定的方案的科学、系统、可行与否。具体的测评方案一般需要说明以下几个方面的内容：

①说明调查目的。指出项目的背景，想研究的问题和可能的几种备用决策，指明该项目的调查结果能给企业带来的决策价值、经济效益、社会效益，以及在理论上的重大价值。例如，客观地、科学地、系统地评价客户对产品或服务的满意度，制定相应的改进措施，完善客户服务体系，提高客户服务水平，提高市场竞争的综合能力，取得最大的经营绩效。

②确定调查内容。开展客户满意度调查研究，必须识别客户和客户的需求结构，明确开展客户满意度调查的内容。不同的企业、不同的产品拥有不同的客户。不同群体的客户，其需求结构的侧重点是不相同的。例如，有的侧重于价格，有的侧重于服务，有的侧重于性能和功能等。一般来说，调查的内容依据所要解决的调查问题和目的所必需的信息资料来确定，具体的内容应按照CSI（客户满意指数）三级测评指标体系的指标并结合实际情况加以确定。

③确定调查对象。确定调查对象即确定谁是企业的客户，企业要从哪儿获得所需的数据。在客户满意度测评中，客户包括从前的客户、当前的客户、潜在的客户、销售渠道的成员、批发商和零售商等不同的范畴。客户可以是企业外部的客户，也可以是内部的客户。如果客户较少，应该进行全体调查。但对于大多数企业来说，要进行全部客户的总体调查是非常困难的，也是不必要的，应该进行科学的随机抽样调查。在抽样方法的选择上，为保证样本具有一定的代表性，可以按照客户的种类，如各级经销商和最终使用者、客户的区域范围分类，进行随机抽样。在样本大小的确定上，为获得较完整的信息，必须要保证样本足够大，但同时兼顾调查的费用和时间的限制。

④选择调查方法。在确定研究方式上，定量调研可以采取的方式包括：面访（包括入户访问、拦截式访问）、电话调查、邮寄调查、电话辅助式的邮寄调查等，其中入户访问的要求比较高，要求知道所有客户的住址，访问成本也是最高的。拦截式访问的成本较低，访问比较容易受控制。电话调查要求知道客户的电话，对没有电话联系方式的客户则会被排除在调查范围之外，造成样本框的误差。邮寄调查的问卷回收期比较长，回答者的构成可能与实际客户样本构成不一致。电话辅助的邮寄调查用以提高邮寄调查的回收率。

⑤说明调查时间进度和经费开支情况。在实际的调查活动中，根据调查范围的大小，时间有长有短，但一般为一个月左右。费用也有多有少，不能一概而论。基本原则是：保

证调查的准确性、真实性，不走马观花；尽早完成调查活动，保证时效性，同时也节省费用。时间的安排一般按照整个测评活动的准备、实施和结果处理三个阶段来规划，经费预算也基本上遵循一定的原则。

3）量化和权重客户满意度指标

客户期望、客户对质量的感知、客户对价值的感知、客户满意度、客户抱怨和客户忠诚度都是不可以直接测评的，需要对这些隐性变量进行逐级展开，直到形成一系列可直接测评的指标。这些逐级展开的测评指标构成了客户满意度测评指标体系。客户满意度测评的本质是一个定量分析的过程，即用数字去反映客户对测量对象的属性的态度，因此需对调查项目指标进行量化。客户满意度测评了解的是客户对产品、服务或企业的态度，即满足状态等级，一般采用5级态度等级：很满意、满意、一般、不满意、很不满意，相应赋值为“5，4，3，2，1”。

一般而言，很满意表明产品或服务完全满足甚至超出客户期望，客户非常激动和满足；满意表明产品或服务各方面均基本满足客户期望，客户称心如意；一般表明产品或服务符合客户最低的期望，客户无明显的不良情绪；不满意表明产品或服务的一些方面存在缺陷，客户气愤、烦恼；很不满意表明产品或服务有重大的缺陷，客户愤慨、恼怒。对不同的产品与服务而言，相同的指标对客户满意度的影响程度是不同的。例如，售后服务对耐用消费品行业而言是一个非常重要的因素，但是对于快速消费品行业则恰恰相反。因此，相同的指标在不同指标体系中的权重是完全不同的，只有赋予不同的因素以适当的权重，才能客观真实地反映出客户满意度。权重的确定可采用德尔菲法，邀请一定数量的有关专家分别对调查的每一项内容进行权重，并请他们将各自的权重结果发送给调查者，调查者将综合后的结果再返还给专家，他们利用这一信息进行新一轮的权重。如此往返几次，一直到取得稳定的权重结果。

各项客户满意度指标得分结果的计算公式为：

$$满意度综合得分=\sum（满意度/重要性）/\sum 重要性$$

4）设计问卷

问卷设计是整个测评工作中关键的环节，测评结果是否准确、有效，很大程度上取决于此。问卷的基本格式一般包括介绍词、填写问卷说明、问题和被访问者的基本情况。问卷设计的目的是了解客户的需求和期望，调查客户对质量、价值的感知，制定质量标准等。

客户满意度测评与一般市场调查有一定的共性，同时也具有其特殊性，这种特殊性是由客户满意度测评体系的要求所决定的。除了满足一般问卷的要求外，还必须满足客户满意度测评体系的要求，测评问卷中的问题以测评体系中的3级指标为基本的逻辑框架，并将其表述为问卷中的具体问题。同时还应该按照问卷设计的方法和原则来进行问题的设计，问卷的设计思路如下。

首先，问卷设计要明确客户满意度测评的目的。通常情况下，客户满意度测评的目的主要有：一是了解客户的要求和期望，调查客户对质量、价值的感知，制定质量标准；二是计算客户满意度指数，识别客户对产品态度的动态变化趋势；三是通过与竞争者的比较，明确优劣势，寻求改进方向。问卷设计必须依据这些测评目的来确定问卷的内容。

其次，将3级测评指标转化为问卷上的问题。这是进行客户满意度测评的核心内容。测评指标是便于计算的统计量，而问卷上的问题是要求客户准确回答的内容，要根据问卷设计的原则和要求、被测评的产品或服务的本质特征及客户的消费心理和行为特征，将关键的5级测评指标转化为问卷上的问题。这也是客户满意度测评成功的关键所在。

再次，对设计的问卷进行预调查。预调查不同于正式调查，它只需要较小的样本量，一般来说，只需要选取30~50个样本就足够了。对于这些样本的预调查，尽量采用面访的形式进行，这样除了可以详细了解客户对产品和服务的态度以外，更重要的是还可以了解客户对问卷本身的看法。根据预调查的分析结果可以对问卷进行修改和完善。

5）实施调研

一旦问卷、研究方法设计完毕，研究人员必须实施调研，收集所需的信息。客户满意度数据的收集可以是书面或口头的问卷、电话或面对面的访谈，若有网站，也可以进行网上客户满意度调查。调查中通常包含很多问题或陈述，需要被调查者根据预设的表格选择问题后面的相应答案，有时候可以让被调查者以开放的方式回答，从而能够获取更详细的资料，能够掌握关于客户满意水平的有价值信息。调查法使客户从自身利益出发来评估企业的服务质量、客户服务工作和客户满意水平。

无论选择电话访谈、邮件调查、互联网调查或者其他收集方法，为了保证调研结果的科学性和准确性，必须事先对调研人员进行相关的培训，熟悉调研项目，能为被调研者合理、准确地解释各个调研问题。在调研过程中，必须严格按照各项要求实施调研，调研人员的任务就是最大化地减少调查过程的错误。

6）数据分析处理

①整理数据资料。对于收集回来的数据资料，应首先进行数据资料的确认，这是保证调查工作质量的关键。也就是说为了保证资料的准确、真实和完整，调查或者其他数据收集工具将接受检查，观察其中是否存在冗余、不完整或者其他无用的回应、模糊和明显的不相容，应确定哪些问卷是合格的，可以接受，哪些问卷是不合格的，必须作废。

为了统计分析的方便，还需把原始资料转化为符号或数字，使资料能够标准化，也就是为客户的回应分配一系列的数字，即编码。例如，客户转而使用竞争对手产品的原因需要分配的几组确认数字：1—更便宜的价格，2—更好的品质，3—优惠券，等等。

②分析数据资料。为了客观地反映客户满意度，企业必须运用科学有效的统计分析方法分析适当的客户满意度数据，以证实质量管理体系的适宜性和有效性，并评价在何处可

以持续改进。数据分析包括定量分析、定性分析，或者二者兼有，具体选用哪种类型的分析应当取决于研究对象、所收集数据的特性及谁使用这种分析结果。采用定性分析方法分析调查资料，得到对调查对象的本质、趋势及规律的性质方面的认识，其方法依据是科学的逻辑判断，能够得到有关新事物的概念，却不能表明事物发展的广度和深度，也无法得到事物数量上的认识。定量分析则恰好弥补了定性分析的缺陷，它可以深入细致地研究事物内部的构成比例，研究事物规模的大小及水平的高低。

客户满意度数据的分析将提供以下有关方面的信息：

- 客户满意；
- 与服务要求的符合性；
- 过程和服务的特性及趋势，包括采取预防措施的机会；
- 持续改进和提高产品或服务的过程与结果；
- 不断识别客户，分析客户需求变化情况。

因此，企业应建立健全的分析系统，将更多的客户资料输入数据库中，不断采集客户有关信息，并验证和更新客户信息，删除过时信息。同时，还要运用科学的方法，分析客户发生变化的状况和趋势。研究客户消费行为有何变化，寻找其变化的规律，为提高客户满意度和忠诚度打好基础。

7）进行客户满意度评价并撰写报告

大多数的企业管理层一般只关注研究结果的主要内容。通过使用图示、表格及其他绘图工具将研究结果清晰地表达出来，这是对研究人员及其他向管理层汇报研究结果的相关人员的一种创造性的挑战。客户满意度评价报告是整个任务活动的成果体现。

在对客户满意度进行评价的过程中，明确哪些是急需改进的因素具有重要意义，而这一点也应是报告中的重要内容。应明确四种类型的改进因素：一是急需改进的因素，即对客户是重要的，而满意度评价是较低的；二是应该继续保持的因素，即对客户是重要的，而满意度评价是较高的；三是不占优先地位的因素，即对客户是不重要的，而满意度评价是较低的；四是锦上添花的因素，即对客户是不重要的，而满意度评价是较高的。

客户满意度测评报告的一般格式是：题目、报告摘要、基本情况介绍、正文、改进建议、附件。正文内容包括：测评的背景、测评指标设定、问卷设计检验、数据整理分析、测评结果及分析。

8）跟踪实施并持续改进

在对收集的客户满意度信息进行科学分析后，针对满意度测评报告中提出的改进问题，企业就应该立刻检查自身的工作流程，在“以客户为焦点”的原则下开展自查和自纠，找出不符合客户满意度管理的流程，制定企业新的经营方案，组织企业员工实行，并通过反馈机制的作用和CSI的更新，不断提升企业的客户满意度，进而扩大企业的市场份额和竞争力。

（2）常见的客户满意度测评方法

1）简单方法

调查客户满意度可以直截了当地向客户询问：“你对该品牌的产品/服务总体上满意吗?”受访者可以进行选项或者打分。这种方法效率高，容易回答，而且容易了解到消费者对竞争品牌的总体评价，但是，受访者回复在很多情况下不能代表其真实的意思表示，由于没有时间仔细考虑被调查产品的方方面面，其选择通常趋向于中庸的选择，因此，这种方法目前采用的不多。

2）双重评价法

双重评价法需要调查设计者找到一些影响满意度的驱动要素，然后让受访者对被调查品牌在该驱动要素上的表现打分，同时还要对该驱动要素对其重要性程度进行打分。问题比如：“请问该品牌的洗衣粉的溶解性能能力怎么样，可以打几分?”这样设计问题，可以既了解顾客对某品牌产品或服务的满意度，又可以了解顾客对于相应的满意度驱动要素的评价，了解了这些要素后，在确定满意度提升措施的时候，可以重点提升那些消费者评价低，而且重要性高的因素。

这种方法考虑到满意度驱动要素，但是也存在几个缺陷：

①通过这种方式让受访者对满意度驱动要素选择其重要性程度，受访者容易对大部分要素选择非常重要或者重要，因此这种方法难以区分开不同要素对消费者的真实重要程度。

②用驱动要素对受访者的重要性替代这一概念，经常会误导企业的资源配置。比如说，对航空公司的旅客而言，飞机安全无可置疑是他们认为最重要的要素，但是，该要素其实是航空公司的一个必备要素，达到一定的水平后，进一步增加其表现，并不能明显增加旅客的满意度，而餐饮质量、两排座椅间的距离大小等要素，会成为航班满意度的重要影响要素。这些方面面的改进，能够明显提升飞行乘客的满意度。

③这种方法需要受访者对每个驱动要素的表现和重要性分别进行评估，需要占用受访者较多的时间和精力，从而增加了调查成功的难度。

这种方法目前应用比较广泛，因为其应用基本不需要太多的统计分析技术，实施简单。

3）双重评价改进法

这种调查方法是在上一种方法的基础上改进得到的。具体方法是：假定全部要素的重要性为100，受访者在对每个调查要素给予重要性权重的时候，最终需要使得权重和等于100，当驱动要素的数量较多时，受访者就非常难以准确地分配好权重。而实际生活中，某产品或服务的满意度驱动要素常常在10个以上。同时，这种方法也存在双重评价法的误导企业资源配置和耗费被访者大量时间精力的缺陷。

4）线性回归统计分析法

利用多元回归分析技术，可以计算出满意度驱动要素对满意度的影响大小：当满意度驱动要素提升1分，满意度在现有的基础上可以提升多少分。当满意度的驱动要素非常少，而且这些要素相互之间的影响不强时，这种方法是一种简单有效的方法。但是，随着影响要素的增加和细化，如果采用回归法，影响要素一般会由于这些要素的相互作用和影响，其数值变得无法解释现实情况。

5）结构方程模型

结构方程模型是一种建立、估计和检验因果关系模型的方法。通过要素间的因果关系或准因果关系来揭示现实生活中的相互关系，目前广泛地应用于市场研究分析当中。它也是目前国际上流行的顾客满意度研究分析手段。一个有效实用的顾客满意度研究结构方程模型的构建，需要对顾客需求和感知的深入研究，通过大量的前期工作，比如顾客焦点小组访谈、顾客需求分解、顾客预调查、行业专家拜访、购买消费现场观察等多种手段，才能构建起一个基础模型。然后通过对消费者调查，采集到一定的数据后，对数据进行多种统计处理、分析和检验，根据相应的结果对模型进行必要的调整，然后应用到实际的顾客满意度分析当中去。

7.1.3 提高客户满意度的方法

服务质量的特性导致必须考虑采用与制造业不同的方式来控制和提高质量。可以考虑的方法包括建立和实施面向客户的服务承诺、客户服务和服务补救。

（1）服务承诺

所谓服务承诺，是企业向客户公开表述的要达到的服务质量。首先，服务承诺一方面可以起到树立企业形象、提高企业知名度的作用；另一方面可以成为客户选择企业的依据之一，但更重要的是，它还可以成为客户和公众监督企业的依据，使企业得到持续改善的压力。其次，建立有意义的服务承诺的过程，实际上是深入了解客户要求、不断提高客户满意度的过程，这样可以使企业的服务质量标准真正体现客户的要求，使企业找到努力的方向。再次，根据服务承诺，企业能够确定反映客户需求的、详细的质量标准，再依据质量标准对服务过程中的质量管理系统进行设计和控制，最后，服务承诺还可以产生积极的反馈，有可能使客户有动力、有依据对服务质量问题提出申诉。从而使企业明确了解所提供服务的质量和客户所希望的质量之间的差距。

有效的服务承诺应具备哪些特征呢？一项好的服务承诺应无条件、容易理解与沟通、有意义、简便易行和容易调用。一项无误承诺应该既简洁又准确，复杂、令人困惑而且有大量脚注条件的服务保证，即使制作精美，也不会起作用。容易引起误解的服务承诺，会引发有误差的客户期望。好的服务承诺，只有当包含了客户认为重要的内容，而且有一个合理的总结算时，它才是有意义的。

（2）客户服务

客户服务是指除牵涉销售和新产品提供之外的所有能促进组织与客户间关系的交流和互动。它包括核心和延伸产品的提供方式，但不包括核心产品自身。以一项发型设计服务为例，理发本身不属于客户服务，但客户在理发前后或过程中所得到的待遇却属于客户服务。假如客户提出一些特别的处理要求，那也构成客户服务的一项内容。在服务完成之后，假若客户的惠顾得到感谢和赞扬，这些行为也应归入客户服务。对制造品而言，除实际销售表现之外的所有与客户的互动，都应看作客户服务。

（3）服务补救

所谓服务补救，是指组织为重新赢得因服务失败而已经失去的客户好感而做的努力。一些服务组织不管发生什么，都不做任何服务补救的尝试与努力，还有一些组织仅投入一半的力量来做这项工作，很少有组织为此制定全面的政策，并竭尽全力地为客户补偿。开展一项重新赢得客户信任的工作计划，往往不被组织所认识或者是组织缺乏动力。企业可能认为，既然有无穷无尽的客户流等待它们去挖掘，又何必为不满意的客户而费心。以上这些做法是错误的。失去一位客户代价高昂。首先想一下，是不是必须寻找一位新客户来取代旧客户，而经常寻找新客户的成本很高，各种各样的估计表明，补充一位流失客户位置的成本比保留一位忠实客户的成本要高3~5倍。这与服务的性质有关。得到新的客户，需要大量的广告和销售费用，从另一个方面来讲，忠实的客户产生可观的销售额，他们比第一次来享受服务的客户花钱多，且经常花高价。他们需要较低的交易成本和沟通成本，无须信誉调查或其他初始成本。忠实客户对服务享用相当熟悉，不需要太多帮助。另外，他们还经常用正向口头宣传为组织带来新客户；相反，那些转向竞争对手的客户会劝阻其他客户来光顾本企业。

有研究表明，客户流失率降低5%，组织利润就会翻一番。因此，积极努力去挽回因为对一次服务体验不满而流失的客户是有意义的。服务所包含的一系列环节和大量因素都会对客户的服务体验产生影响，并最终影响到客户满意。客户与服务组织接触的每一个点，都会影响到客户对服务质量的整体感觉，客户与组织接触的每一个具体的点就是关键点。客户用关键点来评价组织的服务提供。因此，对于关键点需要制订服务补救计划。该计划一般包括5个步骤：道歉、紧急复原、移情、象征性赎罪和跟踪。

①道歉。服务补救开始于向客户道歉。当组织感觉到客户的不满时，应有人向客户道歉。道歉在一定意义上意味着承认失败，一些组织不愿意这样做。可是，服务组织必须认识到自己有时确实无能为力。因为服务是易变的，存在失败的风险是服务组织的固有特征。承认失败，认识到向客户道歉的必要性，真诚地向客户道歉，能让客户深切地感知到他们对组织的价值，并为重新赢得客户好感的后续工作铺平道路。

②紧急复原。这是道歉的自然延伸，也是不满的客户所肯定期望的。客户希望知道，组织将做哪些事情以消除引起不满的根源。

③移情。当紧急复原的工作完成后，就要对客户表现一点移情，即对客户表示理解和同情，能设身处地地为客户着想，这也是成功的服务补救所必需的，服务组织应对愤怒的客户表示理解，理解因服务未满足客户需求而对客户造成的影响。

④象征性赎罪。移情之后的下一步工作是用有形方式对客户进行补偿，比如送个礼物表示象征性赎罪。也可以用赠券的形式发放礼物，如一份免费点心赠券、一张将来机票赠券、一间高质量客房住宿赠券等。象征性赎罪的目的不是向客户提供服务替代品，而是告诉客户，组织愿意对客户的失望负责，愿意为服务失败承担一定的损失。

⑤跟踪。组织必须检验其挽回客户好感的努力是否成功，跟踪使组织获得了一次对补救计划自我评价的机会，以识别哪些环节需要改进。

当然，并非每一次客户不满都需要上述全部5个步骤。有时，客户仅仅是对服务的某一个具体环节有点儿失望，这时只要采取前两个步骤就可能达到服务补救的目的。一个道歉和一项紧急复原行动就应该足够了。而另外一些情况，客户被组织的服务失败所激怒，则需要采取服务补救的全部5个步骤。

知识链接

酒店的个性化服务

设施的介绍：酒店应根据客户的特点来安排多样化的介绍。比如常住客通常已经很熟悉酒店的各种设施，服务员也就没有必要再详细介绍了，而新婚夫妇，不喜欢别人的打扰，服务员也没必要进行长时间的设施介绍。对于初到本地的旅行者，服务员不但要详细介绍酒店的设施，还要介绍酒店附近的设施和该城市的特色风味及名胜古迹。

房间的清理：酒店洗手间洁净与否要站在客户的视角来观察。针对客户最经常注意到的地面、墙壁及浴缸、天花板等部位重点清洁。服务员应将客户的任何遗留物品妥善保管，将其存入遗忘物品储藏室里，而绝对不能把自己认为无用的客户物品扔掉。

睡衣的放置：将睡衣放在抽屉里，但抽屉不关严，拉出一个客人在房间里很容易就会看到这个没有关上的抽屉，便会好奇地上前查看，并发现里面的睡衣。如客户不需要，关上抽屉即可；如需要，拿出即可。

细致观察每个客户，分析其偏好需求是提供个性化服务的基础。在此基础上，还应进一步建立储存着客户详细资料的数据库，里面应记录每位客户的相关信息。这样就能更方便地对每位客户都提供令其满意的个性化服务。

任务二　客户忠诚度管理

7.2.1　客户忠诚度的内涵

（1）客户忠诚度的含义

客户忠诚度是指客户对企业产品和服务的心理偏爱并有持续性的购买行为，它是客户满意效果的直接体现。客户满意度与态度相关联，争取客户满意的目的是尝试改变客户对产品或服务的态度。而客户忠诚度所体现出来的则是购买行为，并且是有目的性的、经过思考而决定的购买行为。忠诚的客户具有如下特征：当客户想购买一种他们曾经购买过的产品或服务时，会主动去寻找原来向他们提供过这一产品或服务的企业，甚至有时因为某种原因没有找到所忠诚的品牌，他们也会主动抵制其他品牌的诱惑，甚至暂时搁置需求，直到所忠诚的产品或者服务的再度出现。

在营销实践中，客户忠诚被定义为客户购买行为的连续性。它是指客户对企业产品或服务的依赖和认可、坚持长期购买和使用该企业产品，或服务所表现出的在思想和情感上的一种高度信任和忠诚的程度，是客户对企业产品在长期竞争中所表现出的优势的综合评价。

案例链接

珍珠的忠诚客户

重庆有位叫珍珠的小姑娘失业后，在一条冷清的小街租了一个6平方米的公用电话亭，准备做点小本生意。

起初她发现打电话的人站着打不舒服，她就搬来一个靠背椅子，又发现需要记录时，打电话者总是手忙脚乱，于是她又在电话机旁放了个小纸盒，里面有小方纸和圆珠笔。这样一来，尽管这条小街有好几个电话亭，但人气却开始向她这里聚集，她又新装了两部电话。

后来她发现有人等电话时问有没有香烟、饮料，于是她立即进货。又发现情侣一起来打电话时，女伴在旁边总是喊个不停，她马上又进了些小食品。

珍珠的顾客越来越多，并且大都是回头客。半年后，珍珠的小小电话亭变成了收入不错的零售店。

伴随着客户满意理论的应用与发展，西方企业界投入了大量的资源来追踪和度量客户满意。然而，许多实践和理论研究发现，客户满意并不等于客户忠诚，在企业实践中，许多行业存在严重的“客户满意悖论”现象，即宣称满意或者很满意的客户出现大量的流失。后来许多学者的研究表明，客户满意是决定客户重复购买意向的重要因素。但不是唯一因素，如果企业在制定和实施市场营销策略的时候仅仅拥有客户满意管理的思想，将无法有效地维持客户的重复购买行为，因此，将客户满意进一步发展到客户忠诚便成为企业工作的重点。

（2）客户忠诚的分类

1）迪克和贝丝的分类

在试图提供一个较为综合性的客户忠诚分析框架中，迪克（Dick）和贝丝（Basu）提出了一个基于客户重复购买意向和重复购买行为的理论框架。这个理论框架考虑了客户态度形成的直接原因和可能对客户态度或者客户行为产生调节作用的关系要素。

他们把不同形态的客户态度取向和重复购买行为结合起来，将客户忠诚细分为四种不同的状态：不忠诚、虚假忠诚、潜在忠诚和持续忠诚。显然，对企业真正产生意义的客户忠诚应该是持续忠诚。因此，企业所进行的一切活动、所采取的一切客户关系管理策略，都是为了将不忠诚的、虚假忠诚的和潜在忠诚的客户转变为持续忠诚的客户，以实现企业的目标。

2）琼斯和萨尔的分类

琼斯（Jones）和萨尔（Sasser）从客户满意与客户忠诚的关系角度提出了一个客户忠诚的直觉化分类。客户被划分为四种类型：忠诚者/传道者（高满意度—高忠诚度），背叛者/恐怖分子（低满意度—低忠诚度），唯利是图者（高满意度—低忠诚度）和人质客户（低满意度—高忠诚度）。

这种客户忠诚分类的方法隐含地揭示了在企业市场营销实践中客户满意与客户忠诚之间的内在联系，说明了满意的客户不一定忠诚，忠诚的客户不一定满意。在这种情况下，企业可以根据客户忠诚度和客户满意度的实际高低状况，制定与实施相应的关系营销策略来管理客户忠诚。

3）克米拉和布朗的分类

克米拉和布朗将客户忠诚划分为行为忠诚、意向忠诚和情感忠诚三种类型，以帮助理解它的含义。行为忠诚是客户实际表现出来的重复购买行为；意向忠诚是客户在未来可能购买的意向；而情感忠诚则是客户对企业及其产品的态度，其中包括客户积极地宣扬企业的产品。由行为、意向和情感三方面组成的客户忠诚，着重于对客户行为趋向的评价。

（3）客户忠诚的类型分析

客户忠诚常有如下几种：

①垄断忠诚。垄断忠诚指客户别无选择，常指企业是垄断经营。客户的特征是低依恋、高重复购买。

②惰性忠诚。惰性忠诚指客户因惰性而不愿意去寻找其他的供应商。客户的特点是低依恋、高重复购买。

③潜在忠诚。潜在忠诚是指虽然拥有但是还没有表现出来的忠诚。通常情况下，潜在忠诚的客户是低依赖程度、低重复购买的客户。客户希望不断地购买企业产品和服务，但是企业的一些客观规定或是其他的环境因素限制了客户的这种需求。例如，客户原本希望再来购买，但是卖主只对消费额超过1500元的消费者提供免费送货。对于这类客户，企业可以通过了解客户的特殊需要，对一些规定做适当的调整，使这些潜在的忠诚转变为其他类型的忠诚。

④节约忠诚。节约忠诚是低依赖、高重复购买的行为，这种忠诚类似于惰性忠诚。例如，某位客户重复购买是出于该便利店地理位置比较方便。如果企业的客户是节约忠诚客户，那么企业之间的竞争非常激烈，这种客户始终在寻找更加有利的条件，节约忠诚的客户很容易被竞争对手挖走。如果经济转化成本较高，他们可能仍然保持对企业的忠诚，但是这类客户并非对企业的服务非常满意。

⑤价格忠诚。价格忠诚指客户忠诚于提供最低价格的零售商。客户的特点是价格敏感，低依恋、低重复购买。

⑥激励忠诚。激励忠诚指当企业有奖励活动的时候，会来购买；当活动结束，就会转向其他有奖励或更多奖励的公司，客户的特点是低依恋、高重复购买。

⑦超值忠诚。超值忠诚指客户对企业高依恋、高重复购买。超值忠诚是一种典型的感情或品牌忠诚。此类客户对企业最有价值。这类客户是企业最宝贵的资源，客户关系管理最终目的就是获得这种超值忠诚客户。

7.2.2 影响客户忠诚度的因素

影响客户忠诚度的因素有很多，对这些因素进行简单的归纳，主要有以下几个方面。

（1）客户满意度的大小是客户忠诚的重要因素

客户满意是理论界较早提出来用于解释客户忠诚的一种理论，认为满意是客户忠诚的重要因素。客户越满意，重复购买的可能性越大，国外许多理论和实证研究都证实了客户满意和客户忠诚有正相关的关系。然而客户满意并不等同于客户忠诚，也有研究表明许多企业客户满意度高而忠诚度却低。

（2）建立诚信是获取客户忠诚的前提

客户忠诚研究表明，忠诚客户的维系成本较低，重复购买率较高。这是企业从中获取长期受益的根本原因。因此，长期与客户建立彼此忠诚的关系对于企业十分重要。而任何一种关系要保持一段时间，前提是要彼此之间建立信任感，要与客户建立信任关系，首先应将企业和产品的信息全面、真实地传递给客户，不给客户提供虚假信息；同时，企业应对在交易过程中收集到的有关客户信息进行有效的管理，充分尊重客户的隐私权，这样才有助于客户忠诚的建立。

（3）优质服务在建立和维系客户忠诚中的作用不可低估

客户服务是客户满意的一个重要因素。无论企业生产什么产品都需要为客户提供优质的服务。服务质量的好坏直接影响到企业与客户的关系。通过客户服务建立与客户的长期关系是提供差异化产品的手段之一，可以有效地提高市场的竞争力。如今，产品同质化日益严重。企业要在核心产品和期望产品上下功夫以区别竞争对手已经十分困难，为客户提供超过期望的服务才是差异化策略的重要方法。

服务是客户满意的基础，仅仅对服务满意，客户不一定忠诚，但超值的服务不仅产生满意而且产生愉悦，导致客户忠诚。要切实提高服务水平，就必须强调服务的个性化程度，企业应充分运用客户数据库提供资料，根据不同客户类型，提供有针对性的服务项目。

（4）转移成本提高是客户忠诚的直接因素

转移成本是客户重新选择一家新的服务提供商时的代价。它不仅包括货币成本，还包括由不确定性而引发的心理和时间成本。借助客户忠诚营销计划，通过价格优惠或其他措施以鼓励客户进行重复购买，增加客户从一个品牌转移到另一品牌所需要的一次性成本即转移成本。通过提高转移成本的方式留住有价值的客户被许多国外企业证实了是培育忠诚客户的有效方法。

国内企业虽然也在尝试此类方法，但往往形式单调，难以得到留住客户的效果。在这方面国内企业可以借鉴国外企业的成功经验，留住更多的客户，实现客户忠诚。

（5）优质产品永远是客户重复购买的最佳理由

客户忠诚的重要表现是重复购买，而重复购买意向的产生与客户在实际使用产品的过程中得到的满意度密切相关。为客户提供优质的产品和服务是企业的责任，而优质的产品和服务会为企业带来重复购买的客户，这些客户最终会成为企业的财源，由此可知优质产品和服务的作用不可低估。

（6）一线员工是造就客户忠诚的基础

对于大多数企业而言，一线员工就是现场销售人员和服务人员，或者是呼叫中心的客服人员。这些一线员工将会直接与客户发生接触。所以一线员工的行为举止在客户心中留下的印象是非常深刻的，他们是未来造就客户忠诚的基础。有专家认为：员工是组织里级别较低的人，他们很容易形成或是破坏服务策略。

知识链接

忠诚客户靠培养

日本的一家化妆品公司设在人口百万的大都市里，而这座城市每年的高中毕业生相当多，该公司的老板灵机一动，想出了一个好点子，从此，他的生意蒸蒸日上，成功地掌握了事业的命脉。

这座城市中的学校，每年都送出许多即将步入黄金时代的少女。这些刚毕业的女学生，无论是就业或是深造，都将开始一个崭新的生活，她们脱掉学生制服，开始学习修饰和装扮自己，这家公司的老板了解了这个情况后，于是每一年都为女学生们举办一次服装表演会，聘请知名度较高的明星或模特儿现身说法，教她们一些美容的技巧。在招待她们欣赏、学习的同时，老板自己也利用这一机会宣传自己的产品，表演会结束后他还不失时机地向女学生们赠送一份精美的礼物。

这些应邀参加的少女，除了可以欣赏到精彩的服装表演之外，还可以学到不少美容的知识，又能个个中奖、人人有份、满载而归，真是皆大欢喜。因此，许多人都对这家化妆品公司颇有好感。

这些女学生事先都收到公司寄来的请柬，这请柬也设计得相当精巧有趣，令人一看卡片就目眩神迷，哪有不去的道理？因此大部分人都会寄回报名单，公司根据这些报名单准备一切事物。据说每年参加的人数，约占全市女性应届毕业生的90%以上。

在她们所得的纪念品中，附有一张申请表。上面写着：如果您愿意成为本公司产品的使用者，请填好申请表，亲自交回本公司的服务台，您就可以享受到公司的许多优待。其中包括各种表演会和联欢会，以及购买产品时的优惠价等。大部分女学生都会响应这个活动，纷纷填表交回，该公司就把这些申请表一一加以登记装订，以便事后联系或提供服务。事实上，她们在交回申请表时，或多或少都会买些化妆品回去。如此一来，对该公司而言，其是一举多得，不仅吸收了新顾客，也实现了把顾客忠诚化的理想。

7.2.3 客户忠诚度的衡量指标

客户忠诚是客户基于对品质的认可、体验的满意和情感的归依而自然产生的对品牌产品和服务的持续购买行为，它对品牌的成长具有决定性的意义。通常可以用以下的六大指标进行衡量。

（1）重复购买的次数

在一定时期内，客户对某一品牌产品或服务重复购买的次数越多，则说明其对这一品牌的忠诚度就越高，反之就越低。应该注意的是，在确定这一指标的合理界限时，必须根据不同的产品或服务加以区别对待，比如重复购买汽车与重复购买可乐的次数是没有可比性的。

（2）决策时间的长短

根据消费心理规律，消费者购买商品，尤其是选购商品，都要经过仔细比较和挑选的过程。由于信赖程度有差别，对不同品牌的商品，消费者购买决策时间的长短也是不同的。一般来说，购买决策时间越短，说明消费者对某一品牌商品形成了偏爱，对这一品牌的忠诚度越高；反之，则说明他对这一品牌的忠诚度越低。在运用这一标准衡量品牌忠诚度时，必须剔除产品性能、质量等方面的差异产生的影响。

（3）购物路程的远近

一般而言，消费者都喜欢就近购买，以节省时间和其他耗费。但是由于对品牌的偏好程度有区别，当就近没有该品牌的商品时，可能并不遵循就近购买的原则，而是选择花费更远路程去购买心仪的品牌商品，这就说明其对该品牌的忠诚度高，反之则低。应该注意的是需要排除价格等因素的影响，例如消费者宁愿多走2里路去沃尔玛而不去附近的超市买东西，可能是由于沃尔玛的价格更低。

（4）对价格的敏感度

一般来说，消费者对商品的价格都是非常重视的，但这并不意味着消费者对各种品牌商品的价格敏感程度一致。事实证明，对于喜爱和信赖的商品，消费者对其价格变动的承受能力强，即敏感程度低；而对于不喜爱的商品，消费者对其价格变动的承受能力弱，即敏感度高。据此亦可衡量消费者对某一品牌的忠诚度。运用这一标准时，要注意消费者对于该产品的必需程度、产品供求状况及市场竞争程度三个因素的影响，在实际运用中，要排除它们的干扰。

（5）对竞争者的态度

人们对某一品牌态度的变化，多半是通过与竞争者产品相比较而产生的。根据消费者对竞争者产品的态度，可以判断其对其他品牌的忠诚度的高低。如果消费者对竞争者的产品兴趣浓、好感强，就说明对某一品牌的忠诚度低。如果消费者对其他的品牌产品没有好感，兴趣不大，就说明对某一品牌的忠诚度高。

（6）对瑕疵品的态度

任何一个品牌都可能因种种原因而出现瑕疵品的问题，即使伟大的品牌，诸如可口可乐等也在所难免。如果消费者对某一品牌的忠诚度高，对该品牌偶尔出现的产品质量问题会以宽容和同情的态度对待，相信品牌会很快加以妥善处理。若消费者对某一品牌忠诚度低，则一旦产品出现质量问题，客户就会非常敏感，极有可能从此不再购买这一产品，甚至传播负面消息。

由于衡量品牌忠诚度的指标体系相当复杂，因此在实际操作中，我们可以根据行业的不同对以上的六大指标设定不同的加权，设计出一个标准的指数体系。然后比较测试结果，就可以得出哪些客户的忠诚度高，并分析出改善哪些因素可以提高品牌忠诚度。

7.2.4 提升客户忠诚度的策略

每个管理者都面临着这样一个现实：产品差异性越来越小，促销手段也大同小异，竞争对手却越来越多，而客户正在变得越来越挑剔。在这种环境下的企业到底该如何生存？但是万变不离其宗，企业获得稳定发展的驱动力还是不外乎三点：运营效率、市场份额和客户保留。CRM所需要解决的两个重点问题是：提高市场份额，并增加客户保留度。而这两个问题的解决还是要归集到一个核心的问题上，即客户忠诚度的维护与提升。

激发客户对企业忠诚的重要因素主要有内在价值、交易成本、各种关系利益人的互动作用、社会或感情承诺。但是企业只是拥有了这些品质，还不一定能够获得太多的高忠诚客户，因为企业必须首先要有一种“以客户为中心”的文化，并且把这种文化反映到企业各个业务部门的业务流程中。

那么，现在的问题是企业在培养客户忠诚上投入多少才最具有经济效益？企业面临着一个共同的问题：如何提高客户的忠诚度。

（1）建立员工忠诚

具有高层次客户忠诚度的公司一般同时也具有较高的员工忠诚度。如果一个企业的员工流动性非常高，该企业要想获得一个较高的客户忠诚度，那简直就是不可能的，因为客户所获得的产品/服务都是通过与员工接触来获得的。因此，客户忠诚的核心原则是：首先要服务好你的员工，然后才有可能服务好你的客户。

（2）确定客户价值取向

要提升客户忠诚度，我们首先要知道哪些因素将影响客户的取向。客户取向通常取决于三方面：价值、系统和人。当客户感觉到产品或者服务在质量、数量、可靠性或者“适合性”方面有不足的时候，他们通常会侧重于价值取向。期望值受商品或者服务的成本影响，对低成本和较高成本商品的期望值是不同的。但当核心产品的质量低于期望值时，他们便会对照价格来进行考虑。

（3）实践80/20法则

80/20法则是指企业80%的收入来源于20%的客户。所有的客户对于企业来说价值都是不一样的，其中一些客户为公司带来了长期的价值。明智的公司应该能够跟踪客户、细分客户，并根据客户的价值大小来提供有针对性的产品和服务。因此我们在推行客户忠诚计划时，应该把重点放在20%～30%的高价值客户上，但同时我们应该考虑一些有价值潜力的客户，并采取相应的策略。

（4）让客户认同“物有所值”

只有保持稳定的客源，才能为品牌赢得丰厚的利润率。但是，当商家把“打折”“促销”作为追求客源的唯一手段时，“降价”只会使企业和品牌失去它们最忠实的“客户群”。促销、降价的手段，不可能提高客户的忠诚度，“价格战”只能为品牌带来越来越多的“毫无忠诚可言”的客户；而当商家、企业要寻求自身发展和高利润增长时，这部分客户必将流失。培养忠诚的客户群，不能仅做到“价廉物美”，更要让客户明白这个商品是“物有所值”的。由于“经营同质化”，企业只有细分产品定位、寻求差异化经营、找准目标客户的价值取向和消费能力，才能真正培养出属于自己的“忠诚客户群”。

（5）根据客户忠诚现状确定提升办法

客户忠诚于企业必然会处于一种状态，因此企业理解客户目前所处的状态就能够清楚地认识到，如何才能够提升客户的忠诚区。一般来说，客户忠诚度可以划分为5个阶段，即猜疑、期望、第一次购买、重复购买、品牌宣传。如果你的客户关系建立与维护流程不能确保提升客户的忠诚度，应该要重新考虑一下。

（6）服务第一，销售第二

在消费者意识抬头的时代，良好的客户服务是建立客户忠诚度的最佳方法，包括服务态度、回应客户需求或申诉的速度、退换货服务等，让客户清楚了解服务的内容以及获得服务的途径。因为当今的客户变得越来越挑剔，并且在购买了产品后会非常“敏感”，他们在与公司交易时，希望能够获得足够的愉悦，并且能够尽量减少麻烦。当这些客户获得了一个很好的服务体验时，他们自然会形成“第二次购买”，不过，如果他们获得了一个不好的体验，他们会向周围更多的人宣传他们的“不幸”。因此，企业要想提升客户体验，必须要把与产品相关的服务做到家，然后才是真正的产品销售。

（7）化解客户抱怨

对于大多数公司而言，客户抱怨中只有10%的客户可以有机会向公司明确表述出来，而剩下90%的客户是没有机会向公司表述出来的，这些抱怨只能反映到一些行为中，例如拖欠公司的应付账款、对一线的客户服务人员不够礼貌等。而且，借助于Internet，这些不开心的客户很容易会让上千人知道他的感受。因此企业必须要在这个不愉快的事情发生之前快速解决，尽量给客户一个倾诉抱怨的机会，让他们有机会说出心中的不畅，同时尽量解决这些不畅的问题。企业可以根据客户响应时间、客户趋势分析来设立公司的准则。在国外，“职员抱怨监控”是高层用来决策的一个重要工具。另外，服务不周造成的危害是显而易见的。弥补这种危害带来的影响，应被视为一次机遇而不仅仅是痛苦地例行公事。

我们在解决客户抱怨的时候。应从两方面入手：一是为客户投诉提供便利，二是对这些投诉进行迅速而有效的处理。

（8）获得和保留客户反馈

研究表明，客户反馈与客户对优质服务的感知是密切相关的。Internet时代的到来已经改变了客户对反馈的感知。逐渐地，客户开始期待能够获得一个全程的24小时服务。而且，现在的客户也已经习惯了访问网站，并期望能够在网上获得问题的答案。一些最新出现的技术工具，例如基于Web的自助式服务、E-mail管理、Chat/Web Call Back，逐渐成为公司客户服务部门关键应用之一。

（9）知道客户的价值定义

“客户忠诚密码”是非常有价值的。知道客户的价值取向对于建立较高的客户忠诚度是非常重要的。但是，公司要想真正知道客户的价值定义也绝不是易事，因为客户的价值定义也是不断变化的。投资于客户忠诚研究有助于公司理解“能够为客户带来多大的价值”。

（10）主动提供客户感兴趣的新信息

一对一个人化的服务已经成为一个趋势，例如可以设计一个程式，请客户填入他最感兴趣的主题，或是设计一个程式自动分析客户资料库，找出客户最感兴趣的主题。当有这方面的新产品时便主动通知客户，并加上推荐函，必能给客户一个不一样的个人化服务感受。

（11）做好客户再生

学者研究发现，向一个流失客户销售产品的成功率是向一个新客户销售成功率的2倍。在很多公司，挽回流失客户通常是最容易忽视的、可增加收入的策略。一般情况下，公司每年平均流失客户的20%～40%，因此公司不仅需要建立客户获取和客户保留策略，还需要建立“客户再生”策略。因为没有一家公司能够实现100%的客户保留，每一家公司都需要重新获取这些已经流失的高价值客户。

（12）针对同一客户使用多种服务渠道

学者研究表明，通过多种渠道与公司接触的客户的忠诚度要明显高于通过单渠道与公司接触的客户。不过这个结论的前提是，客户通过进入实体商店、登录网站或者是给呼叫中心打电话都可以获得同样的服务。为了实现这种多渠道的产品交付和产品服务，公司必须要能够整合这些多种渠道的资源和信息，只有这样才能够清晰地知道客户到底在何时喜欢何种渠道，并且无论客户使用何种渠道，企业相关的、与客户接触的人员都能够获得与客户相关的、统一的信息。客户的善变性、个性化追求，使得企业不得不改变渠道，别无选择，否则，客户只会流向竞争对手。另外，企业应该与客户建立多层联系。企业所具有的和与客户接触的知识绝不应该来自单一的如客户服务人员的联系，这种狭窄的接触会使企业易于造成信息失真，并产生不准确的判断，而且这种委托关系是很脆弱的，当联系发生变化时，会为竞争者敞开大门，理想的情况是客户与企业之间有多层的联系，并且多层联系的信息能够得到整合。

案例链接

实施全面质量管理

很多企业为了发现自身存在的问题，经常雇用一些人，装扮成顾客，报告潜在购买者在购买公司及其竞争者产品的过程中发现的优缺点，并不断改进。

肯德基快餐店就经常采用这种方法。美国肯德基国际公司的子公司遍布全球几十个国家，达9000多个，但如何保证它的下属能循规蹈矩呢？一次，上海肯德基有限公司收到了3份总公司寄来的鉴定书，对他们外滩快餐厅的工作质量分3次鉴定评分，分别为83、85、88分。分公司中，外方经理都为之瞠目结舌，这三个分数是怎么定的呢？原来，肯德基国际公司雇用、培训了一批人，让他们佯装顾客潜入店内检查评分，监督企业完善服务。

这样佯装购物者甚至可以故意提出一些问题，以测试企业的销售人员能否适当处理。

任务三　客户满意度与忠诚度的关系

7.3.1　影响客户满意度与忠诚度关系的因素

客户对企业是否满意，会不会再次光临，客户心中有自己的评判标准，那就是企业的产品和服务能否最大限度满足客户需求。特惠润滑油公司的彭斯说："你以随心所欲地给客户寄发提醒通知，但客户回来后，你不能让他们感到舒心，也没有合格的人为他们服务，他们就会一去不回。"因此，企业要不断提高产品和服务的水平，超越竞争对手，更好地满足客户需求。客户与企业进行业务往来的时间长短，只是忠诚度的一种指标。忠诚度的基础在于持续的客户满意，它是一种情感上的联系，而不只是一种行为。

忠诚的客户来源于满意的客户，但满意的客户并不一定是忠诚的客户。有时，客户的满意度提高了，但销售并未取得明显增加。客户的忠诚度有赖于满意度的提高，更取决于客户对企业的信任度。从这层意义上说，建立并加强客户对企业的信任度更为重要。许多生意的推荐者并非是企业的客户，但他们肯定是对企业的生意有一定了解，并充分信任企业的人。

为了增强忠诚度，企业必须提高每个客户的满意度水平，并长期保持住这种水平，因此需要增加提供给客户的价值。增加价值使客户感到自己的所得超过了他们的期望。这并不意味着要降低价格，或者在同样多的价格下提供更多的有形产品。

7.3.2 不同市场环境的满意度与忠诚度的关系

消费市场中的大量实证研究表明，客户满意与客户的重复购买意向之间存在积极的关系。从概念上分析，例如在移动通信服务市场中，较高的满意度降低了客户转换行为的感知利益，从而获得了较强的客户重复购买意向。与此同时，对移动通信服务客户的访谈结果也显示，客户满意度越高，越会表现出更多的口碑宣传以及更加频繁的重复购买行为和推荐购买行为。因此，提出如下两个假设：

H1：客户满意度越高，客户对企业的态度忠诚度越高。

H2：客户满意度越高，客户对企业的行为忠诚度越高。

美国学者琼斯和赛塞经研究发现：客户满意度和客户忠诚度之间的关系受到了市场竞争情况的影响，具体表现如图7–2所示。

从图7–1可以看到，在高竞争区（曲线1），客户的满意度必须达到一定的区间，客户的忠诚度才有较明显提高，客户只有在非常满意的情况下，才会对企业产生忠诚感；而在低竞争区（曲线2），客户的满意度提高较小的幅度就可以得到很大的客户忠诚度，但这实际上是客户对产品或服务选择范围小（或是别无选择）的缘故，并非是真的对企业忠诚。当所处的环境改变为高竞争区的时候，即有许多同类优质产品或服务可以选择的时候，这些客户很大程度上会选择其他产品或服务。所以，客户满意度并不是客户忠诚度，只有当客户非常满意时才会成为忠诚的客户。当企业处于低竞争区的时候，要懂得居安思危，提高产品的服务质量和水平，使客户真正满意、忠诚。只有这样，当外部竞争环境发生变化的时候，企业才能够处变不惊，从容应对，留住忠诚的客户。

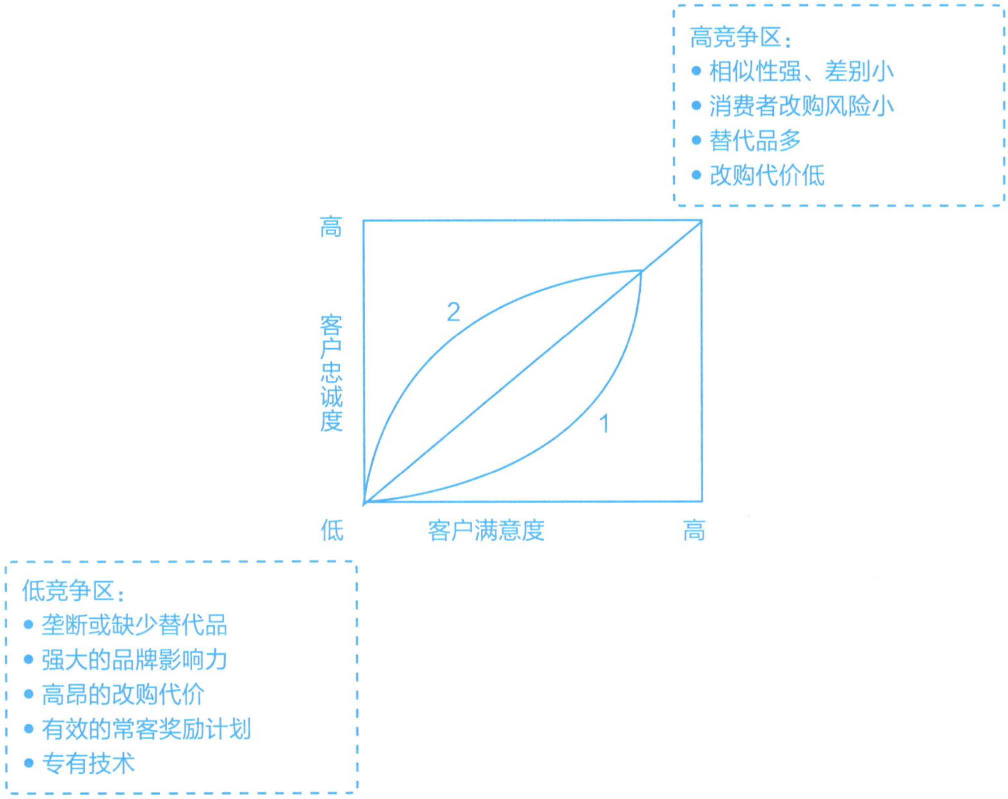

图 7-2　客户满意度与忠诚度的关系

7.3.3　从客户满意到客户忠诚的策略

客户满意度不等于客户的忠诚度，客户满意度是一种心理的满足，是客户在消费后所表露出的态度；但客户的忠诚是一种持续交易的行为，能够促进客户重复购买的发生。客户满意度调查反映了客户对过去购买经历的意见和想法，只能反映过去的行为，不能作为未来行为的可靠预测。忠诚度调查却可以预测客户最想买什么产品，什么时候买，这些购买可以产生多少销售收入等。

从客户满意到客户忠诚有以下两种做法。

（1）巩固和提高客户满意度

巩固和提高客户满意度的目的在于，发展企业的主动忠诚客户，并以此为核心，形成“羊群效应”，从而实现客户的行为忠诚到意识忠诚再到情感忠诚的升级。巩固和提高客户满意度的关键是提高客户的让渡价值。首先，要根据客户的忠诚度进行客户分群，制订有针对性的、不同的忠诚计划，并根据“二八原则”，将企业有限的资源重点放在能为企业带来主要利润的核心客户上，优先满足这类客户的需求；其次，理解客户的诉求，为客户提供尽可能详尽的产品和服务信息，让客户对产品和服务有全面的了解，减少客户的信息搜寻成本；再次，为客户提供一整套产品和服务的个性化解决方案，帮助客户最大限度地发挥产品和服务的效能；最后，对客户进行跟踪回访，了解客户的看法和意见，并及时予以解决。

（2）提高客户转换成本

转换成本是当客户从一个产品或服务的提供者转向另一个提供者时所产生的一次性成本。这种成本不仅仅是经济上的，也是时间、精力和情感上的。当客户的转换成本高于其因转换而带来的收益时，即使他们对企业的产品、服务或价格不是完全满意，也会三思而行。为此，提高客户的转换成本有助于提高客户转向竞争对手的门槛，让客户对企业的产品和服务产生依赖，使那些不满意和基本满意的客户成为企业的被动忠诚客户，并在此基础上，尽可能将被动忠诚客户转化为主动忠诚客户。总而言之，客户满意代表的是过去，而客户忠诚代表的是现在和未来。

案例链接

葛女士买空调

葛女士上个月到一家大型家电商场购买空调。当时她本来想买格力空调，但销售员建议她买另一个品牌的空调。销售员说此款空调无论是功能还是省电方面均比格力空调要好，且价格便宜10%，于是葛女士就买了该款空调，但是却因此给她带来了大麻烦。

当时商场承诺第二天可以安装，可第二天却没有人来，于是葛女士打了两通电话询问何时可以安装，在她的再三催促下，安装人员终于在第四天来安装了，可空调一安装好，试机后发现却是坏的。经确认是线路板问题，于是，葛女士决定退货。

退货的过程非常麻烦，商场不是说没人，就是说没车，最后又要求葛女士将空调送到商场来退货。购买空调时标明是免费送货上门包安装，到了要退货的时候，商场就左推右挡的。葛女士先后打了十多通电话，找商场的负责人处理此事，商场方面却是互相推诿，令她非常恼火。为了此事，葛女士前后跑了四五次商场，浪费了时间及金钱，虽然到最后商场是赔了钱，但负责人连一句道歉的话都没有。

相信任何一个客户遇到这种情况，都不会再次踏进这家商场。如今的科技发展日新月异，产品的质量也不相上下，谁的服务做得好，谁的生意才能做大。企业应该牢记“信誉”二字，既然向客户承诺了，就要做到坚守承诺，为客户竭诚服务，但这种服务不只限于销售之前和销售中，关键也要做好售后服务。

（资料来源:李小圣. 客户关系管理一本通［M］. 北京:北京大学出版社，2008.）

思考与训练

一、选择题

1. 客户满意度的特征包括（　　）。

A．主观性　　B．客观性　　C．层次性　　D．及时性

2. 在客户满意度公式：C=b/a中，b代表的含义是（　　）。

A．客户满意度　　B．客户对产品或服务所感知的实际体验

C．客户忠诚度　　D．客户对产品或服务的期望值

3. 大量的研究表明，客户满意度和客户忠诚度之间存在一定关系，如下说法中正确的是（　　）。

A．客户满意度和客户忠诚度是线性的关系

B．客户满意度不一定必然导致客户的忠诚

C．客户忠诚度的获得必须有一个最低的客户满意度

D．客户满意度上升或下降都不会引起客户忠诚度的巨大变化

4. 服务补救计划的步骤是（　　）。

A．道歉　　B．紧急复原　　C．移情

D．象征性赎罪　　E．跟踪

5. 当企业有奖励活动时，客户才会来购买，当活动结束，就转向其他企业，这种忠诚属于（　　）。

A．超值忠诚　　B．价格忠诚　　C．激励忠诚　　D．节约忠诚

6. 客户忠诚度是建立在（　　）基础之上的，因此提供高品质的产品、无可挑剔的基本服务，增加客户关怀是必不可少的。

A．客户的盈利率　　B．客户的忠诚度

C．客户的满意度　　D．客户价值

7. 下列不属于客户忠诚度衡量指标的是（　　）。

A．购买时的挑选时间　　B．对价格的敏感程度

C．对品牌的关注　　D．客户购买产品的次数较少

8. 客户忠诚度最重要的影响因素有（　　）。

A．垄断　　B．满意　　C．愉悦　　D．信赖

二、简答题

1. 简述客户满意的概念及内涵。

2. 简述客户满意的影响因素。

3. 简述常见的客户满意度测评方法。

4. 简述客户忠诚的类型。

5. 简述影响客户忠诚度的因素。

6. 简述提高客户忠诚的方法。

三、论述题

应用所学的客户关系管理的理念，从客户关系管理的四个战略关键要素（细分客户、客户满意度、客户忠诚度、客户状态），选择你所熟悉的某个行业或者企业谈谈电子商务企业应该如何留住客户。

实训

1. 选择一家企业，对其进行调查，总结其在客户满意方面采取的方法。

2. 选择一家企业，调查其在提高客户忠诚度方面采取的措施。

案例分析

我是一个做电器设备产品的销售人员，与一个葡萄牙的客户2010年做了450万元的订单，客户关系维护得很好。2010年年底时，我跟她联系业务时却一直没有消息，想着可能是年底忙就没有多想。2011年过完春节，一到了工作单位，我就又发送电子邮件给客户，向她问好。而对方邮件只有回执，没有回复。当时以为客户忙没有时间回复，况且根据客户往年的销售记录，2月和3月不是出货季节，就没有太在意。

到了4月初，按照惯例客户应该下单了，因为之前每年都有一张300万元的单子在5月出货，所以他们必须要在4月下单。于是我就再发送电子邮件，仍是有回执，没回复；发传真，也没反应。又过了两周，我着急了，就直接打了电话，是他们公司前台人员接的电话，说负责跟我公司联系的客户代表元旦前请假回家生小孩了。

我当时就懵了，赶快问是谁接替她的工作。前台说客户5月就回来上班了。

我着急5月的订单啊，就再追问这几个月谁帮她做的工作。前台说是经理。我就请她帮忙接了经理的电话。经理接到后，我先客套性询问了客户最近的销售情况，然后就直截了当地谈到了5月的订单。经理说货已到仓库，等待铺货。还反问“不是从你们公司采购的吗?”我差点吐血，我说没有啊，一直联系不上你们的客户代表。经理突然明白过来了，说是让另一个人负责的这件事情。

我设计好的这个葡萄牙客户今年的销售计划，就这样泡汤了。

思考题

1. 分析此情境中导致客户流失的原因?
2. 可采取哪些措施防范客户的流失?
3. 对于已经流失的客户有哪些挽回措施?

项目八

客户关系管理实施与测评

能力目标

通过完成本项目的教学，具备以下基本能力：

1. 掌握客户关系管理实施的目标、原则及流程；
2. 掌握如何建立客户关系管理效果测评指标体系；
3. 理解影响客户关系管理实施的积极因素和消极因素；
4. 明确如何选择客户关系管理效果测评的指标。

职业素养

在本项目的教学中，重点关注如下职业素养的培养：

1. 灵活多变的思维模式；
2. 努力钻研的学习态度。

知识目标

通过完成本项目的教学，具备以下基本知识：

1. CRM 内涵；
2. CRM 系统功能；
3. CRM 的客户信息管理及应用。

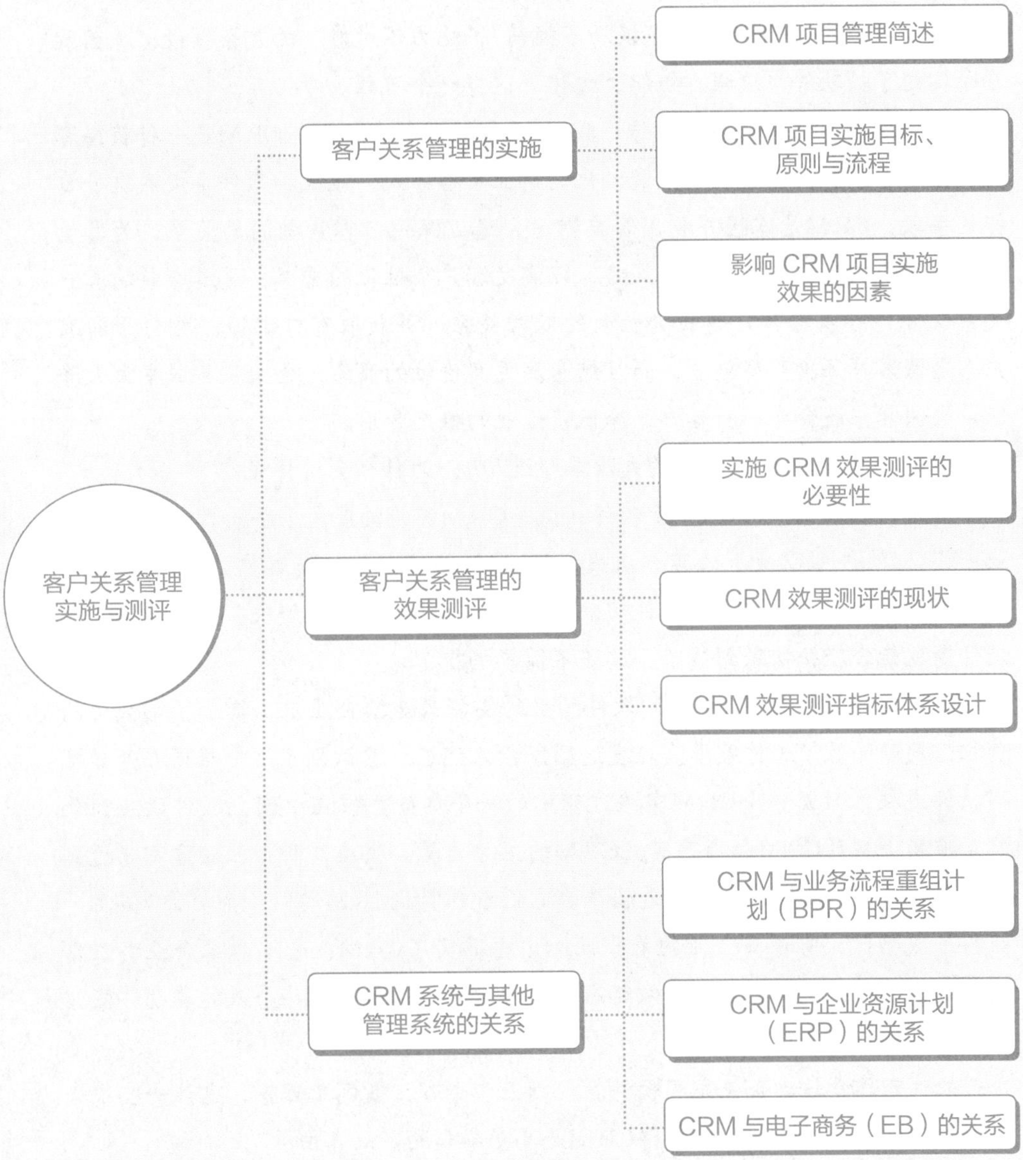
客户关系管理实施与测评
客户关系管理的实施
CRM 项目管理简述
CRM 项目实施目标、原则与流程
影响 CRM 项目实施效果的因素
客户关系管理的效果测评
实施 CRM 效果测评的必要性
CRM 效果测评的现状
CRM 效果测评指标体系设计
CRM 系统与其他管理系统的关系
CRM 与业务流程重组计划（BPR）的关系
CRM 与企业资源计划（ERP）的关系
CRM 与电子商务（EB）的关系

项目导入

中小企业如何实施CRM

在许多企业，CRM成了“换汤不换药”“吃力不讨好”的复杂摆设，原因就在于实施了“软件、流程、组织、文化”这样一个流程。

回顾这么多年来的实战工作，我对CRM的理解有三点：CRM是一种获得客户、保留客户和将客户盈利率最大化的商业策略，人、流程和软件是促成这一目标的手段；CRM是掌握并利用客户信息，通过深化与客户之间的关系，为其量身定制相应的商业模式及营销策略，以满足客户个性化的需求；透过有效的客户关系管理，可以与客户建立更长久的双向关系，并获取客户忠诚。相对于新客户，忠诚客户每次买得更多，而且愿意买更高价位的商品，企业服务成本大大降低。忠诚客户还会介绍新客户，降低了企业的推广费用。

但是在中国，CRM实施的失败率超过70%。为什么会这样呢？

首先，在中国，CRM等于软件。这是CRM实施的最大杀手。软件商教育企业：CRM软件可以减少大客户流失，CRM软件可以开拓新客户，CRM软件可以创造超值利润。只要买个软件回来，企业马上就能把问题解决得干干净净了，软件商也能轻轻松松赚到钱了，这还不简单吗？

但事实并非如此!很多CRM软件项目的实施只是给企业员工增加了形式上的负担，反而降低了工作效率。在发达国家，人们已经意识到了这个错误并开始懂得软件或技术只是整个CRM实施过程中的一小部分。但在中国，软件供应商仍然是市场上解释CRM和指导实施CRM的主导力量。供应商和企业双方都想达到速成的效果，因此它们重复犯着错误。它们看到实施CRM的同行企业都“宣称”获得了成功时，有许多企业抱着攀比心态也购买了CRM，毫不考虑企业真正需要的是什么，组织内部是否已做好准备。蒙对了，是企业领导个人的英明；蒙错了，却要整个企业买单。

软件商总爱鼓动企业先买软件。少则五六十万，多则几百万，也让一些中小企业心里没底，望而却步，觉得CRM是享受不起的“阳春白雪”。

其次，实施CRM的顺序不对。什么才是CRM实施的恰当顺序呢？①必须改变“人”的思想，在企业内部建立以客户为中心的“文化”。人员培训可以加速这个基础的形成，就是我们常说的“洗脑”。②对企业的“组织”结构进行适当的调整，让个人在新的岗位上发挥更大的创造力，使企业的组织结构能动态跟踪客户的需求和市场变化，并能更快地做出反应。当然，这个环节可能会遇到很多内部的阻力。③对内部和外部“流程”重新设计简化，删除流程中没有增值的多余部分，同时制定企业标准化的服务规范和制度。④围绕着“文化”“组织”和“流程”选择企业的“软件”、平台、技术。

中国目前的实际情况却是将上述步骤（“文化、组织、流程、软件”）颠倒过来，也就是说在最初的时候先购买软件，选择运行平台，然后再开始围绕着软件设计“流程”。对“人”进行培训使其熟悉软件的界面和使用方法，最后可能根本不会想到组织和文化的因素和制约。这样一来，CRM就成了“换汤不换药”“吃力不讨好”的复杂摆设。

不用买软件，也可以开始做CRM，所以在企业做好准备之前不要急于购买CRM软件。不成为追随者的确很难，尤其当一些行业的竞争对手已经实施了CRM并获得很大成功时。但是，许多时候真相并不是你所看到（或听到）的那样。即使你看到（或听到）的都是真的，你也要考虑自己的企业是否已经准备好实施CRM了。很多企业匆匆购买和使用CRM，但是随之而来的却是失望。这种说法并不是不要实施CRM，而是要先做好准备，如文化、组织、流程，这样做的确要花费许多时间，但对于完成目标却大有收益。

再次强调，软件只能是好的思想、流程和人的行为习惯的固化。如果思想、流程、人的行为习惯本身有问题，软件实施后要么造成混乱，要么固化并加强这些错误。

项目任务分解

进入21世纪，随着经济全球化进程的加快和竞争的加剧，企业已逐步由传统的以产品和规模为中心的粗放式经营管理模式向以客户为中心、服务至上、实现客户价值和达到企业利润最大化的集约化经营管理模式转变，客户关系管理成为营销人员的重要职责之一，良好的客户关系是企业求得生存与发展的重要资源。

任务一　客户关系管理的实施

面对广泛的全球经济和技术变革，全世界的企业都试图增强其现有客户关系的价值和盈利能力，同时也希望吸引有利可图的新客户，因此CRM已经成为全球受重视的市场之一。CRM通过数据仓库技术和数据挖掘技术分析现有客户和潜在客户相关的需求、模式、机会、风险和成本，从而最大限度地提高企业整体经济效益。它正在形成一个巨大的产业，并吸引着众多系统集成厂商、设备商、服务商和意欲使自己的企业在激烈的市场竞争中获得竞争优势的企业管理者们。

但是CRM的实施是一个复杂的系统工程，它既需要数据仓库和数据挖掘工具，还需要专业CRM厂商提供软件，也需要呼叫中心与ERP厂商提供产品，以及系统集成商对整个系统进行集成和调试。同时在整个CRM的实施过程中，还需要经验丰富的咨询公司来提供全程的协助。

CRM的实施应该从两个方面进行考虑，即管理层面和技术层面。首先，从管理层面讲，CRM项目的实施涉及管理机制、管理模式的各个组成部分，必然会引起不同程度的管理重组和业务流程的变革。其次，从技术层面讲，CRM项目的实施是一种典型的IT项目实施，企业通过部署CRM系统来实现新的管理模式和管理方法，提高企业自身竞争力及经济效率。这两个层面是相辅相成的，CRM系统是支撑管理模式和管理方法变革的有效武器，在技术层面上的CRM战略实施，必然需要一种科学的、严格的项目管理流程做支撑，而管理的变革是CRM系统发挥作用的基础。所以说，一个企业要想真正使CRM项目的实施落到实处，必须要从这两个层面进行改革创新，两者缺一不可。

8.1.1 CRM项目管理简述

项目就是将人力资源和非人力资源结合成一个短期组织以达到某些特殊目的。项目管理即在项目的活动中运用专门的知识、技能、工具和方法，使项目能够实现或超过项目利益相关者的需要和期望。

作为项目的一种，CRM项目除了具有项目、项目管理的共性外，还具有一些独特的特性。

①CRM项目属于IT项目，而且是新兴的，其理论框架和软件系统还没有完全成熟、完善。因此，CRM项目的相对风险和实施难度比较大，并没有太多的经验值得借鉴，而且各种行业的解决方案之间存在很大的差异性。

②CRM项目不同于其他类型的项目，它很注重与前后项目的衔接，因为在某一阶段所实施的项目只是CRM的部分模块，当企业再次需要其他解决方案时，就需要新的项目。而这些项目之间都应当有一种很好的衔接和整合。因此，作为一个具有CRM远景的企业，应该对CRM有一个全局上的战略，确定各阶段的战略目标和战略步骤。

③CRM项目实施后，所实现的系统需要与企业中其他系统无缝整合。因此，在实施前只有对该问题有所规划，实施过程中才能选择正确的解决方案。

④CRM项目的预算容易偏低。这是因为预算人员往往不能把握CRM的潜在成本。而

企业要控制成本、避免失败，就需要了解CRM潜在的隐性成本，即培训、数据维护、软件集成等方面所产生的成本。

CRM项目管理直接决定着CRM实施的成败。CRM项目管理的核心就在于CRM项目团队在对范围（即项目的任务和目标）、时间以及成本这三个维度进行权衡的基础上，使用项目管理工具和技术来对整个项目实施过程进行管理和控制。范围、时间和成本三个因素可以看成CRM项目的约束条件，因此把这三个因素分别作为三个轴，画出一个三维图。在项目开始时，这三个因素都应当有各自的目标。在进行了初步的时间和成本估算后，分别在高、中、低三个层次对项目风险和可能的回报进行评估，这时CRM项目的范围就有了更为确切的定义了。成功的项目管理要同时实现这三个目标，并确保项目的质量。

知识链接

CRM要通过市场营销和销售自动化发挥威力

客户关系管理只是企业客户服务部门的事吗？绝对不是，CRM只有通过市场营销和销售自动化才能发挥它的最大威力。“市场—销售—服务”三位一体，相互促进，才能达到业务倍增和利润倍增的效果。

CRM的核心是要提高客户满意度，而提高客户满意度的关键是：只关注你的目标客户，不是所有客户，必要时舍弃一部分客户。这就是市场营销里常说的“有所为，有所不为”。客户关系管理的微观营销原则是：把目标指向最佳的客户，并与这些顾客建立关系。哈佛商学院的研究表明：在一般情况下，只有45%的超市顾客是有价值的。有时，大量广告会带来一些不合适的客户。选择最有价值的客户需要具备有关客户的知识，而要得到有关客户的知识需要一个客户数据库。实际上是根据其客户数据库进行的“一对一”营销（one to one marketing）和“大规模定制”（mass customization）。

CRM对市场营销的策略制定、产品服务的定位及差异化至少会带来以下三个方面的好处：

（1）从大众市场或广泛的区隔转变为窄化的区隔（甚至特定的个人）更加容易。

（2）有利于从单一产品为导向的关键价值，转变为以客户为导向且多面的关键价值。

（3）凭直觉进行的市场营销决策转变为精确的数据库决策，并能够持续实验、学习及改进。

CRM可以利用其客户数据库实现销售的自动化。通过客户生命周期的管理，实现单个客户利润的最大化。例如，IBM通过CRM自动提醒保修期过期的客户购买优惠的“续保服务”。Dell通过CRM通知其笔记本电脑客户在两年到期时更换笔记本电脑的电池。Amazon从客户数据库分析出读者对某一作者的偏好，在该作者又出新书时自动通知他的特定读者群。对于金额较大的企业和机关采购，从销售机会到客户订单是一个按阶段发展的过程，每一个阶段的升级都需要一定的时间。CRM销售自动化系统通过有效导入销售规范，按阶段跟踪、管理销售机会以及工作支持，从而显著提高了销售效率与成功率。

中小企业实施CRM，比大型企业更加容易获得投资回报。

中小企业改革道路上的阻力相时较小。以我在大小国企、私企、外企的经验来看，无论是国内还是国外企业，只要它是大型企业，那么它的改革就会面临强大的阻力。CRM会带来组织内部一系列的改革，但是对于中小企业来说，尽管它们投入的资源不多，还是可以较快地调整策略。

中小企业容易从组织角度推进CRM。中小企业的高层在CRM实施上花费时间的可能性更大，且由于涉及的管理层级和人数较少，使观念和技术的转变更加容易，进而流程改革也简单得多。

中小企业满足实施CRM的必要条件——客户数据的完整性。对于一个小公司来说，获得数据并将它输入数据库花不了多少时间。但对于一个巨型企业来说，如国内一些大型银行，有几千万或上亿的用户，这个工作将会花费它们几个月甚至几年的时间才可完成。

（资料来源：余大洪．中小企业如何实施CRM［J］．销售与管理，2005.）

8.1.2 CRM项目实施目标、原则与流程

（1）CRM实施目标

CRM的具体目标可归结为“提高客户满意度、降低客户流失率”，从而在一对一营销的基础上，获得并保持客户，最终获取客户的终身价值。通过CRM系统，企业可以集成柜台、电话、E-mail、短信等多种渠道。企业可以把客户在接触、采购、递送及服务方面的信息在各个部门之间共享，并以此为基础，对客户进行分析，把客户的需求进行归纳，把客户的群体进行分类，从而采取个性化的服务，从长期的发展中获得价值。

CRM致力于提高客户的满意度、回头率和客户的忠诚度，体现对客户的关怀，最终实现企业利润的最大化。CRM实施的基本方法就是充分利用客户资源，通过与客户交流，建立客户个性化档案，通过与客户合作等方式，获得大量针对性强、内容具体、有价

值的市场信息。

CRM可以降低市场销售成本。由于对客户进行了具体甄别和群组分析，并对其特性进行分析，市场推广和销售策略的制定与执行不再盲目，从而节省了时间和资金。

CRM作为一个实实在在的系统和解决方案，能够帮助企业吸引潜在的客户和留住最有价值的客户。由于其对信息的有效集成，能对客户进行快速的反应，给予客户一对一的个性化服务。

案例链接

只有一个乘客的航班

英国航空公司所属波音747客机008号班机，准备从伦敦飞往日本东京时，因故障推迟起飞20小时。为了不使在东京候此班机回伦敦的乘客耽误行程，英国航空公司及时帮助这些乘客换乘其他公司的飞机。共190名乘客欣然接受了英航公司的妥当安排，分别改乘别的班机飞往伦敦，但其中有一位日本老太太叫大竹秀子，说什么也不肯换乘其他班机，坚决要乘英航公司的008号班机不可。实在无奈，原拟另有飞行安排的008号班机只好照旧到达东京后飞回伦敦。一个罕见的情景出现在人们面前：东京—伦敦，航程达13000公里，可是英国航空公司的008号班机上只载着一名旅客，这就是大竹秀子。她一人独享该机的353个飞机座席以及6位机组人员和15位服务人员的周到服务。有人估计说，这次只有一名乘客的国际航班使英国航空公司至少损失约10万美元。

（2）CRM实施原则

实施原则是确保实施目标得以实现的重要手段，本书在汇总了大量资料的基础上对CRM项目实施的原则进行了归纳和总结。

1）需求推动原则

企业内部的革新需求是项目实施的推动力。面对飞速发展的市场环境，许多企业迫切需要进行各种各样的战略性转型：从以产品为中心到以客户为中心的企业理念的转型，从直线化、多层次化内外沟通到扁平化、网络化沟通体系的转型，从以交易为基础的销售向以关系为基础的销售转型，从大众化营销到精准化营销的转型，从标准化服务到差异化、个性化服务的转型，从平行市场通路到整合市场通路的转型等一系列的管理与业务转型。这一系列以市场和利润为导向的革新需求正是CRM项目实施的巨大推动力。

2）以业务流程重构为中心原则

企业实施CRM项目，首先要注重组织再造和业务流程重构。企业寻找CRM解决方案，必须研究现有的营销、服务策略和模式，审视流程，发现不足并找出改进方法，设计和重组新的业务流程。只有通过改革和流程再造，才能整合内部资源，建立以挖掘和满足客户需求为中心的新业务流程，从而加强客户互动，提高营销和产品销售或服务的整体质量。

3）以人为本原则

CRM项目的实施会涉及企业、软件供应商，有时还有咨询机构，因此CRM项目团队的成员除了有公司员工外，还有软件供应商专员，也有可能邀请资深的CRM实施专家。由于CRM项目团队成员组成的复杂性，CRM项目团队成员间的协作、交流就更加重要，尤其是项目团队中企业领导者与员工的关系更值得关注。不少企业错误地认为CRM项目跟一线员工无关，只要领导决定，下面的员工照做即可。这是一个很危险的认识。在CRM项目的推进过程中，领导与一线员工所起到的作用，至少是各占一半。也就是说，虽然CRM项目是“一把手”项目，但是我们也不能忽视一线员工在其中所起的作用。

4）管理与技术配合原则

CRM项目的实施涉及管理机制、管理模式的各个组成部分，企业部署CRM系统以实现新的管理模式和管理方法，这两个方面必须相互协调、相互配合。实施CRM不仅仅是安装一个软件而已。确立了CRM实施目标之后，在软件小组的配合之下，企业要开始流程优化和技术更新。在流程优化和技术更新过程中，企业本身的管理模式、管理机制必须与之相辅相成，才能达到预期效果，否则只能适得其反。

5）可持续发展原则

国家在制定经济发展策略的时候，需要考虑持续发展；我们在实施CRM项目的时候，也需要考虑持续发展的策略。企业在市场竞争中，如逆水行舟，不进则退。如果客户管理没有得到持续的改善，那么总有一天客户会被竞争对手挖走。所以，为了不断提高客户的满意程度，企业的CRM系统也必须走持续改善的道路，让企业的客户关系管理得到持续的改善。为达到这一目标，要做到：①有全局眼光，不为解决问题而解决问题，由此及彼，防微杜渐。②流程标准化管理，把跟客户沟通的每一个步骤都在系统中如实地记录下来，这样可以提高企业对问题的处理效率。

（3）CRM流程分析

1）三阶段实施方法

美国Jill Dyche在《CRM handbook》中提出的实施流程包括规划、构建、部署三个主要的项目开发阶段，细分为六个步骤，每个步骤都有许多固定和可变的任务。图8-1简单描绘了CRM项目开发的规划图。

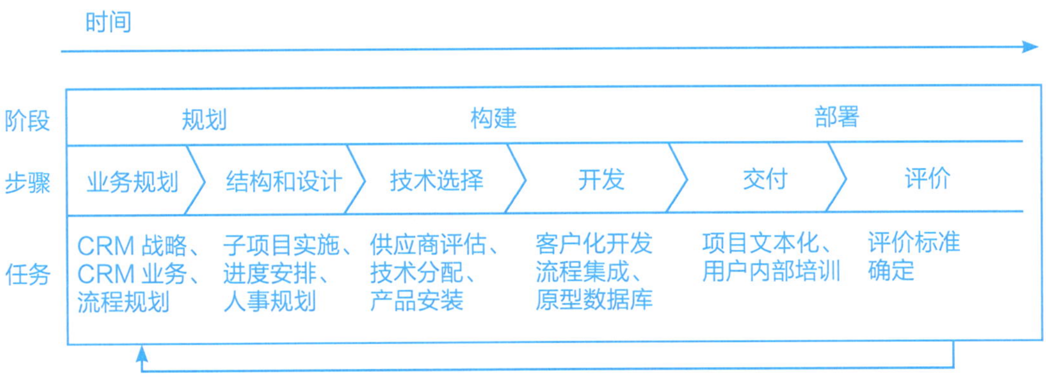

图 8-1　CRM 项目开发规划

①业务规划。CRM业务规划包括许多步骤。在规划阶段，最关键的活动是定义CRM的整体目标（可能在部门级和企业级的层次上），并描绘出每一种目标需求。对于企业级的CRM，业务规划包括定义公司CRM战略和相应项目。对于部门级的CRM，业务规划只是简单地建立一个新的CRM应用软件界面。无论项目的大小，业务规划阶段都应当包括以一份战略文件或一个业务规划的形式所确定的高层次CRM企业目标的文档材料。这种文件将会影响CRM是否能在开发初期获取企业高层的一致同意。这对于需求导向的开发非常有用，并且在CRM项目部署应用软件时，可以作为一种检验其结果的标准。

②结构和设计。规划CRM的结构和设计是一个满足CRM项目需求的过程，在实施这一步的过程中企业主管和项目经理往往感到难度很大，这就打破了他们期望直接通过技术选择就可以获得奇迹的梦想。尽管结构和设计这一步很艰难，但很有意义。

这一步骤确认了CRM产品所支持的企业流程。它列举了特定的“需要执行”和“怎样执行”的功能，最终提供了一个有关CRM在组织和技术上发挥作用的崭新思路。

编列公司中受到CRM影响的一些因素（这些因素也会对CRM起作用），这是一个关键的步骤。在这一步的最后你应当可以回答以下两个问题：我们所拥有的技术和流程在何处受到CRM的影响？为了使CRM得以运作，我们需要补充哪些现今不具备的功能？

③技术选择。CRM技术选择的工作，有时像选择一个不用定制的产品那样容易，而有时要对不同CRM系统集成商和ASPS进行综合评估，因此很复杂。如果在构建和实施设计期间已经做出艰难的决策，理解了CRM对现有系统和新功能需求的影响，则应当在良好的状态下，根据现有的工作环境来对各种备选CRM进行优先级排序。

④开发。开发包括根据特定的产品特征，构建和定制CRM产品。但是CRM开发远不只是由程序员来负责中心任务、编写代码，它也包括用所选择的CRM产品来集成业务流程。

业务集成是指将选择的CRM技术集成到这些业务流程中。反之，让业务流程来适应

CRM产品的特性，引起流程的改变，但这样实际上会减弱流程的作用，直至其不再最优。实现流程集成，要确保认可的业务流程得到用户的测试。不仅要让业务流程运作，还要通过技术特征来进一步“精练”业务流程。换言之，技术能力应当充分用来改善“以客户为中心”的企业业务流程。

在开发期间“精练”业务流程，通常使用反复原型法：程序员不断地向企业用户说明过渡功能。因此企业用户能够监管产品开发，并在CRM实施期间测试CRM功能。最终用户能够明确地提出对CRM功能的反馈和期望的变化，并贯彻到最终的CRM交付中，以确保最终的功能与需求保持一致，最大限度地满足用户的期望。

当然，大多数技术开发设计工作，可能也包括这样一些任务：数据库设计、数据清理与集成以及与公司其他系统的集成。集成这一步很容易被低估，因为CRM系统可能需要从其他系统上，如电话路由系统、销售自动化（SFA）系统、呼叫中心系统等流进和流出数据。

⑤交付。交付这一步，经常被忽视或归入开发中。交付会影响公司的IT基础设施，它是将所需CRM软件系统交付给企业最终用户的过程。而通常，如果新的CRM功能只是简单地补充一个新的操作型系统，则并不被我们当成是一种新系统。例如，一个典型接触中心可能会在客户打进电话时，看到一个显示出客户资料的“窗口弹出”。在这种情况下，企业用户可能没有意识到系统的新特点。CRM交付首先必须做的事情是对用户进行深入的培训，还要进行在线或基于Web的帮助，或者使用用户向导、工作助手和其他文档，来激励用户最大限度地利用新的CRM功能。

⑥评价。当我们根据CRM的预期功能来评价CRM的效能时，就进行到“CRM评价”这一步，这一步是开发周期中的最后一步。评价的方法是，评估CRM解决好现有企业问题的程度。要在创建CRM业务规划时设立成功标准，通过将这些标准与实际的结果做对比，来确定项目成功度，并逐步补充和完善标准。

每一个CRM项目实施都应当准备优化的流程，这样可以提前计划好项目各阶段的具体任务、资源占用情况以及完成时间，从而消除项目部署中的盲目性、无序性和无标准性。

2）工作阶段实施流程

在CRM应用战略中，要实现一个CRM系统通常需要下面八个步骤：

①确定业务计划。企业要清楚地认识到自身对于CRM系统的需求，以及CRM系统将如何影响自己的商业活动。在准确把握和描述企业应用需求的基础上，企业应制订一份最高级别的业务计划，力争实现合理的及时解决方案与企业资源的有机结合。

②建立CRM团队。企业在CRM项目成立之后，应当及时组建一支有力的团队。在保证CRM团队取得高层管理者的支持和一定的超越地位之后，出于对企业业务的统筹考虑，可以在拟使用CRM系统的每个部门中抽选得力的代表组建团队。为保证团队的工作

能力，应当进行计划的早期培训和CRM概念的推广。

③分析客户需求、开展信息系统初建。客户需求是推动企业实施CRM的巨大推动力，要做好客户信息的收集工作和信息系统的初步建设，一般应包括客户原始记录、统计分析资料和企业投入记录。企业应根据自身管理决策的需要、客户的特征和收集信息的能力，选择确定不同的客户档案内容，以保证档案的经济性和实用性。

④评估销售、服务过程，明确企业应用需求。在清楚地了解客户需求的基础上，对企业原有业务处理流程进行分析、评估和重构，制定合理规范的新的业务处理流程。为此需要广泛征求员工的意见，了解他们对于销售、服务过程的理解和需求，并确保企业管理人员的参与。

⑤计划好实施步骤，为CRM不同级别设置优先级，渐进推进。为CRM不同级别设置优先级不失为一种明智的战略，因为这将允许企业根据其业务需求随时调整CRM系统，且不会打断最终用户对这一系统的使用。渐进分段式地实现某一方案，当需要更多功能时再不断向系统添加，这样可以避免系统实现上的混乱，甚至可以在小范围内实现若干步骤的循环和改进。

⑥选择合适的方案，投入资源、开发部署。企业在选择应用软件或者全面解决方案时，要考虑供应商对自己所要解决的问题是否有充分理解和解决的把握，全面关注其方案可以提供的功能。要投入与企业规划和承受能力相符合的财力等资源，推进软件和方案在企业的安装调试和系统集成，要结合软件的功能和新的业务处理流程，组织软件的实施。

⑦组织用户培训，实现应用系统的正常运转。

⑧使用、维护、评估和改进。

3）特殊情况下的实施流程

①五阶段实施流程。此方法适用于以下情况：一般企业本身没有开发信息系统的人才储备，所以往往选择一款适合自身情况而且功能强大的软件产品，并挑选一个适合的供应商或咨询公司帮助实施，委托企业外部软件公司承包开发。

第一阶段：咨询公司提供咨询，与用户进行规划、探索、定义目标。

第二阶段：解决方案的设计，实现用户业务流程的重组。

第三阶段：客户化和交互开发的过程，其中包括软件配置与开发。

第四阶段：测试与培训。

第五阶段：运行。

以上所有实施环节都基于强大的项目管理能力与资源，这样才能保证项目的顺利实施。

②六阶段实施方法。此方法适用于企业具有一定的信息系统开发能力的情况，即选择一个适合自身情况而且功能强大的软件产品，然后自己组织实施。这种方法具有很强的专业性、规范性、操作性，能充分保证实施质量。实施方法操作过程如图8-2所示。

阶段	理念导入	业务梳理	流程固化	系统部署	应用培训	业务上线
活动及意义	组建实施小组，确定人员、时间，项目动员和CRM理念培训	通过流程分析了解现状及存在问题，提出个性化实施建议	基于原有流程的调整和优化，建立以CRM为基础的企业运营流程	完成正式启用系统的数据准备工作，录入基础数据，指导企业建立统一的信息标准	培养匹配人员，协调工作，尽快使系统得以启用	启用系统：应用广度、应用频率、应用规模评估；应用深度、应用功能、流程优化评估；应用效果评估

图 8-2　六阶段实施过程

为达到实施目标、保障实施效果，在六阶段实施方法中学习经验，辅以标准的规范文档、合理的组织人员和资源，为成功完成CRM项目提供切实的保障。

8.1.3 影响CRM项目实施效果的因素

（1）CRM实施的难点和关键

1）CRM实施的难点

实践证明，先进的客户关系管理应用系统将借助Internet工具和平台，实现与各客户、各渠道关系的同步化、精确化。同时，客户关系管理与业务流程再造，客户关系管理与企业资源规划、供应链管理的整合已成为企业急需解决的问题。

①客户关系管理与业务流程再造（BPR）。业务流程再造作为一种思维方式，力求打破组织边界，将多层次的纵向传递模式转化成一种层次比较少的扁平组织结构。业务流程再造的主要工作是根据行业特点和企业特点，在“以客户为中心”的指导下，分析企业的组织结构，确定要增加哪些机构、撤销哪些机构，然后确定每个组织单位的业务流程。经过实践检验，在大型信息系统的建设或实施过程中，业务流程再造或与之类似的过程成为不可缺少的项目阶段，为企业业务流程和管理制度的变革提供了具体的思路和方法。

客户关系管理作为管理信息系统和人机系统，它的实施要涉及两个方面：一是进行客户关系管理软件系统的建设，即建立一个信息技术的系统；二是进行管理的改善，建立与客户关系管理系统相符合的人的系统。客户关系管理与业务流程再造相互影响、相互制约。一方面，以业务流程再造作为流程改造的工具，设计并构造新的营销模型。在进行业务流程再造工作时，利用系统来简化流程，设计的流程要考虑到软件系统实现的可能性。另一方面，在业务流程再造系统实施时，要灵活选择各种路径或通过客户化的方法来满足业务流程再造设计方案的要求。

②客户关系管理与企业资源规划（ERP）和供应链管理（SCM）整合。任何一个系统都不是孤立存在的，客户关系管理也不例外，它只有与企业信息系统实现集成，才能发挥其独特的作用。各个系统之间实现互动沟通的技术平台则是各种网络系统，如互联网（Internet）、内联网（Initranet）和外联网（Extranet）等。客户关系管理与企业资源规划的集成，使得企业实现了前后台的统一，保证后台的生产制造是完全按照前台客户需求来进行的，前台通过后台的信息更好地满足客户的咨询服务，为客户提供保证。客户关系管理与供应链管理集成，使客户关系管理形成一个闭环，客户信息在整个供应链之间共享，使得企业能更好地了解客户需求，掌握客户需求的变化，并通过供应链企业之间的配合最大限度地满足客户需求。

2）影响CRM实施的关键因素

企业的信息化必然带来一系列深刻的变革，客户关系管理使企业重心由内向外转移，在组织机构、工作协调模式、制度、企业文化、业务流程等方面都会发生巨大的变化。企业能否意识到这些变化并做出适当的改变，是客户关系管理项目能否成功的关键。对我国大多数企业而言，目前还没有从计划经济中完全转变过来，在实施客户关系管理过程中必然会存在很多问题。

①改善企业文化。国内许多企业现有的企业文化，是一种重视企业内部价值和能力、以产品为中心、重视企业利润、关注客户群体需求的文化，而对变革行动缓慢、思想保守。客户关系管理的实施需要企业转变其企业文化，转向强调"以客户为中心"的企业文化。一般而言，单个员工的思维转变比较容易，但是将全体员工作为一个整体来转变其思维模式就非常困难。企业文化的作用之一，是能够使企业内的所有员工共享一套观念、价值和行为准则。我国企业的文化大都是弱势文化，随波逐流。国内一些企业在实施客户关系管理时，没有及时地改善企业文化，随着客户关系管理的应用，企业文化方面的缺陷越来越妨碍了客户关系管理系统作用的正常发挥。

②完善企业制度。新制度经济学派代表诺斯在《制度、制度变迁与经济绩效》中将制度定义为：为决定人们的相互关系而人为设定的一些制约。企业有各种各样的制度，或者说是制约员工或部门行动的规定。客户关系管理在企业的实施要求企业修改不适宜的企业制度，如很多企业实施客户关系管理以前"以产品为中心"，仅以销售额、获取的新顾客数等简单指标来考核销售人员的业绩。而应用客户关系管理以后，企业遵循"以客户为中心"的原则，根据"20/80"法则，工作的重心不只是开发新客户，而是要保持老客户，提高每个现有客户的购买量。同时对客户的服务方式将发生根本性的变化，客户从第一次同企业联系，到购买、售后服务再到关系的维护，整个流程都需要员工的通力协作，提供给客户统一的认识和态度。这些在传统的制度下是无法实现的，因而要求企业完善其管理制度。

③加强知识管理。客户关系管理在本质上是知识管理，它把原来分布在销售、市场、财务、客户服务和技术支持等部门的信息全部整合起来，共享信息资源，避免了和客户的

重复沟通，节省了客户和公司员工的时间，使得服务单一客户的成本降低。目前，我国大多数企业都没有意识到知识的重要性，对知识的理念和划分也缺乏足够的认识。同时，对知识的创新、传播、共享和利用的工具或方法更是没有深刻的掌握。对整个企业来讲，很少对各种观点进行分析、讨论，并使其内化。企业员工总是集体行动却单独学习，这是目前组织学习的最大障碍。

④变革企业组织结构，重组业务流程。我国企业实施客户关系管理项目大多数未能达到预期的效益，其原因之一就是传统的业务流程不能改变原有的工作方式。绝大多数公司只是追求自动化完成原有的工作任务，而不是将精力集中在如何完成工作，以及在此基础上考虑如何应用技术来完成任务。

⑤保护好顾客的隐私。隐私问题在全球范围内都是一个敏感话题，它的危害可小可大，企业很容易掉以轻心。在运用客户关系管理进行直接关系营销的过程中，一对一的营销方式与侵犯隐私的鲁莽行为之间仅有一步之遥，所以在遵循已有的隐私规则和在实施中传播隐私保护和规避观念是相当重要的，而这恰恰是我国企业致命的弱点。我国企业普遍缺乏隐私保护和隐私规避的观念，缺乏相应的隐私保护规章制度，“有法不依、执法不严”的现象在我国企业当中非常盛行，而客户对企业侵犯个人隐私十分敏感，这样的事情一旦发生，会严重影响客户对企业的印象，甚至引发法律纠纷，因而保护好客户的隐私对于搞好客户与企业的关系管理至关重要。

（2）促进CRM成功实施的有利因素

在CRM项目具体实施时，为了保证项目的成功实施，在项目的各个环节中需要把握以下关键因素，如图8-3所示。

①获得公司上下的支持。CRM的导入是企业经营理念转变的策略性计划，其导入必将对企业传统的工作方式、部门架构、人员岗位、工作流程带来一定的变革和冲击；同时为配合CRM推广的各种业务规范、业务流程，必须有良好的行政和规章管理制度加以配

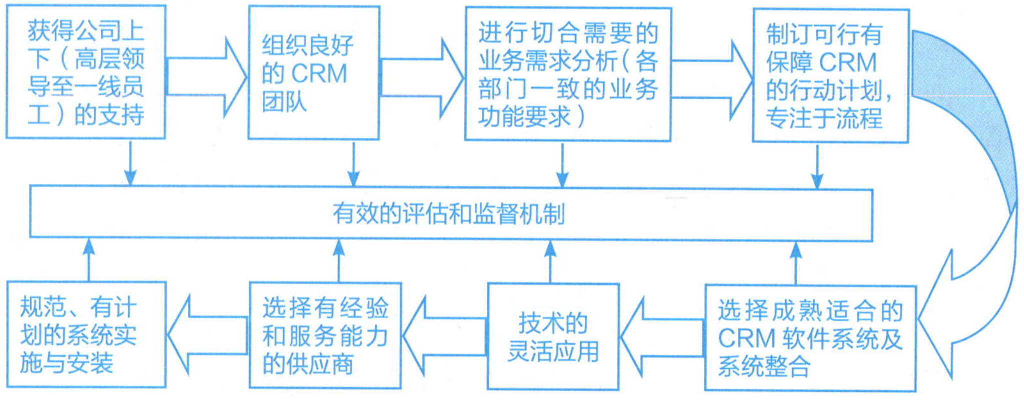

图 8-3　CRM 成功实施的关键因素

合，保证各项制度的顺利实施，这些都需要企业管理层自上而下的理解和共同认可以及系统用户的支持。

②组织良好的CRM团队。CRM项目中企业要组织一个或一批良好的团队。这批实施CRM的团队应该在四个方面有较强的能力：企业业务流程重组、了解系统的客户化、对技术有一定掌握、具有改变管理方式的技能。企业应当从各部门、咨询公司等寻找适当的人员加入，充实力量，从而保证小组能实施复杂的CRM项目。

③进行切合需要的业务需求分析。CRM作为一个复杂的系统工程，为保证其实施的有效性，在业务需求分析阶段，销售、营销和客户服务经理就CRM系统的业务功能要求进行讨论，最终达成对理想中的CRM系统的一致看法。这样可以充分识别每个部门对CRM的期望，并把每个部门的需求和信息进行整合，形成关于理想的CRM的总的看法。

④制订可行有保障的CRM行动计划，专注于流程。在保证CRM充足人力资源配置的基础上，合理的CRM行动计划也是CRM实施的关键成功因素之一。系统开发计划（CRM系统是定制还是独立开发）、资金投入计划、时间投入计划三个方面是CRM行动计划的主要内容。

⑤选择成熟适合的CRM软件系统及系统整合。企业必须走适合企业自身情况、适合国情的道路，在方案及软件供应商的选择上应针对企业经营管理的特点，并考虑企业发展和系统集成的需要，选择性价比最高的CRM软件。

在国外，通常系统的易用性、功能的实用性、可定制性、价格等因素依次是企业进行CRM系统选型时主要考虑的因素。但在我国，通常价格和可定制性是企业进行CRM选型时考虑的两个最主要因素。

⑥技术的灵活应用。在那些成功的CRM项目中，它们的技术的选择总是与要改善的问题密切相关，选择的标准应该是根据业务流程中存在的问题来选择合适的技术，而不是调整流程来适应技术要求。

在CRM系统开发实现的过程中，考虑到系统的整合性及可拓展性等因素，在技术实现上可能会涉及以下技术要素：快捷的应用拓展工具、多平台的SQL数据库支持、跨平台数据同步、用户和数据的多级安全设置、可升级的数据库平台、与其他应用的实时整合、Web技术。

⑦选择有经验和服务能力的供应商。对某软件供应商解决方案进行评价时，软件功能齐全、技术先进开放、供应商有经验有能力这三个要素紧密结合才能保证CRM的成功。

一个优秀的CRM系统供应商应具备以下条件：明确企业实施CRM的商业目标指导下的该企业CRM系统需求、优秀的培训队伍、专业的系统设计和开发实现能力、能够协助项目实施并提供持续技术支撑服务、具有丰富的行业垂直CRM应用的专业经验。

⑧规范、有计划的系统实施与安装。

⑨有效的评估及监督机制。信息系统建设是一项投资大、周期长、风险高、知识密集的系统工程，为避免在系统建设过程中管理跟不上、协调不力、实施不规范而增加风险，

就必须有一个合理的管理运行机制全程监控。评价与监督的基本任务是对系统建设进行质量控制，包括前期的可行性研究、咨询、招标等工作，以及在工程进度控制、实施过程中存在的问题等方面的工作。

任务二　客户关系管理的效果测评

CRM目前已在国内大量应用于包括金融、房地产、批零商业、各种服务行业在内的诸多行业。随着如此广泛的应用，CRM的实施效果实为大家所关注。企业实施IT项目成功率低已为诸多调查所证实，CRM项目成功率低也是不争事实。来自Metros Group的研究报告显示，对企业CRM实施效果进行测评的企业中有74%在3年之内达到了预期目标，而没有对CRM实施效果进行测评的企业中只有44%达到了目标。随着CRM在企业界的广泛应用，CRM系统的应用效果究竟如何是众多CRM用户所非常关心的问题。

根据已实施CRM的企业的经验教训改善本企业今后的CRM实施工作，是众多应用CRM的企业所关注的问题；如何选好CRM软件提供商和实施服务商，是准备实施CRM企业所面临的问题。上述这些都需要对CRM系统、实施过程、应用效果等一系列相关项目和管理活动进行测评。

8.2.1　实施CRM效果测评的必要性

测评是管理活动的必要组成部分。一般管理活动存在计划、执行、控制和反馈的过程，在这一过程中，处处需要进行测评。在计划时首先需要对事务进行预测评，使得计划更接近实际工作，便于执行；执行过程中的控制更是以测评为前提条件的，依据测评结果来调整过程参数以实现执行控制，而最后对管理活动的反馈就是事后测评的同义语。只有通过对CRM实施事前、事中和事后的测评才能完成CRM实施过程这一事件，为以后的实施工作积累经验，形成可靠有效的实施方法。

在CRM效果测评过程中，企业得以对CRM建设的全过程进行评价，彻底检查企业CRM实施现状，确定实施的阶段和效果。

企业可以根据项目建设建立可量化的项目建设目标和成功标准，与项目建设后所取得的成效进行对比，并分析结果产生的原因，找出其中的不足。

正确认识和预测CRM在当前及未来所能发挥的作用，为企业的相关决策提供依据。

测评能够促进企业内部进一步推广CRM，这是CRM效果测评的一大积极作用。效果测评让企业内部人员，尤其是决策层，切切实实看到CRM的作用，可以赢得他们对CRM的更大支持，使企业内部人员能够更自觉地利用CRM系统，并使企业获得更大的投资回报。

8.2.2 CRM效果测评的现状

美国研究机构Frost&Sulhvan的研究报告表明，客户关系管理的实施缺乏企业级客户关系管理战略设计，技术未能很好地与清晰的企业级战略相结合，结果导致客户关系管理实施的成功率降低。

Gartner调查发现，客户关系管理系统难以获得满意效果的原因之一在于在计划实施之初没有测评的标准和绩效测量的制度性程序。Forrester Research发现57%的企业由于难以对客户的有效性进行测评而无法确认其客户关系管理系统的有效性。Cap Gemini Emst & Young对欧洲企业的调查发现，只有13%的企业能够对其客户关系管理系统的投资回报进行明确的估算。

由于我国企业在信息化方面起步较晚、观念落后、基础设施薄弱，这使得企业在客户关系管理的实施中要常常诊断企业的管理结构，分析实施的“瓶颈”所在，以及由此而发生或必须进行的一系列组织机构、业务流程的整合和重组等，当然也会涉及企业深层次的包括企业文化在内的一系列变革。对这些变革的成功进行肯定，是企业进行“以客户为中心”的管理理念变革的关键所在，也是促进企业新一轮信息化进程的决定性因素。因此，对客户关系管理的绩效进行测评也是企业在建设客户关系管理时不可避免的一个环节。

8.2.3 CRM效果测评指标体系设计

Rajnish Jain Sangeeta Jain和Upinder Dhar认为：对CRM测评或者说对CRM的关注点一直以来都集中在销售、利润、市场份额、新客户、客户转换和维系率、成本降低、服务时间和抱怨方面。但是通过他们对30位专家的调查研究，找出了33个应当被关注的因素。他们发现这些因素都集中在关系的行为角度，可以将其归纳为10个方面：对服务的态度、客户期望的理解、感知质量、可信赖感、沟通、定制化、客户重视感、维护承诺、满意审计、客户保持。他们的研究对于测度客户关系给出了有益的指标关注因素。在此基础上他们提出了3条改善测度客户关系的建议：①开发测评CRM影响的测评标准。其数据收集应当基于大样本情况，以保证其可靠和有效；同时也应当开发针对个别行业（服务业）的测评标准，以符合行业要求。②识别影响CRM效力的决定性行为因素。③对于测评因素进行调查，选择正确的IT技术并使其合并入服务系统。

下文将针对CRM效果测评指标体系的建立目的、设计原则、指标内容以及指标体系的综合测评分别进行阐述。

(1)建立CRM效果测评体系的目的

CRM的效果测评是围绕着特定客户和特定客户行为实施的企业活动。对于我国企业实施的CRM战略来说，建立效果测评体系主要有以下三个方面的目的：

①辅助决策制定。

②测评进行中的CRM活动或策略。

③预测企业未来的状态。

(2)CRM效果测评指标体系设计原则

对于CRM系统应用效果的测评是一种综合测评，得到的测评结果是对CRM各方面影响结果的集中，因此测评CRM系统应用效果指标的完备、科学、可测等性质就显得尤为重要；同时有关指标的可比、通用等性质就为应用效果的比较做好了准备。由此我们可以对有关选择指标的相关原则加以说明。

①目的性。所选取的指标应当目的明确，而且必须与企业目标相一致；所选取指标必须能够测评其所测评因素的情况。在此基础上，再来考虑其实施过程中的得失，指标不能直接测量和检验实施过程中的缺陷和所得。

②可比性。测评指标必须可以在同类企业的不同组织之间进行比较。只有具有可比性的计算结果，才可能对正确决策进行有效支持。

③科学性。所选有关指标必须是CRM应用方面的关键指标、主导指标，指标能够体现CRM应用的优劣；指标之间关系必须完善、互补，冲突指标必须得到合理调和，建立合理指标体系。

④全面性。测评指标需要涵盖CRM系统应用影响的相关方面。以财务指标为主的测评不能够体现CRM系统的许多长期和潜在的收益，必须引入不同角度的指标，如营销效率指标；关系指标等。所选取指标体系必须全面完整。

⑤实效性。选取指标必须注重实效，不能体现CRM效果的指标不应被选中。但是需要考察CRM长期效益和潜在效益，所以存在一个对实效和长期效益进行权衡的问题。

⑥通用性。每个组织实施的CRM系统各有不同，完全照搬别人的CRM模式必然失败。但是若为每个组织CRM系统的应用开发建立不同的测评指标及其体系，则不利于CRM系统应用效果优劣的比较和借鉴；也不利于指标及其体系的成熟和传播。保持指标及其体系一定程度上的通用性是必要的。

⑦客观性。在测评指标中必定有些是客观指标，而有些是主观指标转化为定量描述。应当注重客观指标所占权重，保证指标体系的客观性。

⑧可控性。通过合理组织和改善管理，选取可以被改善的指标，而非人为可控指标。

只有选取可以改进的指标才具有现实中完善管理的意义。

⑨集中多方意见。有关指标和指标体系需要多方面专家集体决定。对CRM实施、技术、企业内营销、管理和技术方面的负责者征询意见，集中他们的看法再决定指标体系才是较为科学的。

（3）CRM效果测评指标体系的各项指标

结合确定指标的原则，CRM系统的应用效果测评体系应当从以下几个方面着手设计：财务、营销、内部管理。财务测评始终是对企业应用项目测评不可缺少的测评控制工具，这里财务方面应当考虑营销和服务成本、营销相关活动费用、利润情况以及应收账款情况。营销方面应当对客户关系情况、营销效率情况、市场反应情况和创新能力进行测评。营销方面的指标直接反映了CRM对营销业务功效的提高。内部管理方面指CRM对内部管理工作的支持，应当对加工信息、数据支持情况、战略支持和能力提升进行测评。这里的应用效果测评没有涉及技术指标是因为，系统技术能力的强弱会表现在财务、营销和内部管理的指标上，其本身不属于CRM应用为企业所带来的影响和效率改善。因此在应用效果测评过程中，就不再测评技术方面的指标。同时本研究所设计的指标均指向企业，而没有指向消费者和其他相关利益者。这是因为笔者认为CRM系统应用效果测评对象是企业组织，给其他利益相关者带来的利益不应当被包含在本研究范围之内，如若有消费者感知优化，受重视感增加等表现，其对企业的影响也应当在企业业务和财务指标中得以反映。其他利益相关者同样如此，故不考虑其利益改善的指标。

图8-4将影响CRM应用效果的各项因素进行了分类整理。

（4）对CRM效果进行综合测评

测评企业CRM效果的指标不仅数量多，而且指标性质也各不相同，因此，需要找到一种将各个指标综合起来、对CRM系统进行综合测评的方法。

①选择测评指标。包括定性及定量指标，并对各指标进行量化、标准化。在CRM效果测评指标体系中，由于各个指标的量纲、经济意义、表现形式以及对总目标的作用趋向不同，不具有直接可比性。因此，对这些指标进行量化、标准化就显得尤为重要。

②指标数据获取。获取数据的方法包括统计、问卷调查、普查、实测等。CRM在运行与维护过程中不断地发生变化，因此采集指标数据不是一项一次性工作，数据采集和系统测评应定期进行或每当系统有重大改进后进行。效果测评的第一次数据采集一般安排在开发完成并投入运行一段时间，进入稳定阶段后。

③通过建立的数学模型进行处理、分析。指标权重是对每个指标在整个体系中的相对重要性的数量表示，权重确定合理与否对综合测评结果和测评质量将产生决定性影响。由于区域信息化测评指标体系比较庞大，因此常采用层次分析法（AHP）确定各指标的权重。

④最后给出综合、合理、考虑全面的评价结果。

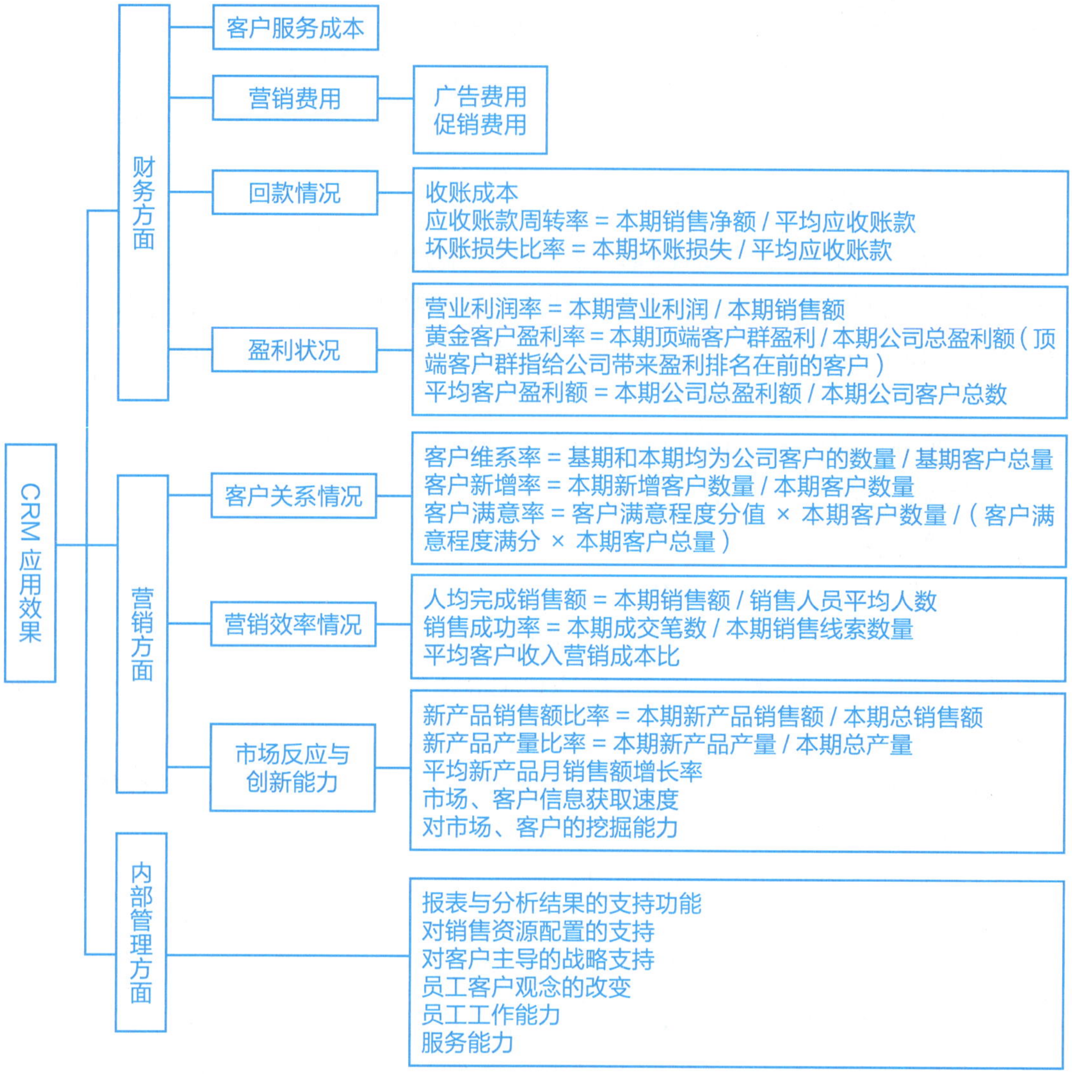

图 8-4　CRM 应用效果

任务三　CRM系统与其他管理系统的关系

人们也许会认为CRM系统是为企业销售和客户服务部门所用的独立的系统，然而，在现代企业整体信息化设计中，这种“孤岛”式的观念已越来越不符合潮流。CRM必须与BPR（业务流程重组计划），ERP（企业资源计划）、电子商务、商业智能等相结合，才能实现企业内、外部供应链上资源的最优化配置，真正实现实时响应客户需求。

8.3.1 CRM与业务流程重组计划（BPR）的关系

BPR是Business Process Reengineering（业务流程重组）的缩写。BPR的着眼点是流程，关注企业的业务和支持这些业务的流程，而不仅仅关注那些为客户创造价值的流程。

BPR的作用在于帮助企业识别那些可以改善客户互动质量的业务领域，创造一个变革的框架，对流程进行改造，使得日常的手工工作自动化，使员工能把精力放在为公司创造更多价值的工作上，从而也就为客户创造了价值。

在实施CRM时，BPR的价值在于通过BPR工作建立一套在网络环境下、信息充分共享环境下的营销管理体系和制度。

8.3.2 CRM与企业资源计划（ERP）的关系

ERP是Enterprise Resource Planning（企业资源计划）的简称，是针对物资资源管理（物流）、人力资源管理（人流）、财务资源管理（财流）、信息资源管理（信息流）集成一体化的企业管理软件。ERP是由美国Gartner Group咨询公司首先提出的，作为当今国际上一个先进的企业管理模式，它在体现当今世界最先进的企业管理理论的同时，也提供了企业信息化集成的最佳解决方案。它把企业的物流、资金流、信息流统一起来进行管理，以求最大限度地利用企业现有资源实现企业经济效益的最大化。它包含客户/服务架构，使用图形用户接口，应用开放系统制作。除了已有的标准功能，它还包括其他特性，如品质、过程运作管理以及调整报告等。

其主要宗旨是对企业所拥有的人、财、物、信息、时间和空间等综合资源进行综合平衡和优化管理，协调企业各管理部门，围绕市场导向开展业务活动，提高企业的核心竞争力，从而取得最好的经济效益。所以，ERP首先是一个软件，同时是一个管理工具。

知识链接

CRM实施与ERP实施的区别

1. 项目范围不同。CRM项目的实施范围主要是企业前台业务部门（市场、销售和客户服务），而ERP项目的实施范围主要针对企业后台业务部门。CRM的实施范围较窄，而ERP的实施范围相对较宽。因此，一般来讲，CRM项目的投资规模比ERP项目小，实施周期比ERP项目短。

2. 项目实施队伍不同。由于项目范围的区别，CRM项目的实施队伍主要由企业前台业务部门的人员组成，而ERP项目的实施队伍主要由企业后台业务部门的人员构成。

3. 分析和诊断现有政策和流程的思路不同。CRM强调政策和流程首先以满足客户需求为导向，兼顾成本；而ERP侧重于政策和流程以削减企业运作成本和提高效率为目标，本质上采取以产品为中心的管理模式。

4. 描绘业务蓝图。一般ERP系统的实施往往没有系统地运用EPR的思想，在系统分析的基础上重新设计或改进业务流程，从而导致项目实施的效果并不理想；为此，笔者在阐述CRM的实施方法中，觉得有必要将描绘业务蓝图作为CRM实施中的一个独立的阶段。

5. 基础数据的准备。由于项目的范围和目标不同，CRM项目中的基础数据主要涉及市场、销售以及客户服务与支持的有关数据，而ERP中的基础数据主要有关企业后台业务部门所使用的数据.都不系统、不全面，尤其缺少客户服务信息和市场信息。

8.3.3 CRM与电子商务（EB）的关系

电子商务一词源自electronic business，是指利用简单、快捷、低成本的方式，在买卖双方不谋面的情况下所进行的商务贸易活动。

联合国国际贸易程序简化工作组对电子商务的定义是：采用电子形式开展商务活动，它包括在供应商、客户、政府及其他参与方之间通过任何电子工具，如EDI，Web技术、电子邮件等共享非结构化商务信息，并管理和完成在商务活动、管理活动和消费活动中的各种交易。

电子商务是利用计算机技术、网络技术和远程通信技术，实现电子化、数字化和网络化的商务过程。电子商务是以商务活动为主体，以计算机网络为基础，以电子化方式为手段，在法律许可范围内所进行的商务活动过程。

电子商务涵盖的范围很广，一般可分为企业对企业（Business-to-Business）、企业对消费者（Business-to-Consumer）、个人对消费者（Consumer-to-Consumer）、企业对政府（Business-to-Government）四种模式，其中主要的有企业对企业、企业对消费者两种模式。随着国内Internet使用人数的增加，利用Internet进行网络购物并以银行卡付款的消费方式已日渐流行，市场份额也在迅速增长，电子商务网站也层出不穷。电子商务最常见的安全机制有SSI（安全套接层协议）及SET（安全电子交易协议）两种。

由此可见，电子商务仅仅是一种交易方式，这种交易方式大大降低了客户的交易成本，从而帮助企业获得更高的客户满意度。

思考与训练

一、选择题

1. 单项选择

（1）下列选项中，（　　）CRM主要承担了销售自动化、营销自动化和客户服务管理自动化所完成的职责。

A．运营型　　B．分析型　　C．协作型　　D．综合型

（2）最适合高端用户使用的CRM产品是（　　）。

A．八百客　　B．Xtools　　C．管家婆　　D．SAP

2. 多项选择

（1）CRM项目的培训方法有（　　）。

A．讲授法　　B．案例研讨法　C．角色扮演法　D．个别指导法

（2）成交价格主要集中在10万~50万元的CRM供应商是（　　）。

A．Oracle　　B．用友　　C．金蝶　　D．友联天地

（3）CRM定量指标体系包括（　　）。

A．客户满意度　B．渠道满意度　C．客户忠诚度　D．客户流失度

二、判断题

1. 现在市面上普遍存在三种服务形式的CRM，即传统套件版CRM、SAAS型CRM和定制化CRM。（　　）
2. 视听技术法是由一个在年龄上或经验上资深的员工，来支持一位较资浅者进行个人发展或生涯发展的体制。（　　）
3. 协作型CRM主要是指通过运用数据库、统计工具、数据挖掘、机器学习、商业智能和数据报告等技术，获取、分析及应用与顾客相关的各种数据信息以及接近顾客的方法手段。（　　）
4. 客户信息是客户关系管理的基础。数据仓库、商业智能、知识发现等技术的发展，使得收集、整理、加工和利用客户信息的质量大大提高。（　　）
5. 通过有效地使用电子邮件和Web站点等形式，呼叫中心可以减少交易费用，而费用的减少将有助于呼叫中心和顾客进行更好的交流。（　　）

三、思考题

1. CRM系统的种类和功能有哪些？

2. 试从需求拉动的角度分析企业为什么需要CRM系统。

3. CRM系统的供应商有哪些?

4. 企业对员工培训的方法有哪些?

5. CRM绩效评估指标体系包括哪些?

实训

企业CRM应用调研

【实训目标】更深入了解客户关系管理思想，掌握客户关系管理的重要作用。

【实训组织】以小组为单位，调查身边的超市、商场或公司等企业，了解它们有没有应用客户关系管理系统，了解其客户关系管理的思想状态及实际应用中取得的效果。

【实训步骤】

1. 根据实训目标和内容，通过现场观察、询问和实习等方法，完成调查报告。
2. 在课堂上介绍客户关系管理比较成功的企业的经验做法。

【实训成果】调查报告、经验交流。

案例分析

广东步步高的CRM系统建设

国内家电行业是首批实践CRM的行业之一。家电行业的产品属于中等价值耐久消费品，虽然同其他小价值消费品同样是非直接面向客户的销售方式，但产品售后服务的需求比较大，有很多的维修、配件管理、替换等典型的售后服务业务需求。因此，家电行业的CRM需求将主要集中于CRM三大业务领域中客户服务和客户营销这一块。显然，建立统一的客户服务中心作为企业同最终客户的交互平台，在此基础上配备CRM分析型应用和灵活的促销自动化将是一个主要的CRM软件选择。广东步步高对CRM业务需求主要有以下3个方面。

1. 快速的顾客响应

客户应以最便利的方式联系步步高，完成投诉、维修服务要求等，可为客户提供更富有个性化的服务项目，加强客户资源管理。

2. 畅通的企业顾客交流

CRM成为步步高获取市场需求信息的重要门户，并成为市场信息的统计分析中心。一方面步步高新的全方位服务体系集成了电话、传真、Internet等通信方式，扩大了顾客与步步高的交流渠道；另一方面，该体系收录了客户服务的所有信息并可进行各类统计分析。

3. 降低单位服务成本

统一集中管理顾客资源，让服务延伸到企业的生产、销售，以建立高效的服务流程，从而降低单位服务成本。

经过考察国内多家CRM软件厂商，在平衡功能和业务需求等因素下，广东步步高选用了在设备服务领域比较成熟的杭州星际的CRM产品。该产品以客户服务中心为基础平台，提供多联系渠道整合能力，并带有客户分析功能。

在软件提供商和项目实施商确立后，步步高调配高级管理人员和技术力量，与星际网络公司共同组成实施队伍，制订严密的实施计划。星际网络在系统详细分析之后，进行深入的客户化工作，在该系统中，不但完整地提供了呼叫中心，更提供了完善的客户服务流程管理，尤其是系统中的配件管理部分，充分地实现项目设计目标。配件管理中主要包括如下的一些模块：维修接待模块、维修模块、配件管理模块、报表/统计模块、系统维护模块。在客户服务体系的运营管理方面，步步高投入充分的资源和努力，在实施商的帮助下，对人员培训选择上不遗余力，建立一支专业化、标准化、规范化的售后服务队伍。步步高不仅通过多种途径、多种形式对售后服务人员进行维修技能培训，而且通过专职讲师对全国服务人员进行服务意识和服务理念的教育和培训。此外，步步高建立了监督机制，包括开通客户投诉热线，接受用户对各地服务网点的监督，以及通过服务信息系统对服务过程进行监控，等等。

步步高客户服务中心的建立为企业提供了客户统一的服务请求入口，实施多渠道呼叫的自动路由，大大改善了客户同企业的交互能力。在呼叫中心的基础上，标准的客户服务应用集中管理客户服务请求，可以有效组织和管理技术服务队伍，从而使技术人员的工作效率大为提高。

思考题

本案例给你哪些启示？

参考文献

[1] 李仇辉．客户关系管理[M]．上海：复旦大学出版社，2013．

[2] 马刚，李洪心，杨兴凯．客户关系管理[M]．大连：东北财经大学出版社，2015．

[3] 张永红，白洁．客户关系管理（第2版）[M]．北京：北京理工大学出版社，2015．

[4] 曹基梅．客户关系管理[M]．长沙：湖南师范大学出版社，2013．

[5] 汪楠，王妍，李佳洋．电子商务客户关系管理[M]．北京：中国铁道出版社，2017．

[6] 王春凤．客户关系管理[M]．长沙：中南大学出版社，2013．

[7] 刘丽英，李怀斌．客户关系管理（第二版）[M]．大连：东北财经大学出版社，2017．

[8] 赵冰，陶峻．客户关系管理[M]．北京：经济管理出版社，2010．

[9] 花拥军．客户关系管理[M]．重庆：重庆大学出版社，2012．

[10] 易正伟，蒋国春．客户关系管理[M]．北京：清华大学出版社，2013．

[11] 饶欣，徐刚．客户关系管理[M]．上海：上海财经大学出版社，2014．

[12] 许巧珍．客户关系管理[M]．杭州：浙江大学出版社，2014．

[13] 李文龙，徐湘江，包文夏．客户关系管理[M]．北京:清华大学出版社，2016．

[14] 周万发，饶欣．客户关系管理理论与实务[M]．北京：清华大学出版社，2015．

[15] 郑志丽．客户关系管理实务[M]．北京：北京理工大学出版社，2016．

[16] 周洁如．现代客户关系管理[M]．上海：上海交通大学出版社，2014．